Great Preachers in Church History

교회사 속의 설교자들

주 도 홍

기독교문서선교회

기독교문서선교회(Christian Literature Center: 약칭 CLC)는 1941년 영국 콜체스터에서 켄 아담스에 의해 시작되었으며 국제 본부는 미국 필라델피아에 있습니다.

국제 CLC는 59개 나라에서 180개의 본부를 두고, 약 650여 명의 선교사들이 이동도서차량 40대를 이용하여 문서 보급에 힘쓰고 있으며 이메일 주문을 통해 130여 국으로 책을 공급하고 있습니다.

한국 CLC는 청교도적 복음주의 신학과 신앙서적을 출판하는 문서선교 기관으로서, 한 영혼이라도 구원되길 소망하면서 주님이 오시는 그날까지 최선을 다할 것입니다.

Great Preachers in Church History

Written by
Prof. Dr. Do Hong Jou

Korean Edition
Copyright © 2017 by Christian Literature Center
Seoul, Korea

| 머 리 말 |

형제들아 내가 너희에게 나아가 하나님의 증거를 전할 때에 말과 지혜의 아름다운 것으로 아니하였나니 내가 너희 중에서 예수 그리스도와 그가 십자가에 못 박히신 것 외에는 아무 것도 알지 아니하기로 작정하였음이라. 내가 너희 가운데 거할 때에 약하고 두려워하고 심히 떨었노라 내 말과 내 전도함이 설득력 있는 지혜의 말로 아니하고 다만 성령의 나타나심과 능력으로 하여 너희 믿음이 사람의 지혜에 있지 아니하고 다만 하나님의 능력에 있게 하려 하였노라(고전 2:1-5).

설교자의 묵상

종교개혁자 칼빈은 성령의 내적 증거를 "설교의 신비"라고 불렀다. 필자는 그 설교의 신비를 결코 부정할 수 없다. 취리히의 종교개혁자 츠빙글리는 성령의 역사로 인해 사람들을 변화시키는 말씀을 "내적 말씀"이라 일컬었다. 이 내적 말씀은 앞서 오는 외적 말씀과는 비교되는 이해이다. 최근 필자는 설교할 때마다 성령의 나타나심과 능력으로 설교하려 애쓴다. 더욱 간절히 기도하며 설교를 준비하고 기도하는 마음으로 자아를 부인하며 강단에 오른다. 문제는 성령의 나타나심과 능력이 무엇을 말하는지를 바로 아는 것이다. 고린도전서 2:1-5은 설교자의 한 사람으로서 필자가 설교를 생각할 때 기억하는 말씀이다. 필자는 이 말씀대로 설교하려 애쓴다. 필자는 이 말씀을 설교의 기본, 설교의 원리 그리고 설교의 교과서라고 생각한다. 그래서 필자는 이 말씀이 구체적으로 무엇을 말하는지 깨달으려 지금도 묵상하고 묵상한다. 어쨌든 이 말씀을 근거로 설교를 정의하며 머리말을 대신하려 한다.

설교의 3원리

첫째, 설교는 인간의 말과 지혜의 아름다운 것으로 하지 않는다.

사도 바울은 당시 수사학, 논리학, 철학 그리고 웅변술의 중요성을 누구보다도 잘 알았던 사람이다. 같은 말이라도 아름답게 귀에 쏙쏙 들어오게 전하면 얼마나 좋을까! 그런데 설교는 여기서 끝나지 않는다. 그저 잘 전하고 잘 들으면 그만이지 않다는 말이다. 복음이 좋은 강의를 경청하는 수준에서 전해지지 않는다는 사실이다. 설교는 교육학, 논리학, 웅변술, 철학 그리고 수사학의 범주를 뛰어넘는다. 사도는 당시 설교자들의 모습을 염두에 두었을 것이다. 다르지 않게 현대 설교자들 역시 이 범주를 벗어나지 못하고 있음을 부인할 수 없다. 그러나 바울 사도는 설교에 있어 인간의 말과 지혜의 아름다움이 결코 긍정적이지 않음을 깨달았다는 사실이다.

> 하나님의 지혜에 있어서는 이 세상이 자기 지혜로 하나님을 알지 못하므로 하나님께서 전도의 미련한 것으로 믿는 자들을 구원하시기를 기뻐하셨도다(고전 1:21).

둘째, 설교는 십자가에 못 박히신 예수 그리스도를 전하는 것이다.

사도는 주의 복음을 전할 때 그 내용을 분명히 인식했다. 세분하면 두 가지이다. 예수 그리스도와 그가 십자가에 못 박히신 것이다.

"십자가의 도가 멸망하는 자들에게는 미련한 것이요, 구원을 받는 우리에게는 하나님의 능력이라"(고전 1:18)

사도에게 복음은 십자가의 도를 말하는 것으로, 곧 십자가에 못 박힌 그리스도를 전하는 것(고전1:23)이다. 이 십자가의 도가 사람을 구원하고 사람을 변화시키며, 사람을 하나님이 원하시는 인간, 곧 그리스도 안의 새 사람으로(고후5:17) 만든다는 것이다. 아무리 그럴 듯하게 설교자가 가진 세상의 지혜와 지식을 동원해서 전해도 진정한 인간이 되지 못하며, 구원에 이르지 못한다. 종교개혁의 대상이었던 중세교회는 인간의 지혜인 철학을 복음과 혼합하여 전하는 오류를 범했다. 이 철학적 설교로부터 오직 성경이 성경을 해석하는 성경적 설교로 회복한 역사가 다름 아닌 16세기 종교개혁이었다.

셋째, 설교는 성령의 나타남과 능력으로 전한다.

우선 설교자는 성경이 말하는 성령의 나타나심과 성령의 능력으로 전한다는 것이 무엇인지를 인식해야 하겠다. 물론 설교자에게는 기도 가운데 준비된 설교가 필히 요구된다. 그런데도 그 준비된 설교는 성령의 나타나심과 능력으로만 전해야 한다. 설교자는 자신의 그 어떠한 인간적인 그 무엇이 죄인들을 하나님의 사람으로 만들 거라는 기대를 해서는 안 된다. 이때 설교자에게 나타나는 현상은 하나님 앞에서의 두려움이다. 성경대로 말하면 약함, 두려움 그리고 심히 떨림이다. 다르게 말하면 설교자는 철저한 자아부인과 겸손 가운데 성령의 나타나심과 능력을 갈망하는 가운데 주의 복음을 전달하는 대리자가 되어야 한다. 설교자는 그냥 하나님의 손에 들린 하나의 도구로 쓰임을 받으려 해야 할 뿐이다. 이는 참 어려운 이야기임을 부정할 수 없다. 기도 중에 철저하게 준비된 설교여야 하지만, 그 설교를 전할 때 다시금 설교자는 철저한 자아부인 가운데 오직 성령의 나타남과 성령의 능력으로만 전해야 한다는 것이다. 그럴 때만이 하나님의 능력이요 하나님의 지혜인 십자가의 예수 그리스도가 능력의 복음으로 드러난다. 칼빈은 설교에 있어 성령의 내적 증거를 설교의 신비라 불렀다. 츠빙글리는 성령의 역사가 있는 설교를 내적 복음으로 일컬었다.

바른 설교, 바른 교회

설교와 교회는 불가분리의 관계에 있다. 교회는 하나님의 말씀인 설교를 먹고 산다. 설교가 사라진 교회를 상상할 수 있을까! 그만큼 설교는 교회를 이루는 중요한 요소이다. 어떤 설교가 선포되어지는가에 따라 교회의 모습은 그에 따라 달라진다. 쉽게 말하면 좋은 설교는 좋은 성도를 만들고 좋은 교회를 만든다. 독특한 설교는 독특한 교회를 만든다. 그런데 독특한 설교가 꼭 좋은 설교일 수 없다. 좋은 설교는 언제나 하나님의 말씀인 성경의 해석이어야 한다. 곧 하나님이 성경을 통해서 사람들에게 전하고자 하는 말씀을 오늘의 살아있는 말로 전하는 것이어야 한다. 그런 맥락에서 강해설교는 바람직한 설교이다. 설교는 결코 윤리와 도덕 그리고 사회학을 또는 인문학을 전하는 것이 아니다. 종교개혁의 대상이었던 중세교회는 철학을 전하는 교회였다. 아니 중세교회는 복음과 철학을 함께 혼합한 설교를 했다. 이로써 중세교회는 하나님이 원하시는 교회가 될 수 없었다. 이때 종교개혁은 '오직 성경'을 외치게 된 것이다. 한국교회는 21세기 여러 가지 세찬 풍파를 견디고 바른 교회로 우뚝 설 것을 기대한다.

나의 감사

감사한 것은 종교개혁 500주년을 맞이하는 2017년에 제2판의 머리말을 쓰게 된 것이다. 8년 전 출판되었던 본서가 새 옷을 갈아입고 조금 다듬어진 모습으로 다시 세상에 나올 수 있어 감사한 마음이다. 기꺼이 출판을 허락한 기독교문서선교회(CLC) 박영호 대표와 편집에 수고한 정희연 목사와 이보람 선생에게 따뜻한 감사를 드린다. 또한 9년 전 본서가 세상에 나오기까지 여러모로 수고했던 제자 남지애 선생에게도 다시 감사하며, 앞길에 하나님의 크신 은총이 넘치길 기원한다.

백석대학교 서울 캠퍼스에서, 2017년 8월 9일
주도홍

초판 머리말

교회사 속의 위대한 설교자들은 바른 설교를 자신의 시대에 충성스럽게 전한 하나님의 종, 하나님의 신실한 사람들이었다. 선한 그 설교자들은 항시 기억하고 역사에 잘 간직하고픈 교회의 보물들임이 틀림없다. 교회의 그 보물들을 발굴하고 캐내는 심정으로 필자는 영적 광산작업에 임하였다. 보다 직접적으로 말하면, 하나님의 교회를 사랑하는 마음이 본서를 세상에 내어놓게 된 출발점이며 목적이었다. 하나님의 말씀을 전하는 설교자들이 소중한 설교자들을 가까이 알고 대화하며 친하게 사귀며 좋은 파트너십을 형성하면 할수록 더 많은 선한것들을 얻을 수 있을 것으로 확신하다.

설교를 통한 그들의 추구, 비전, 그리고 고민과 아픔, 어려움, 좌절과 실망, 또는 설교를 향한 열정과 사명감이 무엇이었는지를 알면 알수록 21세기 설교자들은 새로운 도전을 받을 것이다. 하나님의 교회는 하나님의 말씀을 먹으며 살고 자란다. 영양이 고루 갖춰진 잘 준비된 영의 양식을 교회가 잘 먹을수록 교회는 건강한 모습으로 초대교회처엄 바람직한 형태를 유지한다.

먼저, 신중을 다해 초대교회와 현대교회에 이르기까지 교회사 속에서 22명의 설교자를 선정해야 했다. 크리소스톰, 아우구스티누스, 버나드, 타울러, 루터, 츠빙글리, 퍼킨스, 슈페너, 에드워즈, 웨슬리, 휫필드, 무디, 모건, 마포삼열, 바르트, 주기철, 로이드 존스, 박윤선, 한경직, 틸리케, 그래함, 스토트였다. 그런 후, 그들의 생애와 업적, 신학사상을 맛볼 수 있게 하였다. 그들의 설교를 보다 생생하게 원어로 듣고 이해할 때 효과는 증대될 수 있을 것이지만, 한국어로 번역된 설교문을 사정상 그것도 발췌하여 게재할 수밖에 없었음을 밝힌다.

아쉬움이 큰 것은 교회사 속에는 너무도 위대한 설교자들이 많은데, 다함께 하지 못한 점이다. 그러한 위대한 하나님의 종들에게 누를 끼치지 않았나 하는 염려가 크다. 바라기는 지면관계상 함께 하지 못한 귀한 설교자들을 생각해 볼 기회가 다시 주어졌으면 한다. 그럼에도 하나님의 나라에서는 우리가 생각하지 못한 뜻밖의 너무도 귀한 설교자들이 많이 존재하리라 기대할 때 하나님의 크신 위로가 그들에게 함께 할 것을 믿는다.

가능한 이미 세상을 떠나 하나님의 품에 안긴 설교자들을 대상으로 하려했지만, 현존하는 인물도 들어있는데, 세상에 익히 알려진 빌리 그래함 같은 분이었다. 한국에도 위대한 설교자들이 현재 많이 있다는 사실을 인정할 때 하나님께 마음 다한 감사를 하게 된다. 살아 계신 분들의 설교를 부족한 필자가 선정하고 판단하기에는 너무나 미숙하여 조심스러웠던 사실도 밝혀야 하겠다.

어쨌든 본서 『교회사 속의 설교자들』(*Great Preachers in Church History*)이 하나님의 말씀을 사랑하는 종들에게 미력하나마 도움이 되었으면

하는 마음 간절하다. 보잘 것 없는 본서가 오직 하나님께 영광을 돌려 드리며, 하나님의 미소를 만날 수 있기를 갈망한다.

May the Lord smile on you and be gracious to you (Numbers 6:25).
여호와는 그의 얼굴을 네게 비추사 은혜 베푸시기를 원하며(민 6:25).

겨울 찾아온 2009년 11월 말에

목차

머리말 ·· *4*
초판 머리말 ·· *9*

1장. **교회사는 설교의 역사** ·· *15*

　　　마틴 루터(Martin Luther)
　　　훌드리히 츠빙글리(Huldrych Zwingli)
　　　박윤선(朴允善)

- 마틴 루터: 믿음은 말미암은 구원에 대한 믿는 자들의 확신
  (롬 8:18-30) ·· *27*
- 훌드리히 츠빙글리: 성상과 미사(사 44:17) ·· *32*
- 박윤선: 영혼을 위하여 일하는 목사(히 13:17) ·· *36*

2장. **요한 크리소스톰(Johannes Chrysostomus)** ·· *38*

- 믿음으로 얻는 의(롬 1:17) ·· *50*

3장. **아우구스티누스(Aurelius Augustinus)** ·· *54*

- 예수께서 소경을 고치심(요 9:1-12) ·· *64*

4장. **클레르보의 버나드(Bernard of Clairvaux)** ·· *68*

- 나는 들의 꽃 골짜기의 백합화(아 2:1) ·· *82*

5장. 요한 타울러(Johannes Tauler) ·· *88*
- 겸손, 사랑, 근신(벧전 5:6-11) ·· *102*

6장. 윌리엄 퍼킨스(William Perkins) ·· *107*
- 주의 기도: 하늘에 계신 우리 아버지여(마 6:9) ·· *120*

7장. 필립 야콥 슈페너(Philipp Jakob Spener) ·· *124*
- 그리스도의 수난에 대한 묵상(눅 18:31-43) ·· *136*

8장. 대부흥운동의 설교자들 ·· *143*

조나단 에드워즈(Jonathan Edwards)
요한 웨슬리(John Wesley)
조지 휫필드(George Whitefield)

- 조나단 에드워즈: 진노하시는 하나님의 손안에 있는 죄인
  (신 32:35) ·· *156*
- 존 웨슬리: 세상의 빛과 소금(마 5:13-16) ·· *163*
- 조지 휫필드: 선한 목자(요 10:27-28) ·· *168*

9장. D.L. 무디(Dwight Lyman Ryther Moody) ·· *174*
- 하나님의 네 가지 질문(창 3:9, 13; 창 4:9; 왕상 19:9) ·· *186*

10장. 캠벨 모건(George Campbell Morgan) ·· *192*
- 믿음(요 6:29) ·· *204*

- **11장.** 마포삼열(Samuel Austin Moffet) ·· *209*
  - 조선교회에 기함(골 2:8) ·· *223*

- **12장.** 칼 바르트(Karl Barth) ·· *226*
  - 기쁨과 관용(빌 4:4-5) ·· *237*

- **13장.** 주기철(朱基徹) ·· *242*
  - 죄의 값은 사망(롬 6:23) ·· *256*

- **14장.** 마틴 로이드 존스(Martyn Lloyd-Jones) ·· *261*
  - 어찌하여 열방이 분노하는가?(시 2:1-12) ·· *277*

- **15장.** 한경직(韓景職) ·· *285*
  - 신앙의 향기(눅 10:38-42) ·· *299*

- **16장.** 헬무트 틸리케(Helmut Thielicke) ·· *305*
  - 하나님을 찾는 사람(눅 19:1-10) ·· *316*

- **17장.** 빌리 그래함(Billy Graham) ·· *323*
  - 하나님 사랑 안에서 살기: 거듭나야 한다(요 3:1-17) ·· *337*

- **18장.** 존 스토트(John Robert Walmsley Stott) ·· *341*
  - 잃은 것과 찾은 것(눅 15:11-32) ·· *353*

1장. 교회사는 설교의 역사

마틴 루터(Martin Luther)

훌드리히 츠빙글리(Huldrych Zwingli)

박윤선(朴允善)

1. 수많은 설교자를 보여 주는 교회사

2천 년 교회사는 수많은 설교자를 보여 주는 현장이다. 2천 년 교회는 설교 없이는 존재하지 않았다. 아니 그 설교를 통해 오늘의 교회는 살아 있다. 2천 년의 설교들은 성경에 등장하는 예수님의 설교에서 오늘 저 오지의 무명의 설교에 이르기까지 양에 있어 엄청나고 질에 있어 다양하다. 그 설교가 어떠했는지는 문제가 되지 않는다.

엄격하게 말해 설교자의 다양성만큼 그 설교를 듣는 회중들이 다양하기 때문이다. 조금 다르게 말하면 설교자와 회중은 불가분의 관계에 있다. 회중의 현장이 상당 부분 설교를 이끌어 간다고 해도 과언이 아니라는 말이다. 어쨌든 역사는 가능한 사실 그대로를 보여 주려 한다. 그래서 우리는 교회사에서 수많은 설교자들을 오늘의 현장에서 만나게 된다.

신적 권위의 높은 강단에 서서 매 주일 혼자(?) 설교하는 설교자들은 절대 침묵하는 다수의 청중들 앞에 선 자신을 유일한 최고의 설교자로 착각하기 쉽다. 그렇지만, 2천 년 교회의 역사는 그 무엇도 해 아래 새 것이 없음을 말한다. 그렇게 이미 다 지나갔고 반복되고 있다는 것이다. 오늘의 강단과 유사한 아니 동일한 경우도 역사에서 반복되고 있다 해도 틀리지 않을 것이다. 어떠한 설교가 선포되었으며, 그 설교가 어떠한 결과를 가져왔는지, 설교를 어떻게 이해하고 준비했는지, 설교를 통해 무엇을 기대했는지, 설교를 위해 얼마나 열심히 기도했는지, 그들에게 주어진 회중을 얼마나 사랑했는지, 시대마다 교회는 어떤 종류의 설교를 하였고, 어떤 헌신된 설교자들이 살았는지를 보여 준다.

총명하고 헌신적인 위대한 설교자 바울, 열정적 베드로의 성령 충만한 오순절 설교, 자신을 내어놓은 참회를 피해가지 않았던 아우구스티누스의 설교, 그 아우구스티누스를 회개하게 한 밀라노의 목회자 암부로스, 예수님의 사랑을 뜨거운 가슴으로 체험적으로 외친 중세의 수도사 버나드, 생명을 두려워하지 않고 하나님의 의를 외친 종교개혁자 루터, 성령의 역사를 통한 강해설교를 내세운 츠빙글리, 오직 하나님께 영광을 돌리는 설교만이 진정한 설교라 인정하는 제네바의 종교개혁자 칼빈이 있다.

칼빈의 신학적 멘토로서 전 세계의 기독교화를 꿈꾸었던 슈트라스부르크의 종교개혁자 부처, 영적 부흥을 추구하고 그리스도의 십자가를 통과하지 않고서는 설교가 이루어지지 않았던 영국 청교도 설교자 오웬, 카트라이트, 스코틀랜드의 낙스, 종교개혁 교리에 입각하여 복음적 실천으로 새로워지기를 추구했던 독일 경건주의 설교자 슈페너와 운데어아익, 새로운 각성을 통한 심령의 부흥을 가슴 깊은 곳에서부터 불러일으킨 에드워즈, 웨슬리, 휫필드, 20세기 영국 강해설교의 대가 스토트, 로이드 존스, 20세기의 가장 위대한 전도자 빌리 그래함, 그리고 한국의 위대한 순교자 일사각오의 설교자 주기철 목사, 최초로 한국교회 강단에 강해설교를 소개한 박윤선 목사를 교회사는 생생한 사료(史料)를 통해 소개한다.

교회사는 이렇게 오늘의 설교자들에게 지난 세월 수많은 설교자들을 만나 인격적 대화를 하도록 장을 열어주고, 성찰의 기회를 제공한다. 그런 후 오늘의 설교자를 영적으로 준비된 설교자로 나아가도록 이끈다. 설교가 무엇이며, 설교자가 과연 어떤 사람인지를 생생하게 보여 준다.

2. 마틴 루터(1483-1546)

Lucas Cranach the Elder, *Martin Luther* 1529, 독일 다름슈타트 헤센주립박물관

종교개혁자 루터의 설교를 로마서를 중심으로 살펴본다. 루터는 설교자의 의무를 다으과 같이 확실히 한다.

"복음을 설교하는 자의 첫 번째 의무는 하나님의 율법을 선포하고 죄의 본질을 기술하는 것이다. 영으로부터 나오지 않거나 그리스도에 대한 믿음의 결과로서 경험되지 않은 모든 것은 죄악된 것이다. 설교자의 메시지는 사람들에게 그들 자신의 모습과 그들의 통탄스러운 상태를 보여줌으로써 그들로 하여금 겸손히 도움을 간청하게 만들어야 한다."

종교개혁자 마틴 루터가 로마서를 설교하면서 채택한 본문은 대충 25개이다.

전 16장에서 특별한 이유는 알 수 없지만 유독 제4장에 대한 설교는 보이지 않고 있으며, 전장을 다룬 본문은 4곳으로, 제5장은 2회로, 제8장은 5회로, 제12장은 2회로, 제13장은 3회로 나누어 설교하였다. 제1장은 종교개혁의 요절이라고 할 수 있는 로마서 1:16-17을 내포한 1:14-17까지의 적은 양만을 설교본문으로 채택했을 뿐 그 외 부분은 채택하지 않았다. 특히 눈에 띄는 부분은 일명 '구원받은 자의 환희의 송가'라고 부르는 제8장인데, 전장을 5회로 나누어 그 어떤 로마서의 본문보다도 꼼꼼하게 많은 분량을 할애해서 설교를 했다.

그 이유를 조금은 살펴 볼 필요가 있을 것이다. 특히 현재의 고난과 나타날 영광을 대조시키면서 영광의 자유를 갈망하는 8:18-23의 본문에 보다 많은 애착을 가졌던 것으로 생각된다. 무엇보다도 당시 많은 어려움 가운데 있었던 종교개혁자의 인간적 고뇌와 간절한 기도를 실감나게 읽을 수 있는 부분이라 하겠다.

> 여기서 거룩한 바울은 다른 모든 사도들보다 그리고 그의 다른 말씀보다 하나의 특별한 언급을 하고 있다. … 참으로 놀랍고 희귀하지 않을 수 없다. 그러기에 더더욱 열심을 품고 연구하여 깨닫고 일상의 삶에서 경험하여야 할 것이다.

또한 제6장에서 총7회의 설교, 제12장에서 총 10회의 설교가 다른 장과 비교하여 상대적으로 홍수를 이룬다. 제6장에서는 4회 집중적으로 채택한 본문은 6:1-11인데, 특히 6:3이 요절로 강조되고 있음을 확인한다.

> 우리가 세례 안에서 그리스도와 함께 죽고 그와 더불어 다시 산다는 중심 교리로부터, 새로운 삶에 대한 설교가 뒤따르는데, 우리는 더 이상 죄의 종노릇을 하는 것이 아니라, 은혜에 순종하는 자가 된다. 그러나 세상은 세례의 능력과 의미를 알지 못한다.

로마서 가운데서 가장 많은 설교를 제시하고 있는 제12장에서는 만인제사장설에 대하여 루터가 많은 애착을 갖고 강조하고 설교한다.

> 그리스도는 대제사장으로서 모든 세상을 제사장으로 축복하셨다. 이 은혜를 입은 모든 그리스도인은 영적인 자이며, 제사장의 신분에 있음을 마땅히 알아야 할 것이다.

루터의 설교는 특히 로마서 12장을 중심으로 살펴보면 5쪽 분량을 전후로 해서, 시간적으로 볼 때 대충 30분 안팎의 설교를 한 것으로 생각된다. 물론 보다 길거나 짧은 설교도 보인다. 설교의 구성을 보면, 먼저 자신이 설교하려는 내용을 간단하게 "요약"으로 10줄 안팎으로 제시한다. 이를 위해 대충 2-3분 정도를 할애한 것으로 보인다. 그런 후, 첫째, 둘째, 셋째 등의 형식으로 전개해 나간다. 그런 후 루터는 결론을 간결하게 내린다.

루터의 설교문장은 대부분 구어체로, 쉬운 단어를 가져오고 있으며, 길지 않은 단문을 선호하고 있다. 본문 자체의 이해에 치중하나, 단어 단어의 원어 이해에는 얽매이지 않은 것 같다. 많은 신구약 성경 인용이 함께 한다. 매우 실질적인 설교, 평신도들을 염두에 둔 개혁자의 어렵지 않은 설교를 확인하게 된다. 그러면서도 종교개혁자 루터는 자신이 처한 역사적 현장이었던 중세교회의 잘못된 사상과 교리를 목전에 두며 무엇이 잘못인지, 어떻게 차이가 나는지를 늘 잊지 않는다.

이런 맥락에서 루터의 설교는 종교개혁 확신으로 모든 성도들이 함께 동참하고, 새로워질 것을 강권한다. 루터는, 변증(Apology)과 확신(Confidence)이라는 양면을 기억하면서 했던, "이중 음성"(duplex vox), 곧 스테레오 식 설교를 잊지 않았다 평가할 수 있겠다.

3. 훌드리히 츠빙글리(1484–1531)

츠빙글리는 복음을 그리스도의 선포로 이해하였으며, 교회에서 행해지는 설교 역시 동일선상에서 이해했다. 1522년의 글들 가운데서 한결같이 츠빙글리는 복음에 대한 새로운 이해를 갖게 되었다고 고백한다. 강해설교를 추구했던 츠빙글리의 복음에 대한 이해는 보편적으로 건전하고 그리스도 중심적인데, 외적 말씀(verbum externum)과 내적 말씀(verbum internum)으로의 구별은 그 나름대로 독특성을 가지고 있다. 츠빙글리에게 있어서 복음은 복된 그리스도의 소식으로서 교회적 선포를 통해서 현존한다. 성경보다는 그 성경 안에 증거 되는 그리스도가 우선적이다. 선포의 수단을 통해 그리스도를 증거하는 성경의 명료성은 그리스도 자신이다.

Hans Asper, *Huldrych Zwingli* 1531, 스위스 빈터투어 미술관

그리스도께서 우리에게 믿음을 주시는데, 성령을 통해 우리의 마음에 부은바 되는 내적 말씀은 우리의 믿음을 성장하게 한다. 역사적으로 츠빙글리의 내적 말씀에 대한 이해는 고린도전서 2:15을 해석하면서, 1524년 8월부터 나타나고 있다. 외적 말씀과 내적 말씀은 요한복음 6:44 그리고 로마서 10:17을 근거로 서로 간 자연스럽게 채워준다. 한 예로 성찬의 떡과 포도주는 하나의 표식으로, 그것이 나타내고자 하는 그리스도의 몸과 피와는 일단 구별을 한다. 믿음에 의해 입으로 먹는 것과 보혜사 성령의 임재로 그리스도의 육체적 현존(praesentia corporalis Christi)과는 구별이 된다. 육과 영, 입으로 먹는 것

과 신앙으로 먹는 것은 서로 대적하는 관계가 아닌, 외적인 것과 내적인 것을 보여 준다.

물론 외적 말씀은 내적 말씀에 엄격하게 볼 때 시간적으로 앞선다. 신앙에 앞서, 먼저 듣고 이해하는데, 말씀과 성령은 동시적이 아니고, 성령이 우선권을 가진다. 이 점에 있어서 츠빙글리는 말씀에 앞선 성령의 제약 없는 우선권을 강조하려 하였다. 그렇다고 츠빙글리에게 있어 외적 말씀은 그 자체만으로 의미가 없는 것은 아닌 구원의 수단이었다.

> 성령은 자신의 뜻대로 우리의 마음에 동일한 신앙을 주시고 새롭게 하시는데, 우리가 그리스도의 복음과 말씀을 들을 때이다.

> 분명하게 말해, 성령은 먼저 설교, 입으로 전파되는 말씀, 그리스도의 복음이 함께 하지 아니할 때에는 그 어느 누구에게도 믿음과 은사를 주지 않고, 입으로 선포되는 말씀과 함께 성령이 뜻대로 역사 하시고 우리 안에 믿음을 일으키신다.

인간의 구원은 오직 하나님만이 행하시는 일이지, 인간의 손에 의해서 행해지는 그 어떠한 외적인 구원의 수단도 필요하지 않는다. 성례와 설교행위도 예외이지 않다.

> 믿음은 사람에게 역사하는 성령을 통해서이지, 설교자의 말씀을 통해서 일어나지 않는다.

성례 그 자체를 구원의 수단으로 이해하는 가톨릭교회와 츠빙글리는 분명한 차이가 있다. 외적 말씀은 말씀과 사건의 복사(imago verbi et rei)이고, 내적 말씀은 그 사건의 원형이다(idea rei). 분명한 것은 츠빙글리에게 있어서 성경과 설교는 "인식의 근거"로서 성령의 역사가 결정적이다.

츠빙글리에게 있어서 선포되는 말씀은 언제나 성령과 불가분의 관계에 있는데, 설교는 구원을 선포하지만, 그것이 인간들의 마음에서 실존적으로 역사하게 하는 일은 성령 자신의 사역이다. 츠빙글리가 말하는 내적 말씀은 결코 주관적인 인간의 말이 아니며, 성경 스스로가 성령의 역사로 자신을 해석하는 하나님의 말씀이다. 타락 전부터 인간은 성령에 의존하여 살도록 되어 있는데, 하나님을 아는 일, 진리를 깨닫는 일, 인간이 자신을 아는 일, 죄로부터의 회개도 성령의 역사이다. 성령 안에서 그리스도께서 죄용서, 믿음, 위로, 확신, 하나님과의 평화를 주시며 우리를 새롭게 살도록 하신다.

성령의 특성은 성령에 의해 영감 된 하나님의 말씀에로의 확신을 갖게 하며, 하나님의 영광을 위해 살도록 하고, 죄로부터 회개하게 하고 인간을 겸손하도록 한다. 츠빙글리의 성령이해는 그가 늘 가까이 했던 요한복음 6:44의 말씀의 해석에서 두드러진다.

> 아버지께서 이끌지 아니하면 아무라도 내게 올 수 없으니(요 6:44).

분명한 것은 하나님의 은혜로우신 현존(die gnaedige praesentia Dei)이 믿음의 전제이지, 우리의 믿음이 하나님의 현존의 전제이지는 않다.

4. 박윤선(1905-1988)

박윤선 목사

설교자 박윤선의 역사적 의의는 한국교회 강단에 최초로 강해설교를 소개한 한 사람이라는 점이다. 당시 한국교회는 선교사들의 제목설교에 익숙해 있었다. 또한 설교자 박윤선을 기억할 때 교수로서의 설교자를 잊지 않아야 한다. 이 말은 하나님이 그를 설교에 보다 큰 무게를 두는 목회자보다는 평생을 교수로서 일하게 하셨기 때문이다. 너무 지나치게 설교자 박윤선을 강조하다 보면 균형을 잃을 수 있다는 말이다. 어쨌든 박윤선은 훌륭한 설교자였다.

22세 때부터 약 60년간 설교하기를 기뻐했던 박윤선은 설교를 통해 한국교회에 미친 영향이 또한 지대하다. 얼마나 많은 설교를 했는지를 헤아릴 수는 없겠지만, 그는 설교부탁을 받았을 때 특별한 경우를 제외하고는 사양하지 않았다.

그렇다고 박 목사의 설교가 늘 은혜로운 설교로만 이어지는 것은 아니었다. 언젠가 박윤선은 다음과 같이 고백하였다.

"나의 강단생활에 있어서 승리의 설교가 계속적으로 이루어지지는 못하였고 간간이 있을 뿐이었다. 이것이 나의 탄식거리이다. 그러므로 나는 설교를 위한 준비 기도를 더 많이 하려고 애쓴다."

하나님의 말씀 선포인 설교를 기뻐하던 강해설교자 박윤선은 무엇보다도 기도하는 설교자였다. 그의 불과 같았던 뜨거운 설교가 기도와 어떠한 긴밀한 상관속에 있는지를 그의 설교론을 들을 때 절실히 깨닫게 된다. 무엇보다도 설교의 지적 준비에 철저함을 기했던 박윤선 목사였지만, 설교자의 힘든 기도를 잊지 않는다.

> 설교를 지적(知的)으로 준비하고 그것을 기도로 불붙이는 일을 해온다. 기도로 준비되지 않은 설교는 감화력이 없다. 이 기도는 결코 쉬운 일이 아니다. 많은 노력이 요구되며, 때로는 나의 심신을 하나님께 바치고 나 자신의 제물이 될 정도로 심각해지기도 한다. 이 같은 헌신의 노력이 아니고는 기도의 진상(眞相)에 이르기 어렵다.

그렇다고 설교자 박윤선에게 기도가 한낱 노동으로 이해되는 짐스럽거나 고통스런 일은 결코 아니었던 것이다. 기쁜 기도였는데, 그 기도는 박윤선에게 말씀에로의 깨달음, 간증과 신앙의 체험이 늘 새롭게 이루어지는 말 그대로 생명 넘치는 현장이었다. 박윤선의 성경 이해와 기도는 불가분의 관계에 있다.

> 많은 설교자들이 체험하는 바와 같이 나도 설교를 준비하면서 기도하는 때에 성경이 풀리는 경우가 많다. 나는 이 같은 체험들을 통하여 하나님의 살아 계심을 더욱 분명히 믿게 되었다. 생명 있는 믿음은 그 근거를 말씀 체험에 둔다.

설교를 위한 기도와 지적 준비 중에서 무엇이 먼저인지를 박윤선은 나누지 않는다. 두 가지가 다 중요한 의미를 가지고 있다. 박윤선은 어느 때는 기도를 먼저하고, 어느 때는 말씀 준비를 먼저 하기도 했다. 확실한 것은 두 가지 작업이 설교를 위해 언제나 병행되었다는 사실이다. 깊이 있는 성경 연구와 뜨거운 기도가 늘 함께 한 설교자 박윤선에게 더욱 절실히 기도가 요구되는 또 다른 이유는 설교자 "자아(自我)에 대한 관심과 청중에 대한 위축감"인데, 이러한 문제를 바로잡기 위해서는 설교자 자신의 육적 자아를 대적한 "진정한 투쟁적 기도"가 요구된다는 것이다. 또한 우리가 설교자 박윤선 목사에게서 잊지 않아야 할 것은 청교도들과 독일의 경건주의자들에게서 강조되었던 계시의존사색이었다.

> 나는 늘 성경을 묵상하면서 오늘까지 살아왔다.

계시의존사색을 기도의 일종으로 이해할 수 있겠지만, 구별되어야 할 것으로 생각한다. 어떤 점에서 그가 말한 계시의존사색이란 말씀에 대한 깊은 묵상이었다. 설교가 이루어지기 전에, 그리고 후에도 기도하면서 그는 이 묵상을 잊지 않았던 것을 알 수 있다. 하나님의 말씀을 근간으로 한 설교자의 깊이 있는 묵상은 중세교회의 버나드(1090-1153)와 청교도들, 그리고 17세기 화란 경건 운동의 푸치우스(G. Voetius)와 같은 인물들이 그리고 독일 경건주의자들의 모든 삶 가운데 배여 있었다.

■ 루터의 설교

믿음으로 말미암은 구원에 대한 믿는 자들의 확신
(롬 8:18-30)[1]

> 현재의 고난은 장차 우리에게 나타날 영광과 족히 비교할 수 없도다 (8:18).

고난은 가치가 있기도 하고 없기도 하다. 물론 우리의 자연적인 생각에 따라서 판단되는 것은 아니지만, 현세에서의 고난을 하나님의 말씀을 따라 판단하고 있는 그대로 보기만 한다면, 우리의 판단은 참되고 옳다. 하지만 교만한 불신자들은 그렇게 판단하지 않는다.

> 피조물의 고대하는 바는 하나님의 아들들의 나타나는 것이니(8:19).

…(전략)… 피조물이 존재하는 것은 하나님이 피조물을 통하여 및 피조물 가운데서 하나님의 성도들로 말미암아 영광을 받으시기 원하기 때문이다. 이것이 피조물이 기다리는 궁극적인 축복이다.

사도는 이 문제들에 대하여 철학자들과는 판이하게 다르게 생각하고 논증한다. 철학자들은 오로지 만물의 현재 상태만을 보고, 피조물

---

1 마틴 루터, 『루터의 로마서 주석』, 박문재 역 (크리스챤다이제스트, 2001), 157-170.

들의 본질과 속성들에 관해서만 숙고한다. ⋯(중략)⋯ 지금은 다른 연구들에 몰두해서 "십자가에 못 박히신"(고전 2:2) 그리스도를 알 때이다. 자연을 기다리고 신음하고 괴로워하는 존재, 또는 현재의 상태를 혐오하고 아직 오지 않은 장래의 것을 바라는 존재로 여기는 사도의 말뜻을 제대로 이해한다면, 우리는 최고의 철학자요 최고의 자연과학도가 될 것이다. 골로새서 2:8에서 거짓된 철학에 대하여 경고하고 있는 사도의 말은 지당하다.

"누가 철학과 헛된 속임수로 너희를 사로잡을까 주의하라 이것은 사람의 전통⋯을 따름이요." ⋯(중략)⋯

피조물도⋯해방되어(8:21).

사도가 여기서 쓰고 있는 내용은 "천지가 없어질" 것이라는 마태복음 24:35의 말씀과 동일하다. 그러나 이 구절은 피조물의 존재 일반과 관련해서가 아니라 피조물이 "썩어짐의 종노릇" 하는 것과 관련해서 이해해야 한다. 자기가 알고 있다고 생각하는 사람은 이 구절을 자기 나름대로 이해하도록 하라. 그렇지만 이 구절을 나는 피조물이 존재하기를 절대적으로 그치게 될 것을 의미하는 것이 아니라 영광중에 나타나게 될 그때에는 더 이상 허무한 데 굴복하게 되지 않을 것을 의미하는 것이라고 해석한다. 시편 102:26에서는 "그것들은 다 옷같이 낡으리니 의복같이 바꾸시면 바뀌려니와"라고 말씀한다. 그리스도께서 자신의 '변모'(passover)를 겪었듯이, 즉 그리스도께서 썩지 않을 영광으로 변모되셨듯이, 모든 성도들은 '변모될' 자, 즉 영광으로 변모될

자로 묘사된다. 베드로후서 3:13에서는 "우리는 … 새 하늘과 새 땅을 바라보도다"라고 말씀하고, 이사야 65:17에서는 "내가 새 하늘과 새 땅을 창조하나니 이전 것은 기억되거나 마음에 생각나지 아니할 것이라"고 말씀한다.

> 썩어짐의 종노릇 한 데서 해방되어 하나님의 자녀들의 영광의 자유에 이르는 것이니라(8:21).

여기서 사도는 피조물의 "썩어짐의 종노릇"을 그 "영광의 자유"와 대비시킨다. 왜냐하면 지금 피조물은 악한 자들을 섬기면서 그들의 학대를 받아 해를 입고 있기 때문이다. 그러나 썩어짐에서 해방되는 그때가 되면, 피조물은 영광 중에 있는 하나님의 자녀들을 섬기게 될 것이다.

> 피조물이 다 이제까지 함께 탄식하며 함께 고통하는 것을 우리가 아느니라(8:22).

피조물은 "고통을 겪고" 있다. 즉, 피조물은 영광으로 다시 태어나기 위해서 그 썩어짐이 끝나기를 간절히 바라면서 고군분투하고 있다. 임신부가 산통이 시작되면 슬퍼하지만 아이를 낳은 후에는 그 산고를 다 잊어버리듯이, 피조물 전체도 그렇다. 이 때문에 불의한 자들에 맞서 의인들을 위해 얼마나 많은 탄원이 하나님께 끊임없이 드려지는지를 주목하라. 왜냐하면 피조물 전체가 자기 자신의 구원과 경건한 자들의 구원을 위해 기도함과 동시에 불경건한 자들에 맞서 부르짖기 때문이다. 피조물과 함께 우리 믿는 자들도 기도하고 부르짖으며, 성령도 우리와 함께 기도하고 부르짖는다.

> 이뿐 아니라 또한 우리 곧 성령의 처음 익은 열매를 받은 우리까지도 속으로 탄식하여 양자 될 것 곧 우리 몸의 구속을 기다리느니라 (8:23).

…(전략)… 사도는 이 구절에서 두 가지를 선언한다.

첫째로, 악한 자들이 정죄를 받아 제거되고 옛 사람이 멸해진 후에, 피조물은 그 현재의 허무한 것에서 구원받을 것이다. 이 구원은 하나님의 성도들 속에서는 날마다 일어난다.

둘째로, 그때에는 피조물이 더 이상 허무한 것과 썩어짐에 굴복하지 않게 될 것이다. …(중략)…

> 우리가 알거니와 하나님을 사랑하는 자 곧 그 뜻대로 부르심을 입은 자들에게는 모든 것이 합력하여 선을 이루느니라(8:28).

…(전략)… 이 구절은 사도가 이 장의 끝에 이르기까지 말하고 있는 모든 내용이 딛고 서 있는 토대 역할을 한다. 왜냐하면 하나님의 사랑을 받고 하나님을 사랑하는 택함 받은 자들에게는 성령이 모든 것들, 즉 질병이나 박해 등등 그 자체로 나쁜 것들조차도 선을 이루도록 바꾸어 버리신다는 것을 보여 주고자 하는 것이 사도의 의도이기 때문

이다. …(중략)…

  수많은 환난과 악들이 닥쳐와도 성도들을 하나님의 사랑에서 끊어 놓을 수 없는 이유는 다름 아닌 그들이 "그의 뜻대로 부르심을 입은 자들"이기 때문이다. 그래서 하나님은 모든 일들이 합력하여 그들에게, 오직 그들에게만 선이 되게 하신다. 만약 이러한 하나님의 뜻이 없고, 우리의 구원이 우리의 의지나 행위에 달려 있다고 한다면, 우리의 구원은 순전히 운에 맡겨지게 될 것이다. 그런 경우에 단 하나의 악으로도 그 구원을 얼마나 쉽게 방해하거나 파괴할 수 있겠는가!

  그러나 사도는 다음과 같이 말함으로써 택함 받은 자들이 운에 의해서가 아니라 하나님의 목적과 뜻을 따라 구원받았음을 나타내 보인다.

> 누가 능히 하나님께서 택하신 자들을 고발하리요(8:33).
> 누가 정죄하리요(8:34).
> 누가 우리를 그리스도의 사랑에서 끊으리(8:35).

  사실 이런 이유 때문에 하나님은 택함 받은 자들로 하여금 여기에 열거된 것과 같은 수많은 악한 것들을 겪게 하시고, 이를 통해 그들이 자신의 공로가 아니라 하나님의 택하심을 따라 구원 받았음을, 즉 그리스도 안에서의 구원이라는 하나님의 변치 않고 확고한 뜻을 나타내게 하시는 것이다. …(후략)…

■ 츠빙글리의 설교

성상(聖像)과 미사(사 44:17)[2]

　미신적으로 숭상할 목적으로 사용되는 모든 형상들은 제거되어야 합니다. 왜냐하면 그러한 숭상은 실제로는 우상숭배이기 때문입니다. 이제 우리는 교회와 거리 이곳저곳에서 숭상을 위하여 걸려 있는 형상들을 볼 수 있습니다. …(중략)…

　그들은 말하기를 우리는 이 보화를 우상들에게 드리는 것이 아니고 하늘에 있는 복된 성자들에게 준다고 합니다. 그러나 만일 우리가 이 세상의 보화를 가지고 성자들에게 존귀를 돌리기 위하여 사용한다면 우리는 하나님이 우리에게 명하신 대로 그리고 성자들 자신들이 행한 대로 즉 가난한 자들에게 베풀어야 합니다. 우리가 하나님의 가난한 사람들에게 주어야만 하는 것을 우리는 금으로 만든 사람의 형상들에게 바치고 있습니다. 사람들의 형상은 우상에 지나지 않지만 살아있는 사람들은 하나님의 형상입니다. …(중략)…

　만일 우리가 그러한 것들을 가난한 사람들에게 베풀라고 권면하면 그들은 외면할 것입니다.

　왜냐 구요?

　그러한 것들이 가난한 사람들에게서는 보여 지지 않지만 우상에게

2　프레데릭 바튼 엮음, 『부흥설교 103선집』, 홍성국 역, (보이스사, 2005), 91-96.

서는 보여 지기 때문입니다. 그러한 이유로 이러한 우상들이 육신적인 야망을 만족시키기 위해서 치장되고 있기 때문에 우리는 더 이상 묵인할 수 없습니다. 그러면서도 우리는 우리에게 임할 저주를 두려워하지도 않습니다. 시편에서 다음과 같이 말합니다.

> 조각 신상을 섬기며 허무한 것으로 자긍하는 자는 다 수치를 당할 것이라(시 97:7).

우리는 이교도들이 행하는 것과 같이 그 앞에서 값비싼 향유를 태웁니다.

첫째, 이교도들이 그러한 일들로 자신들의 우상을 섬기듯이 우리도 그렇게 함으로 하나님의 택함을 받은 사람들에게 존귀를 돌려드린다고 생각합니다. 우리는 사도행전 14장에서 바울과 바나바가 자신들을 경배하려는 사람들의 시도를 용인하지 않고 그들로 하여금 그러한 어리석음에서 돌이키게 하려고 하나님으로부터 보냄을 받은 사람이라고 선언하였다는 사실을 배웁니다. 하나님의 종들은 그러한 어리석은 사람들의 행위를 통하여 존귀를 얻는 것이 아닙니다. 왜냐하면 그들이 하나님 자신을 결코 그러한 방법으로 섬기지 않았기 때문입니다.

둘째, 우리는 가난한 사람들에게 베풀어야 할 것을 우상 앞에 바치므로 죄를 짓습니다. 마지막으로, 이교도들처럼 우리는 어떤 사람의 형상을 만들고 그것에 그 사람의 이름을 붙여 주고 그 이름을 부릅니다. 그러므로 우리는 형상화된 나무를 하나님의 어머니, 또는 성 니콜라스 또는 성 힐데가르데 등으로 부릅니다. 그것 자체는 그리 대수로운 것이 아닐지 모르지만 우리가 이 형상에 대하여 그같이 숭배한다면 그것은 이른바 우상숭배이기에 심판을 면치 못하는 것입니다.

…(중략)…

하나님은 이사야 1:12에서 말씀합니다.

> 너희가 내 앞에 보이러 오니 그것을 누가 너희에게 요구하였느뇨 내 마당만 밟을 뿐이니라(사 1:12)

여기에서 하나님은 그렇게 우상에게 경배 드리는 것을 금하였고 배척하였음을 주지하십시오. 그러나 다음과 같은 변론을 말합니다.

"무릎을 꿇은 길가의 그 사람은 마음으로부터 주님의 거룩한 고난을 인하여 그에게 감사와 찬양을 드리며 하나님을 기억나게 하는 기도를 드립니다.

그러나 길에서 아무런 형상도 발견하지 않은 사람은 하나님이나 성자들을 생각하지 않을 것이기에 형상들은 선한 것이지 악한 것이 아니지 않습니까?"

그에 대해 나는 이렇게 대답합니다.

"나더러 주여, 주여 하는 자마다 천국에 다 들어갈 것이 아니요 다만 하늘에 계신 내 아버지의 뜻대로 행하는 자라야 들어가리라"(마 7:21)고 한 말을 알지 못합니까?

여기에서 하나님은 입으로만 경배하는 것에 대해 별로 가치를 두지 않고 그 반대로 그의 뜻을 행하는 것에 대해 가장 높은 가치를 둔다는 사실을 여러분들은 인지하지 못합니까?

그러나 이런 형상들은 그 같은 것을 가르치거나 그렇게 하도록 자극하지 못합니다. 왜냐하면 그것들은 게으른 마음을 가진 사람들의 경건을 위하여 아무것도 자극하지 못하기 때문입니다. 하나님께 대한 참되고 진정한 경배는 우리의 마음속에 그를 품는 것입니다. 그러한 마음은 어떤 형상에 대한 외형적 응시에 의해서가 아니라 하나님의 조명에 의해서만 가능해집니다.

그러나 어떤 사람은 다음과 같이 변론을 펼 것입니다. 우상들은 아무것도 아니며 어떤 것에도 적용되지 않으며, 거룩하게 여기지도 않으면 됩니다.

한 마디로 말하면 그것들에 대한 잘못된 모든 교리들을 제거해 버리면 되지 않습니까?

그러나 나의 대답은 이렇습니다. 분명 그렇게 해야 됩니다. 그러나 동시에 그 형상들 자체도 제거되어야 합니다. 여러분들이 마귀를 쫓아 낼 때 여러분들은 그가 다시 들어올 모든 길을 차단해야 됩니다.

그러므로 복음이 전파될 때 사람들은 순전한 교리로써 가르침을 받아야 하는 반면, 우상들은 제거되어야 합니다. 그렇지 않으면 사람들은 지나간 동일한 과오의 전철을 밟을 것입니다. 왜냐하면 황새들이 옛 둥우리에 다시 찾아오듯이 돌아가는 길을 차단하지 않으면 사람들도 과거의 과오로 다시 돌아가기 때문입니다.

■ 박윤선의 설교

영혼을 위하여 일하는 목사(히 13:17)[3]

1. 어려운 일을 맡았음

교회 지도자들의 하는 일은 영혼을 위한 일이므로 그것은 어려운 일이다. 영혼을 위한 일은 하나님만 하실 수 있다.

불신자들은 영혼존재조차도 부인하니 어떻게 사람으로서 그들의 영혼을 위하여 일할 수 있겠는가?

이 점에 있어서도 먼저 하나님께서 그들로 하여금 그들의 영혼의 존재를 깨닫게 해 주셔야 된다.

그들의 영혼은 허물과 죄로 죽었으니(엡 2:11), 그들이 어떻게 그들의 영혼의 존재를 깨달을 수 있겠는가?

그들의 죽은 영혼이 하나님의 말씀에 의하여 살아나게 될 때에 그들은 영혼의 존재를 깨닫는다. 하나님의 말씀으로 살아난 영혼들은 그 영혼의 영생을 믿게 된다.

영국의 순교자 리들레는 순교 전날 밤에 그의 동생이 위로하기 위해 찾아 왔을 때에 다음과 같이 말하였다.

"동생은 속히 돌아가라! 내가 오늘 밤 평안히 자고 내일 순교하겠다."

---

[3] 박윤선, 『대한예수교장로회 헌법주석(정치, 예배모범)』, (영음사, 1983), 52-54. 발췌.

하나님의 말씀을 듣고 살아난 영혼들, 곧 신자들의 영혼을 위하여 일하시는 이도 하나님이시다. 그는 영혼을 지으신 창조주이시고(전 12:7; 히 12:9), 영혼의 생사도 주장하신다(마 10:28).

2. 경성함

(1) 기도로 경성함

성경 말씀에 의하면 신자가 깬다는 것은 기도하는 것을 가리키기도 한다. 에베소서 6:18에 말하기를, "무시로 성령 안에서 기도하고 이를 위하여 구하기를 항상 힘쓰라"고 하였다. 골로새서 4:2에도 "기도를 항상 힘쓰고 기도에 감사함으로 깨어 있으라"로 하였다. 베드로전서 4:7에는 "너희는 정신을 차리고 근신하여 기도하라"고 하였다.

이미 위에서 말한 것같이 영혼은 하나님께서만 취급하실 수 있으므로 교회의 지도자들은 그 영혼들이 잘되도록 하기 위하여 하나님께 부탁하는 기도가 시종일관 되어야 한다. 마귀는 우는 사자같이 두루 다니며 삼킬 자를 찾는 것만큼 교회의 지도자들은 양 무리의 영혼을 보호하기 위하여 기도에 전심해야 된다(벧전 5:8).

(2) 믿음으로 경성함

고린도전서 16:13에 말하기를, "깨어 믿음에 굳게 서서 남자답게 강건하여라"고 하였다. 여기 이른 바 "남자답게 강건하여라"라는 말씀은 신앙으로 용감해야 될 것을 가리킨다. 교회의 지도자들이 세상 주의로 사는 잠에서 깨어나 초자연 세계를 밝히 내다보고 신앙으로 굳게 설 때에 하나님의 역사가 일어난다.

2장. 요한 크리소스톰
(Johannes Chrysostomus, 350?–407)

1. 황금의 입

위대한 설교자였던 요한(Johannes Chrysostomus, 350?-407)은 몇 가지 점에서 역사의 주목을 받는다. 금욕주의자로 시작하여 목회자, 선생, 선지자, 신학자 그리고 개혁적인 삶을 살았던 '개혁 감독'의 모습이다.[1]

아우구스티누스(A. Augustinus, 354-430)와 동시대를 산 인물로서, 6세기부터 '황금의 입' 크리소스토무스라는 별명이 본명으로 뒤바뀌어 일컬어지기 시작한 요한은 동방교회

A millennium-old Byzantine mosaic of Saint Johannes Chrysostomos, Hagia Sophia
성 요한 크리소스톰의 비잔틴 모자이크, 이스탄불 하기아 소피아

최고의 설교자로 교회사에 그 명성이 자자하다.[2] 오늘에 이르기까지 600여 편의 그의 설교가 거의 완벽하게 전해지고 있는 것만 보아도 이러한 사실을 감지하게 한다.

---

1 "Johannes Chrysostomus," *TRE* 17, 118-127; "Johannes Chrysostomus," *RGG*(4판), 525-526; "Chrysostom, St. John," *The Oxford Dictionary of the Christian Church*, 342-343.

2 1976년 10월 첫 권을 시작으로 하여 2004년 7월 36권을 끝으로 총 28년 만에 완간된 세계최고의 권위를 자랑하는 신학백과사전 TRE와 역시 종교백과사전에서 중요한 위치를 차지하는 2001년 나온 RGG(4판)에서도 알파벳 C에서 요한 크리소스토무스를 찾을 수 없고, 알파벳 J의 Johannes에서 설명하고 있다. 그렇지만, 영국 옥스퍼드대학교에서 약 1800쪽 규모의 단권으로 발행된 1957년 초판으로 발간된 『옥스퍼드 기독교회 백과사전』에서는 알파벳 C란에서 요한 크리소스토무스를 찾게 된다. 이는 최근 학계 경향이 별명 '황금의 입'을 뜻하는 크리소스토무스보다는 요한(네스)을 본명으로 제시하고 있음을 확인하게 된다.

10세기부터 동방교회 3대 교부 중 한 사람으로 추앙된 요한은 젊은 시절 리바니오스(Libanios)와 친구이며 철저한 금욕주의자 다소의 디오도르(Diodorus)에게서 수학 한 후, 372년 부활절 아침에 세례를 받았다. 안디옥의 감독 멜레티우스(Meletius) 곁에서 367년부터 371년까지 조교로 일했던 요한은 371년 강도사로 인허를 받은 후, 372년부터 378년까지 수도원에 들어가 은자의 삶을 살았는데, 그중 2년은 매우 엄격한 금욕주의 생활을 추구했다. 그의 저서 중 가장 많이 세상에 알려진 『성직론』(De sacerdotio)은 20대 후반에 기록한 책으로, 392년 벌써 제롬으로부터 높이 평가를 받았다.[3]

386년 2월 장로로 안수를 받은 요한은 387년 "유대주의로 향하는 그리스도인을 대적한 8편의 설교"(Acht Reden gegen judaisierende Christen)를 포함한 '기둥설교들'(Saeulenhomilien)로 명성을 날리기 시작했다. 특히 훌륭한 설교들을 동방교회의 심장인 콘스탄티노플에서도 요한은 선포했는데, 창세기, 마태복음, 요한복음, 사도행전을 포함한 모든 바울서신을 본문으로 하였다.[4]

요한의 설교는 해석학적 그리고 윤리적 관점에서 많은 중요한 내용을 제시하고 있다. 특히 요한은 마땅히 영적 공동체로 이루어져야 할 가정에서의 기독교 신앙교육의 중요성을 일깨운 최초의 기독교 저술가로 평가받는다. 넥타리우스(Nectarius)의 뒤를 이어 황제 아르카디우스(Arkadius)에 의해 콘스탄티노플의 감독으로 임명된 요한은 이 수도

---

3 요한 크리소스톰, 『성직론』, 채이석 역 (도서출판 엠마오, 1992).
4 한국어로 번역된 요한 크리소스톰의 강해설교로는 로마서와 에베소서가 지평서원에서 출판되었다.

에 사는 모든 사람들이 정통신앙을 확립하는 것을 최고의 목표로 내세웠다.

그러나 마술을 하는 부패한 6명의 설교자들과 사치에 빠진 황실을 향한 요한의 개혁적 설교는 많은 적들을 배출하여 황실과의 갈등으로 번졌고, 결국 감독의 자리에서 물러나 여러 차례 유배 길에 올라야만 했다. 검소한 성직자의 삶을 살았던 요한은 다시금 명예를 회복하는 듯하였으나, 흑해에 위치한 아르메니아의 피티우스로 유배되는 중 코마나 지역 추운 일기 속에서 407년 맨발 죄수의 몸으로 세상을 떠나고 말았다.

다행히 31년이 지난 438년 1월 27일 그의 유해는 명예회복과 함께 콘스탄티노플로 돌아와 안장되었다. 한 마디로 요한은 설교로 위대해 졌으나, 유명한 그 설교 때문에 감독에서 물러나야했고, 개혁적 설교 때문에 유배 길에 올라 쓸쓸하게 추운 겨울 맨발로 세상을 떠나야 했던 설교자였다. 오늘날 설교를 통해 명예와 부귀를 추구하는 설교자들의 모습은, 사망 수백 년 후에야 비로소 '황금의 입'이라는 역사적 평가를 받은 요한의 생애와는 사뭇 다르다는 생각에 순간 숙연해지지 않을 수 없다.

2. 요한의 설교론

'황금의 입' 요한은 자신의 저서 『성직론』 제5권 "참된 설교자"에서 두 가지 면에서 좋은 설교자를 묘사한다.

첫째, 숭고한 인격을 가진 설교자가 되어야 한다.

둘째, 설교 은사를 무단히 쉬지 않고 개발하는 자, 그리하여 설교의 전달능력이 탁월한 설교자가 바람직한 설교자라는 것이다.

요한의 이 두 바퀴 설교론은 냉혹한 회중비판에 근거를 두고 있다. 설교를 듣는 청중들이 과연 누구인가를 설교자는 분명하게 인식해야 한다는 것이다. 일면 조금은 심하다는 느낌이 들기도 하는 4세기 요한의 설교청중 분석은 오늘날 설교를 향한 수많은 부정적인 말들이 떠도는 것을 볼 때, 21세기에도 개연성이 충분하기 때문이다.

설교자는 많은 노력으로 "아주 월등하고 숭고한" 인격의 소유자가 되어야 할 것을 요한은 설교자의 첫 번째 덕목으로 제시한다. 그렇다고 일반적으로 생각하는 훌륭한 인격에서 나오는 바람직한 설교를 말하는 것은 아님을 본다. 요한이 말하는 설교자의 숭고한 인격이란 설교를 향한 교인들의 칭찬과 비판에도 흔들리지 않고 하나님의 말씀을 꾸준히 오래 전할 수 있는 잘 훈련된 인격이다.

요한은 설교를 듣는 회중을 엄격한 눈으로 직시하면서, 현실에 입각한 냉철한 눈을 설교자들이 가져야 할 것을 요구한다. 설교자들이 처하고 있는 그대로의 현실을 요한은 냉혹하게 바라보았다. 그저 불쌍한 영혼들을 향한 가슴 따뜻한 설교자의 사랑의 메시지로만 설교를 묘사하지 않고 있다. 물론 설교자 편에서는 그렇게 확신하고 하나님의 말씀을 열정적으로 전해야 하겠지만, 그 말씀을 받는 회중은 결코 꼭 그렇지만은 않다는 것이다. 분명하게 두 가지 입장에 서서 설교를 듣고 있음을 벌써 4세기 교회를 바라보며 요한은 묘사한다. 물론 설교자 요한이 처한 특정 현실을 반영하고 있다고도 할 수 있겠지만, 오늘에도 이러한 요한의 회중 분석은 얼마든지 적용 가능하다 하겠다.

> 설교를 듣는 자들 대부분이 설교자들을 자신들의 교사로 생각하지 않는다는 사실이다. 그들은 자신들이 가르침을 받고 있는 사실을 망각하고 오히려 자신들을 대중 경기를 관전하는 관중들로 여기고 있다. 운동경기를 보는 관중들이 두 진영으로 나뉘어져 한 편은 이쪽 사람 편을 들고, 다른 한 편은 저쪽 사람 편을 드는 것과 같이 오늘 교회에서도 사람들이 나뉘어져 파당을 짓고 설교에 대한 찬반의 평가대로 한 쪽은 이 설교자 편을 들고 다른 쪽은 저 설교자 편을 들고 있다 (『성직론』, 156).

그럼에도 설교자는 자신의 설교를 듣는 회중들을 부모의 심정으로 대함이 마땅하다. 그래서 그들이 설교자 자신을 향해 칭찬과 비난을 쏟아놓을지라도 아버지가 어린 자녀들을 대하는 큰 심정으로 마주해야 할 것을 요한은 말한다. 그렇다고 설교자가 자신의 설교를 향한 칭찬 또는 비판에 무관심하다고 해서 그저 자격을 다 갖추었다고 요한은 생각하지 않는다. 말씀 증거의 실력을 갖춘 설교자로서 칭찬과 비판에 거리를 둘 수 있는 설교자가 되어야 할 것을 의미한다.

> 설교자가 만일 칭찬 받는 일에는 무관심하나 '은혜 가운데서 소금으로 고루게 함같이' 말할 수 있는 능력이 모자란다면, 그는 교인들로부터 멸시를 받게 되고 그의 거룩한 마음으로부터는 아무런 유익도 얻을 수가 없게 된다. … 그래서 감독은 아주 탁월한 전차 모는 전사(戰

士)와 같이, 이 두 가지 면에서 완벽해야 한다. … 오직 그 자신이 모든 사람들의 눈 밖에 나지 않게 될 때에야, 그는 권위를 가지고 교인들을 책망하든지 용서하든지 할 수 있게 된다. 그렇게 되기까지 그는 많은 노력을 해야만 한다(『성직론』, 157-158).

설교자는 좋은 인격 위에 많은 노력으로 더 나은 설교를 할 수 있도록 해야 한다는 것이다. 사도 바울을 기억하며 요한은 바람직한 설교자의 언어구사에 대해 묘사한다.

사람의 용어가 화려하지 않고 작문이 단순하고 꾸밈이 없어야 하지만 지식에는 풍부해야 하고 교리 진술에는 정확해야 한다(『성직론』, 144).

훌륭한 설교자는 타고나는 것이 아니라, 부단한 노력으로 자신에게 주어진 설교의 은사를 더욱 세련되게 할 것을 권고한다. 설교의 덕목과 설교의 훈련을 통해서 좋은 설교자가 되어야 할 것을 요한은 말한다.

설교의 기술은 자연적으로 습득되어지는 것이 아니라 노력에 의해서 되어진다. 아무리 완벽한 설교를 한다고 해도 그가 부지런히 적용하며 연습하여 그 능력을 배양시켜 나가지 않는다면 퇴보할 수밖에 없다. 그러므로 은사가 있는 자들이 없는 자들보다 더 많은 노력을 해야 한다(『성직론』, 160).

궁극적으로 설교의 목적은 요한에게 있어 최고의 권위자 되시는 오직 하나님을 기쁘시게 하는 것이다. 그러기에 하나님의 마음에 합한 설교를 할 수 있도록 설교자는 모든 노력을 기울여야 한다.

> 그 양심에 하나님을 기쁘시게 해 드리는 설교를 생각하여 시행한 것라고 말할 수 있다면, 그것은 그가 최선을 다한 것이요 다른 어떤 것 보다도 나은 것이 된다(『성직론』, 164).

그럼에도 아쉬운 점은 요한의 설교론에서 조금은 다른 뉘앙스를 보여 주는 대목이 발견된다는 것이다. 그것은 요한이 자신을 향해 스스로 최고의 설교자로 생각하고 있지 않은지 하는 점이다. 이는 또한 반대로 설교를 듣는 회중들의 이야기를 무시 내지는 업신여기지 않은지 하는 비판을 받게 한다. 과연 설교를 듣는 회중들의 반응으로서의 부정과 긍정이 꼭 의미가 없지만은 않기 때문이다.

흔히 '설교를 잘 한다'는 설교자들이 쉽게 가질 수 있는 교만 내지는 금해야 할 자만이 아닌지 하는 생각을 갖게 한다.[5] 그렇다고, 요한이 중세교회가 가졌던 이원론적 사제주의 또는 성직주의의 사고 속에서 쉽게 가졌던 생각을 자신의 글에서 표현했다고는 굳이 생각하고 싶지 않다.

---

5 『성직론』, 163. "최고 예술가의 작품에 대한 판단은 그 사람 자신에게 맡겨야 한다. 그의 작품을 우리가 좋다 나쁘다 평가하는 것은 그 작품을 계획한 장본인인 그의 판단에 따르는 것이어야 한다. 다른 사람들의 의견은 잘못될 수도 있고 비예술적인 것일 수도 있기 때문에 그것에 너무 집착해서는 안 된다."

3. 요한의 설교들

로마서를 본문으로 32편의 강해설교를 보이고 있는 요한의 로마서 강해는 그의 설교가 어떠했는지를 잘 보여 준다.[6] 당시 동방교회에서 일반화되고 있던 오리겐과 알렉산드리아 학파가 치중했던 신비적, 우화적 성경해석을 떠나, 요한은 히브리어에는 약했지만, 해박한 헬라어 원어 실력을 바탕으로 당시 다소의 디오도르를 중심으로 한 안디옥 학파가 내세웠던 문법적-역사적 성경해석 방법을 취하고 있음을 확인할 수 있다. 요한이야말로 70인 역을 최고로 권위 있는 성경사본으로 인정하고 문법적-역사적 성경해석 방법의 유일한 대변자로서 가장 성공적 인물로 평가받는다.[7]

종교개혁자 존 칼빈(John Calvin, 1509-64) 역시 문법적-역사적 성경해석 방법을 취하였는데, 칼빈은 요한을 "성경의 본래적 순수성과 문자적 의미에 충실하고자 노력했다고 평가"했다. 뿐만 아니라, 칼빈은 요한의 설교들을 프랑스어로 번역 출판하였으니, 16세기 칼빈과 4세기 요한의 신학적 유대를 추측하게 된다.[8]

요한의 600여 편의 설교들을 보면 대략 몇 가지 특징으로 분류된다.

① 칼빈처럼, 성경구절을 따라 연속적으로 강해한 설교이다. 물론 현대적 의미의 주석도 보이는데, 이사야 1-8장과 갈라디아서에

---

6 요한 크리소스톰, 『로마서 강해』, 송종섭 역 (지평서원, 2000).
7 주도홍, 『새로 쓴 세계교회사』 (개혁주의신행협회, 2006), 77.
8 주도홍, 『새로 쓴 세계교회사』, 276.

관해 그러한 형식을 취하고 있을 뿐이다.

② 요한의 설교들은 대부분 타인의 속기에 의해 보존된 것으로, 요한이 친히 쓴 설교는 일부에 속할 뿐이다.

③ 요한은 신구약 성경의 단일성을 근거로 계시의 점진성을 인정한다.

④ 요한은 성경의 신적 권위와 동시에 인간의 저작권을 함께 인정한다.

⑤ 요한은 성경본문에 대한 비평을 하지 않고 있다.

⑥ 요한의 히브리어에 대한 무지가 구약 주해에 신뢰성을 떨어뜨렸다.

⑦ 서신서에 대한 요한의 강해가 복음서에 대한 강해 보다 높은 평가를 받는다.

⑧ 요한의 설교는 오늘날에도 거의 그대로 사용할 수 있을 정도이다.

⑨ 요한은 설교 초두에서 회중의 관심을 끌기 위해 모든 필요한 조치를 취한다.[9]

⑩ 요한의 설교들은 대부분 이해가 쉬운 단문으로 이루어져 있다.

⑪ 설교의 길이가 두 배 이상 들쑥날쑥하여 설교시간이 일정하지 않았을 것으로 추정하게 한다. 일반적으로 요한은 긴 설교를 한 것으로 생각된다.

⑫ 성경본문이 시작되는 데서 설교가 시작되고 본문이 내용적으로 끝나는 데서 설교가 끝나고 있다.

⑬ 서론–본론–결론 식의 일정한 설교의 형식이 없고, 요한은 구절을 따라 내리 설교를 하고 있을 뿐이다. 성경구절을 그냥 건너뛰

---

[9] M. B. Riddle, "요한 크리소스톰의 略傳," 요한 크리소스톰, 『로마서 강해』, 587–597.

는 경우는 보이지 않는다.
⑭ 먼저 성경구절 해석을 시도한 후, 요한은 가능한 회중에게 적용을 시도한다.
⑮ 결론부에서 요한은 종합적 적용을 회중을 향해 간단명료하게 시도한다.
⑯ 요한은 탁월한 웅변가였음을 설교를 통해 확인하게 된다.

4. '오직 믿음으로'

요한의 신앙은 루터의 종교개혁 요절이기도 한 로마서 1:17의 설교에서 이신칭의를 분명하게 보여 준다. 이러한 요한의 신앙에 칼빈 역시도 요한의 설교를 기꺼이 인용하고, 사랑하고 급기야는 친히 불어로 번역하여 출판해 내었던 것으로 생각한다. 끝으로 요한의 로마서 설교의 한 부분을 소개한다. 특히 4세기 설교자의 이신칭의 신학을 16세기 종교개혁 이전에 뚜렷하게 확인하게 됨은 의미 있는 일이라 하겠다.

> 하나님의 말씀은 전적으로 이성을 초월하십니다. 그런데 우리에게 필요한 한 가지는 바로 믿음입니다. 자만하고 헛된 영광을 추구하는 사람, 즉 합리적으로만 생각하는 사람은 어느 면에서도 믿음의 영역에 들어 갈 수가 없습니다. 우리에게 필요한 것은 이성이 아니라, 바로 믿음입니다. 이성으로만 생각하는 사람들은 성령의 음성을 들

어야 합니다. 이성을 앞세우는 자들은 때로는 혼돈을 느끼고 당황할 것입니다. 이성은 허탄한 곳에 뿌리를 두고 있기에 반드시 넘어집니다. … 현 시대 타락한 현실에서 우리가 탈출할 수 있는 유일한 길은 다른 방법이 아닌 '믿음으로 말미암아' 되어지는 것입니다. 따라서 옛날에 살았던 모든 사람들 아브라함, 이삭, 야곱, 심지어는 창기까지도 믿음에 의해서 구원을 받았습니다. 구약 시대 인물은 물론이고 신약 시대의 사람들까지도 믿음에 의해서 구원을 받았습니다. … 우리가 알아야 될 일은 하나님께서 지시하는 데 대해 이성으로 판단하려 해서는 안 된다는 것입니다. 오로지 순종만이 있어야 합니다. … 예를 들어, '어떻게 하나님께서 독생자를 낳을 수 있는가. 어떤 모습으로 낳으셨을까' 하는 의문이 제기될 수 있을지 모르지만 이제 우리는 마음을 다해서 모든 축복의 어머니가 되는 믿음으로 그것을 받아들일 뿐입니다.[10]

---

10 『로마서 강해』, 55-57.

■ 크리소스톰의 설교

믿음으로 얻는 의(롬 1:17)[1]

복음에는 하나님의 의가 나타나서 믿음으로 믿음에 이르게 하나니, 기록된 바 오직 의인은 믿음으로 말미암아 살리라 함과 같으니라 (롬 1:17).

의로워진 사람은 이 세상만을 위해서 사는 사람이 아니라 장차 올 세상을 위해서 사는 사람입니다. 바울은 이것만을 증거 하는 것이 아니라, 다른 점과 아울러 미래의 삶의 영광스러움과 찬란함에 대해서도 말해줍니다. 구원을 받을 가능성은 모든 이에게 있습니다. 그러나 그 누구도 고난이 없이는 구원을 얻을 수가 없습니다. 어느 누구도 복음을 듣되 어려움 없이 들을 수는 없습니다. 이 점을 염두에 두고 바울은 의를 부연합니다.

또한 의의 풍성함과 역사를 암시해 줍니다. 이것은 우리의 의가 아니라 하나님의 의입니다. 왜냐하면 여러분께서는 수고하고 노력해서 의를 받은 것이 아니라 은사에 의해 그것을 받았고, 여러분의 창고에서 의를 꺼내 가진 것이 아니라 위에서 주셨기 때문입니다. 그의 주장이 믿기 어려운 것같이 보인다 해도, 간음한 자나 포악한 자나, 무덤

---

[1] 요한 크리소스톰, 『로마서 강해』, 송종섭 역 (지평서원, 2000), 35-58. "나의 자랑 십자가"(롬 1:8-17) 중에서.

을 파는 추악한 도굴자나, 그리고 마술사라 할지라도 믿음에 의해서 일순에 형벌이 면제될 뿐 아니라 의롭게 됩니다. 이 의를 깨닫는 것이야말로 최고의 의를 갖게 되는 것입니다.

바울은 구약을 통해서 자신의 주장을 확정합니다. 먼저 그는 짧은 문장으로 역사를 볼 안목이 있는 사람을 위해 광대한 역사의 바다를 열어 놓았습니다. 바울은 본문에 이어 '믿음에서 믿음에 이르게 하나니'라고 말한 다음에 하나님의 섭리에 대해서 관심을 갖게끔 합니다. 이 하나님의 섭리는 구약 시대에 이루어진 것입니다. 그는 히브리서를 쓸 때도 하나님의 크신 지혜로 의인과 죄인이 다같이 그의 방법에 따라 의롭게 되었고 따라서 바울은 창기와 아브라함을 똑같이 언급합니다.

그런데 여기에서 이 내용을 잠시 언급한 다음에 바울은 다른 문제를 거론하면서 선지자에게서 주어진 내용을 확정하고 우리 앞에 하박국서를 제시합니다. 바울은 외치기를 사안의 성질상 살려고 하는 사람이 사는 것이 아니고 오히려 믿음에 의해 구원 받은 사람만 사는 것이라고 말합니다. 이점에 대해 바울은 오직 "의인은 그 믿음으로 말미암아 살리라"(합 2:4)라고 말합니다. 여기서 산다고 하는 것은 장차의 생명에 대한 말입니다.

하나님의 말씀은 전적으로 이성을 초월하십니다. 그런데 우리에게 필요한 한 가지는 바로 믿음입니다. 자만하고 헛된 영광을 추구하는 사람은, 즉 합리적으로만 생각하는 사람은 어느 면에서도 믿음의 영역에 들어 갈 수가 없습니다. 우리에게 필요한 것은 이성이 아니라, 바로 믿음입니다. 이성으로만 생각하는 사람들은 성령의 음성을 들어야만 합니다. 이성을 앞세우는 자들은 때로는 혼돈을 느끼고 당황할 것입니다. 이성은 허탄한 곳에 뿌리를 두고 있기에 반드시 넘어집니다. 믿음 가짐을 부끄러워하지 않고 하늘의 것을 가볍게 여기지 않을 때 수없는 합리주의가 판을 친다 할지라도 우리는 두려워할 필요가 없습니다.

가련하고도 불쌍한 사람의 모습, 끝없이 눈물을 흘려야 할 그들, 그들은 하늘과 땅이 어떻게 만들어질 수 있는가라고 묻습니다. 왜 제가 하늘과 땅에 대해 말씀드립니까. 우리는 어떻게 태어나고 양육 받아 성장했습니까. 여러분께서 이 일을 모르고 지나친다면 부끄러운 일이 아니겠습니까. 만일 독생자에 대해 무슨 논란이 있게 된다면 자초지종을 알지 못한다고 해서 합당치 못한 분이 되고 맙니까. 그렇게 생각하는 분들에게 있어 멸망의 구렁텅이는 부끄럽게 느껴지지 않을 것입니까. 논쟁이라는 것은 가치가 없는 것입니다. 그것은 그릇된 호기심을 부릅니다.

왜 제가 교회에 대해 말하지 않는 줄을 아십니까. 현 시대의 타락된 현실에서 우리가 탈출할 수 있는 유일한 길은 다른 방법이 아닌 '믿음으로 말미암아' 되어지는 것입니다. 따라서 옛날에 살았던 모든 사람들 아브라함, 이삭, 야곱, 심지어는 창기까지도 믿음에 의해서 구원을 받았습니다. 구약 시대의 인물은 물론이고 신약 시대의 사람들까지도 믿음에 의해서 구원을 받았습니다. 바울은 히브리서에서 말하고 있습니다.

> 믿음으로 기생 라합은 정탐군을 평안히 영접하였으므로 순종치 아니한 자와 함께 멸망치 아니하였도다(히 11:31).

만일 그녀가 자신을 향해서, "어떻게 포로 된 자, 나그네, 도피하는 자를 내가 숨길 수 있는가. 피가 다른 족속의 생명을 내가 어떻게 보호할 수 있느냐. 성과 성벽과 망대를 가진 우리가 그들보다 더 낫지 않은가"라고 말했다면 그녀는 자신과 정탐꾼들을 모두 죽게 했을 것입니다. 키가 크고 힘이 있는 사람들 앞에서 이스라엘 사람들이 과연 이길 수 있을까에 대해 의심하고 논쟁하였을 때 그들은 멸망하였습니다. 싸워보지도 못하고 모두가 죽고 말았습니다. 불신은 무서운 함정입니다. 그러나 믿음은 가장 크고 강한 성벽입니다. 불신은 수많은 사람을 함정에 밀어 넣지만, 믿음은 창기 한 사람뿐 아니라 그녀로 하여금 허다한 사람들을 구원하는 요새가 되게 했던 것입니다. …(중략)…

우리가 알아야 될 일은 하나님께서 지시하는 데 대해 이성으로 판단하려 해서는 안 된다는 것입니다. 오로지 순종만이 있어야 합니다. 하나님이 명령하셨을 때 의심을 가지는 것 자체가 위험한 일입니다. 그 대가는 무서운 형벌로 되돌아옵니다. 모든 일에 부정적이고 회의적인 사람에게는 형벌이 있습니다. 은밀하시고 진기하신 하나님의 사역에 대해서 인간적인 질문만 나타내는 사람들에게는 무서운 형벌이 있습니다.

예를 들어, '어떻게 하나님께서 독생자를 낳을 수 있는가. 어떤 모습으로 낳으셨을까' 하는 의문이 제기될 수 있을지 모르지만 이제 우리는 마음을 다해서 모든 축복의 어머니가 되는 믿음으로 그것을 받아들일 뿐입니다. 그러해야만 우리는 우리의 보수신학을 지킬 수가 있습니다. 올바른 길을 향하여 우리의 삶을 정직하게 살면 우리 주 예수 그리스도께서 사람에게 주시는 은혜와 사랑으로 영원한 축복을 누릴 수 있을 것입니다.

3장. 아우구스티누스

(Aurelius Augustinus, 354-430)

1. 말씀의 종

현재 1535편의 설교가 아우구스티누스의 설교로 남아있는데, 그중 685편 정도가 아우구스티누스의 진짜 설교로 밝혀지고 있다. 대부분의 설교가 청중 가운데 한 사람이 그의 설교를 빠르게 기록하여 남긴 것으로 알려지고 있다. 그의 설교는 실질적이었으며 청중의 이해력에 부응한 설교를 하였다.[1]

그의 저서 『기독교 교리에 관하여』(De doctrina Christina)는 제목이 말하는 것

Alessandro Botticelli, St. Augustine 1480, 이태리 플로렌스의 오니산티예배당

과는 다르게, 그가 어떻게 성경을 해석하였으며, 어떻게 설교하였는가를 자상하게 보여 준다. 아우구스티누스가 여기서 가져오는 라틴어 'Doctrina'는 오늘날 우리가 생각하는 교리와는 그 의미가 구별된다.

Doctrina의 다른 두 가지 의미를 보면, 아우구스티누스의 지칠 줄 모르는 지혜의 탐구(studium sapientiae), 그리고 바른 신앙을 탄생시키고, 강화하는 기독교적 지식(scientia Christiana)이다. 그런 맥락에서 '그리스도적 교양에 관하여'라는 번역이 보다 타당하다. 더 나아가 이 저서가 곧바로 어거스틴의 성경해석학(1-3권)과 동시에 설교학(4권)으로 제시되어도 문제될 것이 없다.[2]

---

1 *20 Centuries of Great Preaching*, (Texas 1971), Vol.1, 113-121.
2 아우구스티누스, 『그리스도교 교양』, 성염 역 (서울: 분도출판사 1989).

아우구스티누스는 목사 안수를 받은 해, 성직자를 "성례와 하나님의 말씀을 사람들을 향해 관장하는 사람"으로 정의하였다. 4년 후쯤, 그가 감독을 위임받는 자리에서 "진리를 전하는 일의 무거운 부담"을 강조하였다. 자신의 나이 70말년에 이르렀을 때 히포의 감독 아우구스티누스는 설교자에 대해 존경스러운 자세로 다음과 같이 정의하였다.

"우리는 말씀의 사역자들(ministers of the Word)이다. 그러나 우리의 말이 아니라, 하나님의 말씀의 사역자, 확신하건대 우리 주님의 말씀의 사역자들이다."

아우구스티누스가 자신의 목회사역 40년을 보낸 후 설교자의 과업을 정의하였다.

첫째, 성경을 해석하고 가르친다.

둘째, 바른 신앙을 지킨다.

셋째, 선한 모든 것을 가르친다.

넷째, 악한 모든 것은 가르치지 않는다.

다섯째, 진리의 대적자를 힘써 물리쳐야 한다.

여섯째, 영적으로 무감각한 사람들을 깨워야 한다.

일곱째, 무엇이 일어나고 있는지 모르는 사람들을 일깨워야 한다.

여덟째, 그들이 과연 무엇을 기대해야 하는지를 가르쳐야 한다.[3]

3　Augustinus, *de doctrina Christina*, 4.4.6; Allan D. Fitzgerald, O.S.A.(edt.), *Augustine through the Ages, An Encyclopedia* (Eerdmans, 1999), 675.

2. 사랑 해석법

크리스천이 성경을 대하는 방법은 둘인데, 먼저는 학생의 태도로 성경의 진리를 바로 발견하고(inventio) 깨달아야 하며, 다음은 그 깨달은 바를 설교나 저술로 타인에게 제시하고(expositio) 전달하는 일이다. 성경에는 신앙의 규범(regula fidei)과 생활의 계명(praecepta vitae)이 담겨져 있으므로, 바른 성경에 대한 이해하는 데는 세속적 지혜와 학식만으로는 부족하며, 신앙으로 충만한 정신과 사랑이 가득한 마음으로만 성경의 어휘와 그 이면에 숨은 뜻을 파악할 수 있다는 것이 아우구스티누스의 입장이다. 성경공부는 언어의 실체(res)라는 표식(signum)을 해독하는 지성의 작업이다.

나누어 말하면 다음과 같다.

첫째, 본문의 자구적 의미를 깨닫는 일이다. 그러니까, 일반 학문의 도움을 받아 행해지는 역사적 문법적 이해를 요구한다. 이를 위한 "훌륭한 수단은 언어의 지식이다."[4]

둘째, 자구적 의미 외에, 상징적 의미를 놓치지 말아야 하는데, 성경의 보편진리에 불일치하는 일이 없도록 해야 한다. 그러기 위해서는 교리의 안내를 받아야 한다. 그렇다고 성경해석을 영적으로만, 상징적으로만 이해하려 들어서는 안 된다.

셋째, 윤리적이고 예언적 의미를 찾는 일이다.

아우구스티누스는 성경해석에 있어서 독특성을 보인다. 사랑이야

---

4 아우구스티누스, 『그리스도교 교양』, 139.

말로 성경의 혼이요, 목표라고 생각한 그는 사랑을 통한 성경이해를 확신을 가지고 제시한다.

> 전체에서 가장 중요한 것은, 율법과 성경 전부의 완성 내지는 목적이 사랑, 즉 향유해야 할 사물에 대한 사랑임을 이해하는 일이다.[5]

그런 맥락에서 성경해석의 기준은 아우구스티누스에게 있어 하나님 사랑과 이웃 사랑(caritatem dei et proximi)이다.

> 그러므로 누가 자기는 성서들이나 그 일부를 이해했다고 생각하면서 자기 지성으로 하느님 사랑과 이웃 사랑의 이중 사랑을 세우지 못한다면 그는 마땅히 알아야 할 것을 아직 알지 못하고 있는 것이다.[6]

아우구스티누스는 앞에서 제시한 조금은 어렵고 복잡하기도 한 성경이해에 반하여 하나의 안전한 사랑 성경해석법을 통해 단순화한다.

> 따라서 누구든지 계명의 목표는 깨끗한 마음과 선한 양심과 거짓이 없는 믿음에서 우러나오는 사랑임을 인식한다면, 또 자기의 성서이해를 오로지 이 점에 귀결시킨다면, 그는 성서 해독(解讀)에 안전하게 접근하기에 이를 것이다.[7]

---

[5] 아우구스티누스, 『그리스도교 교양』, 107.
[6] 아우구스티누스, 『그리스도교 교양』, 109.
[7] 아우구스티누스, 『그리스도교 교양』, 113-115.

3. 아우구스티누스의 설교학

아우구스티누스는 설교에 있어서 일반 수사학의 필요성을 인정한다. 그럼에도 분명한 것은 바른 성경교사에게는 능변보다는(eloquenter posset dicere) 보다 지혜롭게 말함이 더 요구된다(dicere sapienter). 놀랍게도 성경의 기록자들처럼 지나치지도, 부족하지도 않은 달변의 지혜자이면 좋겠지만, 그렇지 못할 경우 아우구스티누스는 차라리 눌변의 신실한 지혜자를 선택한다.

"달변이 결여된 지혜는 … 조금 밖에 이바지하지 못하지만 지혜가 결여된 다변은 지나치게 해로울 따름이며 조금도 이로울 데가 없다"는 것이다.[8]

그렇다고 아우구스티누스가 눌변의 설교자를 그대로 용인하려고 하는 것은 아니다. 눌변의 설교자들에게 아우구스티누스는 성경말씀의 암기가 "정말로 필요불가결한"(maxime necessarium) 일임을 제시한다.

> 자기의 언어가 빈약하다고 느끼면 느낄수록 그만큼 (적어도 성서의 말씀에) 풍부해져야만 한다. 그렇게 해서 자기의 (언어로) 말하는 빈약한 내용을 (성서의 훌륭한 말씀으로) 입증할 것이며 따라서 자신의 언어로는 미약하지만 성서의 위대한 말씀을 힘입어서 성장할 수가 있다.[9]

---

8 아우구스티누스, 『그리스도교 교양』, 307.
9 아우구스티누스, 『그리스도교 교양』, 309.

무엇보다도 아우구스티누스는 성경이 보여 주는 탁월한 지혜와 수사에 경의를 잊지 않았다.

"이 글은 인간적 기교로 저술된 것이 아니고 지혜와 언변을 곁들여 신적인 지성으로부터 부어 주신 것이기 때문이다. 지혜가 언변에 매이지 않으며 오히려 지혜에서 언변이 멀리 떨어져 나가지 않았다고 보는 편이 옳다."[10]

아우구스티누스는 설교를 할 때 언어구사에 많은 신경을 쓸 것을 요청한다. 아름다운 표현을 생각하기보다는 설교자는 청중의 오해, 곡해를 피하기 위해 명료하게 그리고 설득력 있게 말해야 한다. 고상한 표현을 따지기보다는 아우구스티누스는 청중의 이해수준에 부응하는 소박한 언어를 찾는 설교를 요청한다.

그럼에도 설교가 천박하다는 느낌을 주어서는 결코 안 된다. 곧 설교자는 할 수 있는 대로 "이해가 되고 유쾌히 들리며 순순히 들리도록 화술을 구사"해야 한다. 그런데 여기에 설교자가 또한 잊지 않아야 하는 중요한 일은 기도하는 일, 성령의 도움을 받는 일이다. 기도로 설교를 시작할 것을 아우구스티누스는 잊지 않는다.

> 또 할 수만 있다면 그리고 할 수 있는 테두리 안에서, 언변의 위력으로보다는 기도의 경건함으로 자기가 이 일을 해 낸다는 것도 의심하지 말아야 한다. 자신을 위해서 또 연설을 할 상대방을 위해서 기도함으로써, 그는 발언자(發言者)자이기에 앞서 탄원자(歎願者)가 되는 것

---

10 아우구스티누스, 『그리스도교 교양』, 331.

> 이다. 말을 해야 할 시간이 임박하여 혀를 놀려 설교하기에 앞서 자신의 목마른 영혼을 하느님께 들어 올릴 것이니, (그렇게 함으로써) 이미 마신 바를 내놓을 수 있고 가득 채운 바를 퍼줄 수 있는 것이다.[11]

설교자는 교사로서 상황과 내용에 따라 다른 문장양식과 태도를 선택해야 한다. 한결같은 음성과 톤으로, 그리고 동일한 문장과 표현방식을 사용하는 것을 교사는 피해야 한다. 여러 바울서신을 그리고 그의 스승 암브로시우스와 키프로스의 문장을 분석할 때도 이러한 다양한 어법과 차이를 아우구스티누스는 발견하게 되기 때문이다.

> 우리 교사가 (언제나) 중대한 사안을 다룬다고 하지만 언제나 장중하게 발언해야 하는 것은 아니고, 무엇을 가르칠 적에는 차분하게, 무엇을 책망하거나 칭찬할 적에는 절도 있게, 그러면서도 무엇을 행동에 옮겨야 하고 그 행동을 하여야 하는데도 하려는 의욕이 없는 사람들에게 말할 적에는 중대한 사안이니 장중하게 발언하고 그들의 심중을 설복시키는 데 적절한 (형식을 써야 한다).[12]

설교자는 무엇보다도 본인의 삶과 가르침이 하나가 될 때 더 설득력 있는 설교를 하게 된다. 그러기에 모범적 생활이 설교자에게 강력히 요구된다.

---

11 아우구스티누스, 『그리스도교 교양』, 349.
12 아우구스티누스, 『그리스도교 교양』, 361.

> 누구의 말을 설득력 있게 듣는 데는 어조의 장중함보다도 말하는 사람의 삶이 훨씬 큰 비중을 차지한다. … 스스로 실천하지 않는 바를 말하고서도 많은 사람에게 유익을 끼친다면 말하는 바를 실천하면 훨씬 많은 사람에게 유익을 끼칠 것이다. … 설교가를 경멸하다 보면 그 설교가가 이야기하는 하느님의 말씀까지도 경멸하기에 이른다.

4. 아우구스티누스의 설교

　아우구스티누스의 주석은 설교와 다르지 않은 형식과 내용을 보인다. 설교식의 주석을 제시한다. 종교개혁자들 역시 이 점에서 다르지 않은데 아우구스티누스의 영향을 생각하게 된다. 그러한 맥락에서 아우구스티누스의 설교는 강해설교의 형식으로 이해할 수 있을 것이다. 그럼에도 본문에만 머물지 않은 채 신약과 구약을 가리지 않고 능숙하게 자유롭게 넘나드는 전 성경에 깊은 지식을 가졌던 설교자임을 본다. 물론 설교에 따라 다른 경우도 발견하지만, 일반적으로는 수많은 성경구절이 인용되는 경건한 설교이며, 유려한 문체를 통해 그가 얼마나 능변의 설교자였음을 충분히 알게 된다.

　이런 맥락에서 볼 때, 아우구스티누스야말로 지혜와 능변을 함께 갖춘, 앞에 언급한, 바람직한 설교자였음을 확인하게 된다. 많은 성경인용과 깊은 성경해석을 배경으로 하는 그의 설교는 분명 수도자 아우구스티누스의 생활화된 깊고 오랜 묵상의 결과였을 것이다. 그럼에도 아우구스티누스는 묵상으로 얻어진 본문에 대한 깊은 이해를 온

몸으로 다 전해 주지 못함을 안타깝게 생각했다. 종종 그의 설교는 너무 장황해져서 주제에서 빗나가기도 했고, 자신의 설교에 스스로 만족하지 못할 때도 많았다.

> 나 자신을 표현할 때 나는 거의 언제나 실망을 느낀다. 나는 내 안에 있는 것을 쉬운 말로 나타내 보이려고 할 때 최선을 다한다. 그런데 그것이 내가 느꼈던 것보다 덜 생생하게 나타내 보여진 것을 볼 때 나는 슬픔을 느낀다. 내 혀가 내 가슴에 미치지 못함을 알기 때문이다.[13]

분명 여기에 아우구스티누스는 하나님을 향한 기도가 절실히 요구되었을 것이다. 적용 면에서 볼 때도 강한 설교가 아니었다. 그래서인지 아우구스티누스는 차라리 설교하지 않고 말씀의 묵상을 즐겨하기도 했다. 그럼에도 분명한 사실은 아우구스티누스는 거룩한 삶을 동반한 훌륭한 설교자, 강해설교자였다. 명예와 호사를 뿌리치고, 생활의 검소와 심령의 겸손을 소유했던 설교자였다. 무엇보다도 종교개혁자 루터, 츠빙글리, 칼빈의 성경해석에 많은 지혜를 제공했던 설교자 아우구스티누스를 기억해야 할 것이다.

---

13 Peter Brown, 256.

■ 아우구스티누스의 설교

예수께서 소경을 고치심(요 9:1-12)[1]

우리는 지금 우리가 잘 알고 있는 거룩한 복음이 낭독되는 것을 들었습니다. 희미하게 잊어버린 것을 상기하는 것은 좋은 일이며, 기억을 새롭게 하는 것도 즐거운 일입니다. 이미 오래도록 잘 알고 있는 이 말씀이 낭독될 때 마치 처음 듣는 말씀처럼 우리에게 큰 기쁨을 주었습니다.

그리스도는 나면서부터 소경된 자에게 빛을 주셨습니다.

왜 우리가 놀랍니까?

그리스도는 구세주이십니다. 그의 긍휼의 사역으로 인해 그리스도는 소경이 태중에 있었을 때 그가 받지 못했던 것을 채울 수 있게 되었습니다. 하나님이 소경된 자에게 볼 수 있는 눈을 주지 않았을 때 분명히 단순한 실수는 아니었습니다. 그분은 앞으로 펼쳐질 기적을 기대하고 계셨습니다.

어쩌면 여러분들은 나에게 "당신은 어디서 이런 정보를 얻었습니까?"라고 물어볼 것입니다. 나는 그것을 그리스도로부터 직접 들었습니다. 그는 바로 지금 그것을 말씀했습니다. 여기에 있는 우리 모두는 그것을 들었습니다. 그의 제자들이 "랍비여 이 사람이 소경으로 난 것

---

[1] 김은철 엮음, 『고전설교 BEST 15』(예영커뮤니케이션, 2005), 41-47. 발췌.

이 뉘 죄로 인함이오니이까 자기오니이까 그 부모오니이까"(요 9:2)라고 질문할 때, 내가 들은 것처럼 여러분들도 그가 대답하신 것을 들었습니다.

> 이 사람이나 그 부모가 죄를 범한 것이 아니라 그에게서 하나님의 하시는 일을 나타내고자 하심이니라(요 9:3b).

이것이 그리스도께서 그에게 시력을 주시기를 미루셨던 이유였습니다. 그리스도는 그에게 주실 수 있었던 것을 주시지 않으셨습니다. 그러나 형제들이여, 소경된 자가 원죄를 가지고 태어났을 때 그의 부모는 죄가 없었다거나 그 자신도 죄가 없었다고 생각하지 마십시오. 그의 눈이 먼 것은 부모의 죄의 결과가 아니요, 자신의 죄의 결과도 아닙니다. 그것은 "하나님의 일을 그 안에서 나타내기 위함입니다." 우리가 태어났을 때 우리는 모두 원죄에 감염되어 있었지만 우리는 소경으로 태어나지는 않았습니다. 좀 더 깊이 생각해 보면 바로 우리가 소경으로 태어났음을 깨닫게 될 것입니다.

다시 말해서 마음의 눈이 먼 자로 태어나지 않은 사람이 누가 있습니까?

그러나 주 예수께서 눈과 마음을 창조하셨으므로 둘 다 고쳐 주셨습니다. 여러분은 믿음의 눈으로 이 소경을 보았습니다. 또한 여러분은 그가 잘못하고 있는 것을 들었습니다. 그가 어떻게 잘못했는지 말씀드리겠습니다.

그는 그리스도를 선지자로 생각했습니다. 그래서 그가 하나님의 아들이심을 몰랐습니다. 그는 "하나님은 죄인에게 귀 기울이시지 않는다"라고 완전히 잘못된 말을 했습니다.

만일 하나님께서 죄인들에게 귀 기울이지 않으신다면 우리에게 무슨 소망이 있겠습니까?

만일 하나님께서 죄인에게 귀 기울이지 않으신다면 우리는 왜 가슴을 치면서 기도하며 죄의 기록을 공표합니까?

바리새인들과 함께 성전으로 올라간 그 세리는 어디에 있습니까?

바리새인들은 자신의 덕목을 자랑하며 과시하는 동안, 세리는 성전으로부터 멀리 서서 땅을 보고 가슴을 치며 죄를 고백하고 있었습니다. 자신의 죄를 고백하고 성전으로 내려온 이 사람은 바리새인보다 더 의로웠습니다. 그러므로 하나님은 분명히 죄인들에게 귀를 기울이십니다.

그러나 해답을 받은 소경은 실로암에서 아직 마음의 얼굴을 씻지 않았습니다. 그의 눈에서 놀라운 표적이 일어났습니다. 그러나 그의 마음에는 아직 신비의 표적이 은혜의 축복으로 역사하지 않았습니다.

언제 이 소경이 마음의 얼굴을 씻었습니까?

그가 유대인들에게 내쫓김을 당한 후, 주님은 언제 그를 받아들이셨습니까?

주님은 그를 발견하셨고, 우리가 말씀의 낭독을 들은 것처럼 주님은 그에게 말씀하셨습니다.

"그대는 하나님의 아들을 믿는가?"

그는 대답했습니다.

"주님, 그분이 누구십니까?

제가 믿기 원합니다."

진실로 그는 자신의 눈으로 이미 볼 수 있었습니다.

그러나 그의 마음으로 그리스도도 볼 수 있었습니까?

아니오, 아직 아닙니다. 기다리십시오. 얼마 있지 않아 그는 보게 될 것입니다.

예수님은 말씀하셨습니다.

"너에게 말하는 내가 그로다."

그가 의심했습니까?

아닙니다. 그는 실로암의 샘물로 그의 얼굴을 씻었습니다. 예수님은 실로암, 즉 번역하면 '보냄을 받았다'라는 단어로 말씀하셨습니다.

그리스도 외에 누가 보냄을 받은 자입니까?

그리스도는 종종 "나는 나를 보내신 나의 아버지의 뜻을 행한다"고 말씀하시면서 보내심을 받았음을 증거하셨습니다. 그리스도 그분 자신이 실로암이셨습니다. 그리스도는 마음이 소경된 그에게 오셨습니다. 그는 말씀을 들었고, 믿었고, 사모했고, 얼굴을 씻었고, 그리고 눈으로 보았습니다.

4장. 클레르보의 버나드
(Bernard of Clairvaux, 1090/91–1153)

1. 벌꿀 박사

종교개혁자 루터와 칼빈이 중세교회의 인물들 중에서 특별한 관심으로 존경했던 사람은 수도사 클레르보의 버나드(Bernard of Clairvaux, 1090/91-1153)이다. 아우구스티누스 다음으로 루터에게 영향을 준 인물은 버나드였으며, 심지어 버나드를 루터의 영적 지도자요, 신학적 선생으로까지 일컫는다. 어쨌든 루터는 버나드를 전 생애를 걸쳐 변함없이 흠모했다.[1]

Georg Andreas Wasshuber, *Bernard of Clairvaux* 1700, 오스트리아의 하일리겐크로이츠 대수도원

루터와는 차이를 보이는, 칼빈은 처음과는 다르게 시간이 지나면서 점점 더 버나드에게 매료되었는데, 여러 판의 『기독교 강요』가 이 차등적 변화를 잘 보여 주고 있다. 버나드가 신학적으로 아우구스티누스주의자라는 사실과 교회 개혁적 인물이라는 점이 칼빈에게 우선 호감으로 다가왔다. 버나드가 하나님의 말씀인 성경본문 주석 자체에 치중한다는 사실에도 칼빈은 동질감을 느꼈다. 물론 두 사람 사이에는 분명한 성경해석학적 차이가 있지만, 전혀 수용할 수 없는 것은

---

[1] 원종천, 『성 버나드』 (대한기독교서회, 2004), 171-178: "루터와 버나드."

아니었다. 그렇다고 맹목적으로 칼빈이 모든 점에서 버나드를 수용한 것은 아니었고, 때때로 비판적인 모습도 보인다.[2]

버나드는 회중의 마음을 사로잡는 설교가요, 독자들을 매료시키는 탁월한 글쟁이이다. 그가 영예로운 별명 "벌꿀 박사"(Doctor mellifluus), "12세기 종교적 천재"(A. Harnack), "신비주의자," "거대한 경건서적 저술가"로 교회사에서 일컬어지나, 신학자로서는 그만큼 후한 평가를 받지 못한다. 물론 버나드를 수도원 신학의 정점으로(E. Gilson, J. Leclercq), 또는 오리겐의 영향을 받은 우화적 해석에 의한 성경신학자, 집결된 신앙체험의 보고(寶庫)로서 성경을 이해하는 체험 신학자로 분류되는 것은 사실이다.

현존하는 그의 작품을 세 종류로 분류하면 편지, 저서 그리고 설교이다. 남아 있는 편지가 500여 종으로, 그 가운데 하나님의 사랑을 11편지, 바른 삶의 지혜를 42편지, 세례를 77편지가 언급하고 있다.

다음으로는 라틴어로 기록된 8종의 저서가 있는데, 내용을 보면 베네딕트 수도원의 규칙을 다룬 글, 클루니를 반하여 쓴 변증, 하나님을 향한 사랑에 관하여, 은혜와 자유의지에 관하여, 수도원기사를 위한 프로그램, 규칙과 서원의 상관성, 교황 유진 3세를 위한 조언이 있다.

마지막으로 그의 설교들이다. 아가서 설교 86편, 성모 마리아 송가와 시편을 다룬 단편 설교들, 교회력을 향한 대략 120편의 설교들과 메모 수준의 500종의 설교가 남아 있다. 설교들은 그의 설교의 원형을 그대로 보여 주기보다는 버나드 자신과 비서들의 손을 통해 읽기

---

2 원종천, 『성 버나드』, 179-207 : "버나드와 요한 칼빈".

좋게 편집된 일종의 '읽는 설교'의 형태로 남아있다.[3]

성경해석학적으로 볼 때, 버나드는 문자적 역사적 해석 방법, 모든 성경에서 그리스도를 찾는 우화적 해석 방법, 도덕의 교정과 교훈에 순종하려는 비유적 해석 그리고 거룩한 묵상을 권면한다는 점에서 점진적 해석 방법을 취한 것으로 본다. 버나드에게 있어 진리들은 오직 그리스도 안에서만 배울 수 있다.

버나드는 진리로 나아가는 세 가지 단계, 곧 지복의 진수를 제시한다.

첫째, 자신의 지성을 그리스도에 의해 낮추어야 죄인이 자신을 알고 진정한 주의 제자가 된다. 곧 "심령이 가난한 자"가 되어야 한다.

둘째, 성령으로 인한 변화를 통해 이웃을 사랑하며, 다른 사람을 진정으로 바로 알아 하나님의 친구가 되어야 한다.

셋째, 성부 하나님의 도우심으로 묵상 가운데서 마음이 청결하고 순결하게 되어 하나님을 보며, 아는 자가 된다.

2. 버나드의 영성

바른 설교는 설교자의 기름진 영적 생활을 떠나서는 결코 상상할 수 없다.

"마지막 교부."

묵상의 최정상으로까지 일컬어지는 버나드의 영적 생활은 과연 어떠했을까?

---

3 *RGG*(4판) 1, 1330.

버나드는 말한다.

"은혜로 말미암아 인간 안에 있는 하나님의 사랑은 독서라는 젖을 먹고, 묵상이라는 양식으로 영양을 얻으며, 기도를 통해 강건해지고 조명된다."[4]

수도자였던 버나드는 하루 중 많은 시간을 고독, 침묵, 묵상, 기도, 자기절제의 금욕, 성경읽기, 겸손, 하나님과의 합일의 상태로서의 관상에 할애했다. 영성훈련을 통해 형성된 경건의 삶은 결국 버나드의 설교를 태동하는 중요한 요소였다.

버나드는 "위로부터 주신 성령을 받고, 성령에게서 배워(눅24:69) 함께 생활하는 길을 수립한 사도들에게 그 근원을 두고 있다." 수도사들에게 있어 앞서 언급한 다양한 영성훈련을 분리하여 독립적으로 이해하는 것보다, 한 가지 행위의 다양한 모습으로 이해하는 것이 타당하다. 한 예로, 기도는 독서, 묵상, 침묵, 겸손, 관상까지를 동시에 포함하고 있다.[5] 그러니까 다양한 영성훈련은 매우 밀접하게 유기적 관계에서 이해됨이 타당하다. 또한 버나드는 사유재산을 소유하지 않고, 여호와의 집, 곧 기도하는 집에만 거하는 사도적 생활방식을 믿고, 청빈을 삶의 모델로 취하였다.

하나님과 하나님에 속한 것들을 헌신적으로 사랑하고, 근신, 의로움, 경건함 속에서 살 때, 버나드는 말한다.

"영혼은 침묵을 사랑하고, 육체적인 번뇌 속에서도 마음의 평정을 갈구하고, 외적인 곤경에 처했을 때 마음의 가난과 평화를 받아들이

---

[4] 버나드, 『하나님의 사랑』, 41.
[5] 제프리 빙햄, 『교회사의 보화』 (IVP, 2006), 114.

며, 마음과 육체의 온전한 순수함으로 선한 양심을 개발한다."

침묵의 삶은 입으로 보다는 마음으로 의사소통을 하며, 상호 모범된 생활로 서로를 격려한다. 상황에 따라서는 인간적인 일상의 "조용한 대화"가 필요하지만, "그렇지 않을 때에는 침묵이 우선한다."

경건생활을 위해 적어도 하루에 한 시간을 그리스도의 고난과 구속의 은혜를 주의 깊게 묵상(meditatio)하는 일에 할애할 것을 버나드는 제안한다. 일시적 기쁨을 추구하기보다는 영원한 행복에 대한 묵상을 버나드는 요구한다. 묵상은 일종의 기억으로, 하나님의 임재가 그 궁극적 축복의 상태에 이른 모든 사람들의 기쁨이 됨을 순례자인 우리가 기억하는 것이기도 하다. 묵상을 생활화하는 사람은 성령에 사로잡혀 천국을 맛보는 사람이 된다. 세상 사람들이 동일하게 고통을 만나지만 묵상의 사람은 고통에서 해방되어 즐거움의 자유를 누린다.

거룩한 독서(lectio divina) 역시 영성훈련의 일환이다. 성경읽기를 통해 진실로 하나님을 만나, 하나님을 사랑하고, 자신을 부인하게 되는 독서가 진정한 독서이다. 성경읽기를 위해 정규적으로 하루에 몇 시간을 할애할 것을 버나드는 제안한다. 불규칙적이거나 우발적인 성경읽기는 도움이 되기보다는 오히려 마음의 불안정을 유발시킬 수 있기에, 특정한 저자들의 저서를 집중적으로 읽어서 저자의 정신과 친숙할 수 있도록 해야 한다.

예를 들어 바울 서신을 읽되, 끊임없이 묵상하고 실천에 옮겨 바울의 정신을 우리의 것으로 해야 하고, 시편을 읽을 때는 시편이 가지고 있는 감정 전체를 자신의 것으로 느끼며 읽어 다윗의 마음을 바로 이해하고 기억해야 한다.

"우리는 성서를 읽되 기록된 정신 그대로 읽어야 한다."

또한 성인들의 생활과 순교에 관한 독서를 권한다. 성경을 해석한 책을 읽는 것도 독서의 목록에 들어간다.

기도(oratio)는 영성훈련의 본질적 요소이다. "기도는 친근하고 헌신적인 대화로 하나님께 매달리는 인간의 사랑"으로 "하나님과 함께 하는 기쁨"을 누린다고 버나드는 말한다.

> 믿음은 기도 안에서 모든 것을 바란다. 기도는 하나님께 강요하는 듯한 헌신이다. … 우리 자신의 뜻이 아니라, 하나님의 뜻이 이루어지기를 선택하는 것은 은혜로운 겸손이다.

버나드는 지속적이고, 성실한 기도를 강조한다. 기도는 말씀 읽기와 묵상을 나누어 생각할 수 없다. 거룩한 독서, 성경읽기는 기도하려는 마음을 부추기며, 경건한 묵상을 일으키고, 겸손의 주인이신 그리스도를 본받게 한다. 그리스도는 우리가 추구해야 할 겸손의 모든 것이다. 겸손은 버나드에게 있어 하나님을 아는 일에 전제가 될 뿐 아니라, 하나님에 의해 더욱 강화된다. 겸손하지 않은 자는 하나님을 알 수 없을 뿐 아니라, 자신이 누구인지도 파악할 수 없다.

"영적으로 높은 단계에 오르려고 애쓰는 사람은 누구나 자신에 대해서는 낮은 견해를 가지고 있어야" 한다. 큰 겸손은 큰 은혜를 얻을 수 있도록 한다. "거기에는 강요됨이나 슬픈 기질이 없어야" 하는 즐거운 겸손이라는 사실이다. "여호와를 경외하는 것이 지혜의 근본이듯이, 교만은 죄의 근본"이라고 지적하면서 버나드는 진정으로 여호와를 알기 위해선 "자기인식의 결여"인 교만에서 벗어날 때 하나님을 바로 알고, 그 하나님에의 지식은 결국 하나님을 향한 사랑으로 나아가게 된다.

절제는 버나드가 추구한 청빈의 기본을 이룬다.

> 일단 그들의 욕구가 최소한도로 줄게 되면 그들은 지극히 적은 것으로도 살아간다. 그들의 의복은 검소하고, 식사는 평범하며, 그 밖에 모든 것은 그들이 따르는 규칙에 의해 결정된다. 그래서 아무도 허용된 것 이상을 소유하지 않으므로 모두에게 풍족하다.[6]

일종의 언어의 가난인 침묵 역시 이러한 맥락에서 이해될 수 있다. 관상(contemplatio)은 영성의 정점, 하나님과 합일에 이르는 것으로 천국을 맛보는 부족함이 없는 기쁨이 충만한 상태라 정의할 수 있다. 하나님을 얼굴과 얼굴을 마주 대하듯이 가까이 알고 보는 상태에 이르는 것을 버나드는 "유일한 갈망"으로 제시한다. 관상을 서술할 때 버나드의 표현은 수사학적으로 지극히 탁월하며 감미롭기까지 하며, 감각적이고 신비로운 분위기를 극대화한다. 말 그대로 꿀처럼 감미로운 "벌꿀 박사"를 실감하게 된다. 버나드는 아가서와 함께 관상적인 사람들의 행동과 사고방식을 설명하였다. 버나드가 행한 86편의 아가서 설교야말로 관상의 삶이 무엇인가를 보여 주는 교본이라 할 수 있다.[7]

---

6   버나드, 『하나님의 사랑』, 126.
7   비고. 에메로 스티그만(E. Stiegman), "성 버나드의 아가서 설교에 나타난 행동과 관

오, 하나님! 당신께서는 나의 모든 존재, 나의 행복의 근원이십니다. 그러므로 내게는 당신을 사랑하는 일이 주어졌습니다. 양심과 확신 안에서 내게 커가는 열정과 열망으로 당신을 사랑하는 축복이 주어졌습니다. 우리로 하여금 사랑스럽고, 힘 있고, 섬길만하고, 부드럽고, 온화하고, 무한히 자비로울 수 있도록 당신의 사랑으로 우리를 영화롭게 하옵소서. 오, 하나님, 나의 본성을 당신의 본성과 결합시키소서. 당신의 포옹은 당신의 은혜의 계시와 같습니다. 당신이 위로하시는 왼손에는 부족한 것이 없습니다. 그 손으로 당신은 나의 머리를 들고 지탱케 하십니다. 그러나 당신의 오른 손으로는 내게 기쁨을 채우시며 당신의 영적이고 영원하신 위로로 나를 안으십니다(시 4:7). 당신의 부드러운 입맞춤 안에서 나의 영혼은 잠잠하고 평화롭게 휴식을 취합니다. 오 구세주여! 당신은 나를 소망 가운데 세우셨나이다(시 4:8).[8]

3. 버나드의 설교

"문학적 대작"으로까지 일컬어지는 총 86편의 버나드의 아가서 설교는 일생에 걸친 그의 연구, 교육, 묵상, 저술활동의 총체라고 할 수 있다.[9] 그러한 맥락에서 버나드의 아가서 설교를 분석할 때, 버나드가

상," 클레르보의 버나드, 『나는 들의 꽃 골짜기의 백합화』 장미숙 역 (은성, 1996), 7-21.
8 버나드, 『하나님의 사랑』, 150-151. 다른 인용 역시 버나드의 『하나님의 사랑』에서 가져왔음.
9 참고. 한국어로 번역된 아가서 설교집은, 클레르보의 버나드, 『나는 들의 꽃 골짜기

어떤 설교자였는가를 가장 잘 알 수 있을 것이다.

크게 네 부분으로 분류되는 아가서 설교는, 1135년 이후부터 1153년 죽음 때문에 완성하지 못한 채 남겨진 맨 마지막 설교 86에 이르기까지, 오랜 기간에 걸쳐 이루어졌다. 아가서 설교는 회개, 은혜로우신 도움, 그리스도와의 교제로 삼중의 경험을 말하고, 그리스도에 대한 사랑을 마음의 사랑, 영혼의 사랑, 정신의 사랑으로 나누어 서술한다. 그리스도에 대한 사랑은 성령의 임재로 인한 은사일 뿐이다. 버나드에게 그리스도의 생애 전체가 묵상의 주제였으며, 그리스도의 아름다운 이름에 대한 찬양과 사랑 속에서 인생의 고통에서의 위로와 치유 그리고 해결책을 갖는다. 그리스도에 대한 버나드의 감미로운 찬양은 한국 찬송가에서도 발견된다.[10]

버나드에게 아가서는 하나님과의 영적 사랑을 향한 "경험의 책"이다.[11] 아가서 설교는 버나드의 말씀에 대한 깊은 묵상의 총체로서, '계시의존묵상'의 정점을 보여 주는 최고의 작품임과 동시에 묵상의 완성자로서 버나드를 실감나게 만나게 한다. 성경 한 구절을 가지고도 버나드는 수없는 주제를 묵상을 통해 가져오고 있다.

의 백합화』, 장미숙 역 (은성, 1996)이 있고, 위에 제시된 버나드, 『하나님의 사랑』 역시 그의 아가서 설교를 포함하고 있다.

10 한국 찬송가에도 세 곡에 버나드의 노랫말이 있다(85, 145, 196장). "구주를 생각만 해도 내 맘이 좋거든 주 얼굴 뵈올 때에야 얼마나 좋으랴. 만민의 구주 예수여 귀하신 이름은 천지에 온갖 이름 중 비할데 없도다. … 사랑의 구주 예수여 내 기쁨 되시고 이제와 또한 영원히 영광이 되소서"(86장). 다른 번역을 제시하면 훨씬 감미롭다. "예수여, 당신을 생각만 해도 달콤함으로 나의 가슴이 가득하나이다. 그러나 더욱 달콤한 것은 당신의 얼굴을 보는 일, 당신의 임재 안에 안식하는 일입니다! 목소리로 노래할 수 없고, 마음으로 말할 수 없고 기억으로도 발견할 수 없습니다. 당신의 복되신 이름보다 더 달콤한 것을. 오, 인류의 구주시여! …"

11 버나드, 『하나님의 사랑』, 222.

그렇다고 본문과는 전혀 상관없는 주제가 아니라, 늘 성경본문이 가지고 있는 주제, 개념, 단어 중에서 그리스도와 상관지어 묵상한 내용들을 가지고 설교를 만들어 갔다. 현대 주석자들이 찾으려 하는 본문이 말하려는 확실한 그 한 가지 의미와는 다르게, 버나드는 동일한 본문을 가지고 무궁무진한 영적 주제를 끊임없이 발견하며, 발굴하고, 제시한다.

버나드에게는 설교를 위해 많은 분량의 성경본문을 필요로 하지 않았다. 일반적으로 당대의 설교자들이 수사학적 설교, 영적 설교를 추구했던 것은 사실이지만, 버나드의 표현과 내용은 보다 찬란하기 그지없는 최고도의 수사(修辭)를 가져오며, 지극히 감각적일뿐 아니라, 깊고 신비하고 심오하며 감미롭기 그지없다. 독자는 버나드의 설교를 대할 때, 충분히 준비된 깊고 넓은 상상력을 최대한 동원하여 차분하고 여유 있는 마음으로 버나드와 함께 하는 영적 여행을 시도해야만 한다.

그렇다고 버나드가 가져오는 개념과 어휘들이 이해하기 어려운 수준 높은 것들은 결코 아니다. 일반 독자들도 충분히 이해가 가능한, 함께 할 수 있는 설교였다. 그럼에도 고도의 영적 주의력을 동원하지 않으면 버나드가 펼치는 상상의 나래에서 오는 광활한 영적 세계에 동참할 수 없고, 그냥 스쳐 지나칠 수밖에 없다. 그만큼 버나드의 설교는 말 그대로 영적으로 감미롭고 체험적인 설교이다. 한 마디로 깊은 영적 묵상이 생활화되었을 때에야 설교자와 회중이 비로소 일체가 되는 설교를 버나드는 하였다.

현대의 설교자들에게서 일반적으로 제시되는 세속적이고 일상적 삶의 이야기는 버나드의 설교에서는 확실히 전혀 낯선 것이다. 설교 구조를 보면, 버나드의 설교는 일반적으로 3-5부분으로 나누어져 있는데, 버나드 자신이 그렇게 내용별로 단락 지어 설교를 했는데, 설교자 자신을 위해서, 회중을 위해서도 단락을 지었음을 인식할 수 있다. 그렇게 하여 설교자가 말하고자 하는 바를 보다 명료하게 전했을 뿐 아니라, 듣는 회중들이 지루하지 않도록 절도 있게 설교를 행했다.

버나드는 자신이 말하고자 하는 바를 가장 효과적으로 분명하게 전하는 탁월한 설교자였다. 우물쭈물 하지 않았고, 말하고자 하는 바를 또렷하게 조리 있게 간단명료하게 전했다. 이는 16세기 루터와 칼빈에게서 제시되는 설교의 단순성, 명료성, 대담성을 12세기의 버나드에게서 앞서서 발견한다. 버나드는 수많은 그림과 상상들을 동원시켜 눈에 보이는 듯, 손에 만져지는 듯, 귀에 들리는 듯, 마음으로 느껴지는 듯 말씀을 전하고 있다. 이 역시 깊은 묵상의 결과, 관상의 삶의 열매, 구별된 거룩한 삶의 결실이었다 하겠다.

4. 맛보는 사랑

버나드의 설교 주제는, 더 나아가 생의 주제는 한 마디로 하나님을 향한 사랑(Love to God)이었다. 버나드가 가장 자신 있게 말할 수 있는 테마는 그가 체험하고, 맛보고, 자신 안에서 형성된 하나님의 사랑이었다. 그가 남긴 아가서 설교는 이 사실을 명확하게 확인시켜 준다. 로마교황청 장관인 헤메릭(Haimeric)에게 보낸 "하나님의 사랑에 관하여"라는 글에서도 버나드는 말한다.

"단지 당신께서 특별히 하나님의 사랑에 관하여 질문하시는 것에 대해서만 대답할 뿐입니다. 그것도 하나님 자신이 이미 내게 주신 대답일 뿐입니다. … 내게 있어서 하나님의 사랑이라는 이 주제는 지극히 사랑스러운 것으로서 분명히 다룰 수 있는 것이며, 들으면 큰 유익이 될 것입니다."

"인간에게 있어서 하나님은 가장 가치 있는 사랑의 대상"으로 버나드는 확신한다.[12]

버나드는 하나님을 향한 사랑의 네 단계를 성경에 근거해 말한다.

첫째, 사람은 자신을 위해 하나님을 사랑한다. 이웃을 사랑하기 위해 하나님의 사랑이 필요하다는 말이기도 하다. 인간의 필요를 채우기 위해 하나님을 사랑한다는 것이다. "먼저 그의 나라와 의를 구하라 그리하면 이 모든 것을 너희에게 더하시리라"는 말씀은 "하나님의 도움으로 겸손하고 온건한 멍에를 선택하라는 의미"라는 것이다.

둘째, 자신의 축복을 위해 하나님을 사랑한다. 비로소 하나님을 사랑하는 단계에 들어서지만, 아직은 자기 자신의 이익을 위한 사랑이다. 하나님이 자비를 베푸시기 때문에 하나님을 사랑한다.

셋째, 인간은 하나님을 위하여 하나님을 사랑한다. 우리의 필요 때문에 여호와를 사랑하는 것이 아니라, 우리 스스로 하나님의 선하심을 맛보아 알았기 때문이다. 이는 실지로 하나님을 자발적으로 사랑하는 순수한 사랑이다.

---

12 버나드, 『하나님의 사랑』, 30.

넷째, 인간은 하나님을 위하여 자신을 사랑한다. 온전히 성령께 순종할 때만 도달되는 사랑, "썩지 아니하며 온전하고 평화로우며 온전히 연합되는 영적인 육체 안에서만 가능"한 사랑, 측량할 수 없는 온전한 사랑이다. 그런데 이 사랑은 그저 맛볼 뿐이며, 오직 완전히 하나님께 헌신된 자유로워진 부활 때에만 경험하게 된다.

하나님을 향한 간절한 열망, 곧 사랑은 하나님의 말씀을 알고 순종하려는 열망으로 성경에 흠뻑 젖어든다. 하나님의 말씀을 통해 하나님과 대화하고, 하나가 되며, 하나님을 궁극적으로 "맛보려" 한다. 거룩한 갈망은 기도로 표현된다. 기도의 묵상 가운데 하나님을 알고 깨달으며 체험한다. 그러한 버나드의 추구를 단지 신비주의로 치부해서는 안 될 것이다. 특히 신앙의 대 스승 루터와 칼빈의 버나드를 향한 깊은 존경의 근거를 기억할 때 더욱 그렇다.

> 아, 순수하고 거룩한 사랑이여! 오, 아름답고 은혜로운 사랑이여! 오, 이기심의 혼합물로부터 정화되고 하나님의 뜻과 연합하여 아름다워진 순수하고 깨끗한 의지의 동기여! 이와 같은 상태에 도달하는 것이 경건하게 되는 것입니다. 한 방울 물이 한 통의 포도주 안에 떨어져 포도주의 맛과 빛깔을 가지고 사라지듯이, 바로 이 상태가 그러하기 때문입니다. 철 막대기가 빨갛게 달아올라 불꽃 자체와 같아지듯이, 하나님의 사랑으로 되돌아가는 것도 이와 같습니다. 대기가 태양 빛에 빛나 마치 태양 빛 자체인 듯이 보이는 것처럼 인간적 사랑이 하나님 자신의 뜻에 의해 대치되는 성도들의 경우도 이와 같습니다.[13]

---

13 버나드, 『하나님의 사랑』, 211.

■ 클레르보의 버나드의 설교

나는 들의 꽃 골짜기의 백합화(아 2:1)[1]

1. 들의 꽃과 정원의 꽃과 신부의 방의 꽃

나는 들의 꽃이요 골짜기의 백합화로구나(아 2:1).

나는 이 말을 신부가 꽃으로 장식된 침상에 대해 찬탄하는 것으로 생각합니다. 신부가 침대를 수놓고 방을 아름답게 꾸민 이 꽃들로 인해 스스로 우쭐해지지 않도록 하기 위해서, 신랑은 그가 들의 꽃, 즉 방이 아닌 들에서 난 꽃이라고 말합니다. …(중략)…

꽃은 들이나 정원에서는 자라지만 방에서는 결코 자라지 않습니다. 꽃은 방을 밝게 하고 방 안을 향기롭게 하지만, 들이나 정원에서처럼 똑바로 서지 못하고 비스듬히 누워서 그렇게 합니다. 그것은 그 꽃이 안에서 자란 것이 아니라 밖에서 들여 온 것이기 때문입니다. 그러한 꽃들은 물을 자주 갈아 주어야 하며, 향내와 아름다움을 잃어버리기 때문에 언제나 새로운 꽃을 갈아 꽂아야 합니다. …(중략)…

만약 꽃으로 장식된 그 침상이 선행을 실은 양심이라면, 여러분은 한두 번 착한 일을 하는 것으로는 이러한 상태를 유지하는 데 결코 충

---

1 클레르보의 버나드, 『나는 들의 꽃 골짜기의 백합화』, 장미숙 역 (은성, 1996), 27-35.

분하지 않다는 것을 분명히 아셔야 합니다. …(중략)… 계속하여 보다 많은 사랑의 행위로 물을 갈아 주지 않는다면, 선행의 꽃은 곧 시들고 꽃의 아름다움은 즉시 잃어버리게 됩니다. 방 안에 있는 것은 이와 같습니다.

그러나 정원과 들에 피어 있는 꽃은 그렇지 않습니다 이 꽃은 꽃송이를 위해 충분한 양분을 흡수하므로, 그 결과 자연적인 아름다움을 유지합니다. 그러나 정원과 들에도 차이는 있습니다. 정원은 사람의 수고와 기술로 가꾸어져 꽃을 피우는 반면, 들은 인간의 노력과 도움이 없이 자연적으로 꽃을 피웁니다. …(중략)…

그럼에도 불구하고 들은 여호와의 신이 그 위에 강림한 그 고귀한 꽃으로 인해 영화롭게 됩니다(사 11:2). …(중략)… "나는 들의 꽃이요"라는 말은 인간의 수고 없이 탄생한 그를 위해 아름다우면서도 적절한 표현이었습니다. 그리고 그는 한 번 탄생한 이후 결코 시들지 않았습니다. 그것은 다음의 말씀을 이루기 위함입니다.

> 주의 거룩한 자로 썩지 않게 하실 것임이니이다(시 16:10).

2. 보다 자세한 해석, 그리고 왜 그는 자신을 특히 들의 꽃으로 부르는지

이 문제에 대한 다른 설명도 들어 보시기 바랍니다. …(중략)… 앞에서 꽃의 상황을 구별한 것에 따르면 꽃은 순결이며, 순교이며, 선행입니다.

즉, 정원에서는 순결, 들에서는 순교, 방에서는 선행입니다.

그리고 정원은 순결을 위해 얼마나 적절합니까?

그곳에서는 친구를 사귀는 데 신중하며, 유명세를 피하고, 행복하게 은거하며, 인내하며 연단을 받습니다. 꽃은 정원에서는 울타리로 둘러 쳐져 있고, 들에서는 노출되어 있으며, 방에서는 여기저기 꽂혀 있습니다. …(중략)…

또 들은 순교를 위해 얼마나 적절합니까?

이는 순교자들은 세상의 조롱에 노출되어 있으며, 천사와 사람들에게 구경거리가 되기 때문입니다(고전 4:9). …(중략)… 방 역시 안전하고 고요한 양심을 조성하는 선행을 위해 적절합니다. 사람은 한 번 착한 일을 하면, … 숭고한 것들에 대해 더욱 신실하게 관상하고 그것들을 연구하는 데 담대해질 것입니다.

이것들은 각각 그 나름대로 주 예수를 의미합니다. 그분은 정원의 꽃, 동정녀에게서 돋아난 순결한 싹입니다. 그는 들의 꽃, 순교자이며 순교자들의 면류관, 순교의 전형입니다. 이는 그가 성 밖으로 내쳐졌으며, "영문 밖에서" 고난 받으셨고(히 13:12-13), 십자가에 달려 모든 사람의 멸시와 조롱을 받았기 때문입니다(렘 20:7; 시 22:8). 그는 또 방의 꽃입니다. 그가 친히 유대인들에게 증언한 대로, 그는 모든 선의 거울이며 모범입니다.

'내가 … 여러 가지 선한 일을 너희에게 보였거늘'(요 10:32)

그리고 성경은 그에 대해, "저가 두루 다니시며 착한 일을 행하시고"라고 말합니다(행 10:38).

만약 주님이 이 세 가지 모두라면, 그는 왜 그 중에서 특히 "들의 꽃"으로 불리기를 좋아하셨을까요?

그것은 확실히 그녀(설교 46의 교회)에게 그리스도 안에서 경건한 삶을 살고자 하는 이에게 즉각적으로 임하는 핍박을 견딜 수 있도록 인내심을 고취시키기 위함이었습니다. 그는 그를 따르는 자들에게 모범이 되기를 원합니다. 그러므로 그는 자신을 들의 꽃으로 선포합니다. …(중략)… 아버지께로 돌아가야 할 때가 되었을 때, 그는 최근에 그와 혼약한 지상의 어린 교회에게 말하였습니다.

> 때가 이르면 무릇 너희를 죽이는 자가 생각하기를 이것이 하나님을 섬기는 예라 하리라(요 16:2).

그리고 다시 말했습니다.

"사람들이 나를 핍박하였은즉 너희도 핍박할 터이요"(요 15:20).

이 외에도 복음서에서 핍박을 견뎌야 할 것을 말하는 많은 다른 본문들을 찾을 수 있습니다. …(중략)…

"나는 들의 꽃이요."

사실상 그 말은 싸움의 형태나 승리자의 영광 둘 중 하나의 의미로 이해될 수 있습니다.

주 예수님, 나에게 있어 당신은 둘 다이십니다. 당신은 인내의 거울인 동시에 고난당하는 자의 상급이십니다. 그 둘 다 강한 도전이며 격렬한 자극입니다. 당신은 덕의 모범으로 내 손을 가르쳐 싸우게 하시고(시 18:34), 당신의 위엄의 임재로써 나의 머리에 승리의 관을 씌우십니다. 내가 당신이 싸우는 것을 보든지, 혹은 내가 당신을 면류관을 주는 분으로 뿐만 아니라 면류관 자체로 보든지, 두 경우 모두 당신은 놀랍게 나를 당신에게로 이끄십니다. 그 각각은 나를 이끄는 강력한 줄입니다(호 11:4). 나를 인도하소서(아 1:4). 나는 기꺼이 따르며 그것을 기뻐하며 즐거워할 것입니다.

오 주님! 만약 당신을 따르는 자들에게 그토록 선하시면, 당신을 앞서 가는 자들에게는 어떠하실 것인지요?

"나는 들의 꽃이요."

나를 사랑하는 자는 들로 나오게 하십시오. 그로 하여금 나와 함께 그리고 나를 위해 싸우게 하십시오. 그러면 그는 "내가 선한 싸움을 싸웠노라"라고 말할 수 있게 될 것입니다(딤후 4:7).

3. 왜 그는 자신을 골짜기의 백합화로 부르는지, 그리고 우리는 하나님의 일을 위해 얼마나 열심을 내어야 하는지

순교에 합당한 이들은 교만하거나 거만한 자들이 아니라 자기를 신뢰하지 않는 겸손한 자들이기 때문에, 그는 자신을 "골짜기의 백합화," 즉 겸손한 자들의 상급이라고 덧붙이십니다. 이 꽃의 탁월함은 그들이 미래에 얻게 될 특별한 영광을 지칭합니다. 모든 골짜기가 돋우어지고 산마다 작은 산마다 낮아질 때가 올 것이며(사 40:4), 그때에 영원한 생명의 찬란한 광채이신(지혜서 7:26) 그는 산이 아닌 골짜기의 백합화로 등장하실 것입니다.

선지자는 말합니다.

"의인이 백합화 같이 피겠고"(호 14:5).

그 겸손한 분이 의인이 아니라면 누가 의인입니까?

간단히 말해, 주님이 그의 종 세례 요한의 손아래 머리를 숙였을 때, 요한은 그의 위엄을 두려워하며 움츠렸으나 주님은 말씀하셨습니다.

"이제 허락하라 우리가 이와 같이 하여 모든 의를 이루는 것이 합당하니라"(마 3:15).

그것으로 그분은 의의 완성을 완전한 겸손으로 지적하셨습니다. 그러므로 그 의로우신 분은 겸손하십니다.

그분은 골짜기이십니다. 만약 장래에 우리가 겸손한 자로 발견된다면, 우리도 역시 주님 앞에서 영원히 백합화로 피어 있을 것입니다.

"그가 … 우리의 낮은 몸을 자기 영광의 몸의 형체와 같이 변케 하실"때(빌 3:21), 그분은 진실로 그리고 특별한 방식으로 자신을 골짜기의 백합화로 드러내지 않겠습니까?

그분은 "우리의 몸"이라고 말하지 않고 "우리의 낮은 몸"이라고 말함으로써, 겸손한 자만이 이 백합화의 경이롭고 영원한 광채로 빛나게 되리란 점을 지적합니다. 이는 신랑이 자신을 들의 꽃이며 골짜기의 백합화로 선포하였기 때문입니다.

…(후략)…

5장. 요한 타울러

(Johannes Tauler, 1300-1361)

1. 평신도 타울러

마이스터 에크하르트(Meister Eckhart, 1260?-1328), 하인리히 소이세(Heinrich Seuse, 1295-1366)[1]와 함께 14세기 요한 타울러(Johann Tauler, 1300-1361)는 중세 독일 기독교 신비주의를 대변하는 3대 인물로 그 명성이 자자하다. 그럼에도 타울러의 생애는 많은 부분이 여전히 베일 속에 가려져 있다.

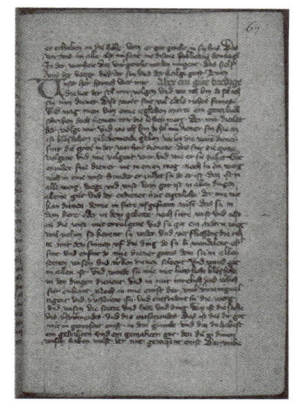

Handschrift der Predigt 77 von Johannes Tauler (요한 타울러의 원고 설교 77)

위의 세 사람은 모두가 탁발 수도회인 도미니크 수도회의 수도사들이었는데, 아비뇽에서 교황청의 정죄로 죽은 마이스터 에크하르트의 제자들인 타울러와 소이세(수소)는 종교적 정죄에 의한 죽음에는 비록 이르지 않았지만, 당시 교회의 분파주의, 정치적 혼돈, 심각한 사회적 불안으로 묘사되는 혼란의 시대에서 많은 어려움을 극복해야만 했다.

소이세와 함께 타울러는 이단으로 정죄된 스승 에크하르트의 자못 사장될 뻔했던 사상을 널리 보급하고 확장시켰을 뿐 아니라, 그 유산 위에서 나름대로 독창성을 이룩한 점을 공헌으로 인정받고 있다. 소

---

[1] 헨리 수소(Henry Suso)로 불러지기도 한다.

이세는 에크하르트의 신비주의를 경건과 경건한 삶의 습관으로 전환시켰으며, 타울러는 "관상(觀想)적 삶"(Vita contemplativa)[2]이라는 에크하르트의 신비적 개념을 "활동적이고 공개적 삶"(Vita activa et publica)이라는 보다 역동적인 개념으로 전환시켰다. 그는 하나님과의 연합을 강조하면서도 세상 직업들을 성령의 역사로서 이해했는데, 거룩한 성도의 모든 일상적 삶이 성령의 사역 안에 있다는 것이다.

여기서 우리는 루터, 칼빈 그리고 청교도들에게서 발견되는 소명의식의 이해를 가져올 수 있다. 루터가 타울러의 저서로 잘못 생각하고 출판해 냈던 『독일신학』은 타울러 이후의 작품으로 슈페너에게서도 언급되고 있다.[3]

타울러는 1300년 슈트라스부르크의 한 유복한 가정에서 태어나 흑사병이 두 번째로 창궐하던 1361년 6월 16일 수녀였던 여동생 옆에서 세상을 떠났다. 별로 알려져 있지 않은 그의 생애에 관해서는 그가 죽은 후 만들어진 전설적 이야기들이 많다.

그는 14세가 되던 1314년 어린 시절 도미니크 수도원에 들어갔으며, 고향 슈트라스부르크에서 교육을 받았는데, 여기에서 스승 에크하르트를 만나 강한 영향을 받은 것으로 생각한다.[4] 성직에로의 임직

---

2 관상적이라는 말은 독일어의 beschauen, betrachten에 해당되는 말이다. 곧, 그 무언가를 숙고하면서 바라보고, 고찰한다는 뜻으로, 중세 수도자들이 추구하는 삶의 정상으로 이해할 수 있을 것이다.

3 주도홍 편저, 『독일 경건주의』, 149

4 "Tauler, Johannes," Härle/Wagner, *Theologenlexicon. Von den Kirchenvätern bis zur Gegenwart* (München: Beck, 1987), 231. 다른 학자들은 타울러가 직접 에크하르트의 개인적인 제자가 된 것이 아니라, 스스로의 연구를 통한 것으로 말하기도 한다. 비교. 요한 타울러, 『완덕에의 길』, 엄성옥 역 (은성 1993), 14-15(서문).

을 받지 않았던 평신도 타울러의 생애를 이끌었던 확실한 하나의 역사적 사건은 루드비히 황제의 세속정부와의 갈등으로 인해 교황 요한 22세가 아비뇽으로 피신해야만 했던 일로서 타울러 역시 고향을 떠나 1342/43년 바젤(Basel)로 이주해 살아야 했다.

1320년대의 혹독한 기근, 1348-1349년에 일어났던 무서운 흑사병의 창궐, 당대의 많은 불안 요소들은 사람들에게 보다 영적 생활에 관심을 기울이게 했는데, 그러한 격변의 시대에 함께 모인 무리들이 "하나님의 친구들"이었다. 내적 헌신과 은밀한 기도생활에 전념했던 "하나님의 친구들"이 타울러의 설교를 주로 들은 청중들이었다.

"탁월한 신학자,"

"영적 지도자,"

"훌륭한 설교자."

수도원 기록에 나타나고 있는 타울러의 저작들은 신학적 저술보다는 그가 행한 설교가 주를 이룬다.

타울러는 그의 스승 에크하르트와는 다르게 이론 신학자는 아니었다. 그는 신학 논문이나 성경주석을 집필하지 않았기에, 단지 족히 80편 정도 남겨진 설교에서 그의 모든 사상을 만나야만 한다. 사실 그는 스승 에크하르트처럼 사상과 이론의 대가로서 유명해진 것이 아니라, 그의 경건생활 자체가 그의 설교를 통해서 역사에 알려진 인물이다.

2. 루터의 추천

14세기 말 또는 15세기 초 독일어로 기록된 『독일신학』이[5] 루터교회 경건주의에 미친 영향을 그 누구도 부인하지 않는다. 본서는 도미니크 수도사들인 에크하르트, 소이세, 타울러의 저술과 함께 독일 기독교 신비주의의 대표적 저술로 평가한다. 내용적으로 볼 때, 영적이며 도덕적 삶의 조용한 갱신을 부르짖던 14-15세기에 나타났던 단체인 "하나님의 친구들"의 가르침과 유사한 것으로 본다.

그들은 자기부인과 성령의 역사를 통한 하나님과의 연합을 가르쳤으며, 하나님 앞에서는 성직자나 평신도가 동일한 위치에 있으며, 남녀 간의 차별도 인정하지 않았다. 교회의 조직은 단지 성도의 훈육을 위해서 요구될 뿐이라고 믿었다. 이러한 맥락에서 하나님 안에서의 신비적 생활에서 일반적으로 발견되는 탈세주의 자세를 언급하기보다는 오히려 인간과의 상호관계 속에서 진정한 도덕적 책임을 위한 하나님 안에서의 진정한 안식을 위한 지침서로 이해한다.[6]

슈페너는 경건주의의 기획서 『피아 데시데리아』(1675)[7] 마지막 부분에서 "모든 신학을 사도적 단순성으로 가져가자"는 요청을 하면서, 목회자들과 신학생들이 꼭 읽어야 할 책으로 루터의 저작들과 함께

---

[5] Gerhard Wehr(편), *Theologia Deutsch*, (Freiburg im Breisgau 1980); 마틴 루터, 『마틴 루터의 독일신학』, 노진준 역 (은성 1988).

[6] 마틴 루터, 『마틴 루터의 독일신학』, 10.

[7] Philipp Jacob Spener, *op. cit.* 번역판으로는 필립 야콥 슈페너, "경건한 요망," 주도홍 편저, 『독일 경건주의』(이레서원, 2003, 44-165).

『독일신학』[8]과 타울러의 저서들을 강력하게 추천한다. 특히 루터가 타울러의 것으로 생각하여 1517년 종교개혁을 전후로 하여 1516년 부분적으로, 1518년 전체를 자신이 친히 출판해 냈던 『독일신학』을 향한 슈페너의 추천의 근거로는 무엇보다도 종교개혁자 루터의 말에 힘을 얻고 있다.[9]

루터의 최대의 명저로 인정되는 『기독교인의 자유』(1520)가 『독일신학』에 많은 도움을 받고 있다는 사실만으로도 얼마나 루터에게 이 작품이 영향을 주었는가를 확인하게 된다. 특히 루터에게 있어서 모든 사람을 기꺼이 섬기는 종으로서의 자유자의 착상은 『독일신학』에서 가져오고 있다고 본다.

> 하나님과 연합한 사람은 선한 의지로 순수한 사랑을 소유하게 되는데, 모든 사람들과 만물을 사랑해야 하며, 온전히 선한 일을 기뻐하며, 행하여야 한다(33장).

루터가 서문을 써서 1518년 출판해 낸 『독일신학』의[10] 원제목은 "하나의 독일신학"으로 다음과 같이 제시한다.

"이 책은 고상하고 가치 있는 소책자로서, 아담과 그리스도가 무엇

---

[8] Gerhard Wehr(hrsg.), *THEOLOGIA DEUTSCH*, Eine Grundschrift deutscher Mystik, (Aurum Verlag, Freiburg im Breisgau 1980).

[9] 비고. Reinhold Mokrosch, Herbert Walz(편), *Mittelalter* (Neukirchen 1989)(3판), 184. 본서의 서문에서 저자는 프랑크푸르트 출신 사제임을 밝히고 있다. 그래서 어떤 이는 하이델베르크대학교 신학 교수였던 요한네스 데 프란코르디아(Johannes de Francfordia, 1380-1440)로 생각하는 것 같다.

[10] *WA* I, 1883, 375-379.

이며, 어떻게 아담이 우리 안에서 죽었으며, 그리스도가 다시 사셔야 하는지를 바르게 가르쳐 주는 책이다."[11]

슈페너가 『피아 데시데리아』에서 집중적으로 네 번이나 이 서문을 위시하여 인용하는 루터의 말들은 과연 슈페너에게 힘이 되고 있음을 확인한다.

> 만약 여러분이 독일어로 된 옛 순수 신학을 읽기를 원하신다면, 수도사 설교자였던 요한 타울러의 설교들을 보기 바란다. 나는 그처럼 복음에 일치하는 타울러의 신학보다 더 순수하고, 구원의 능력을 더 말해 주는 라틴어로 된 또는 독일어로 된 신학을 아직까지 발견하지 못했기 때문이다.
>
> 그 책에서 여러분은 순전한 구원의 교리에 대한 방법을 배울 것이다. 이와 반대로 모든 다른 교리는 이제 철과 흙과 같은 것이다.
>
> 나는 여기에서 보다 많은 순수한 하나님의 교리를 발견했다. 모든 대학교수들의 저서들 가운데서 발견하기를 바랬던 그 어떠한 것들 보다 말이다.

11　WA I, 376. 가장 앞서 제시되는 원 제목을 원문으로 제시하면, "Eyn deutsch Theologia. das ist|| Eyn edles Buchleyn, von rechtem vorstand, was|| Adam und Christus sey, und wie Adam yn || uns sterben, und Christus erteen soll.||"이다.

> 나는 이 옛 저자를 존경한다. 그리고 다음과 같이 말하고자 한다. 성경과 성 아우구스티누스 다음으로 이 책만큼 나에게 하나님, 그리스도, 인간 그리고 모든 것이 의미하는 바를 가르쳐 주고, 배우게 한 책은 없었다.

물론 슈페너가 그토록 루터의 글에 자신의 추천의 근거를 두는 데에는 나름대로 그 이유가 있다고 생각할 수 있는데, 당시 경건주의를 대한 루터교회 정통주의자들의 달갑지 않은 마음을 고려한 사려 깊은 처신이었다. 교회갱신을 외치는 젊은 교회지도자 슈페너를 당시 교회지도자들은 뭔가 의심의 눈초리로, 또는 부정적 마음으로 주시하고 있었다. 이러한 상황에서 슈페너는 교회개혁의 근거로 어찌하든지 루터의 종교개혁 정신에 의존해야만 했던 것이다.

그렇다고 독일의 경건주의가 단지 하나의 수단으로 루터의 종교개혁을 가져 온 것은 물론 아니었음은 자타가 인정하는바 자명한 역사적 사실이다. 특히 종교개혁의 완성이라는 의미에서 경건주의를 이해할 때 이러한 의도는 더욱 드러난다. 종교개혁을 교리의 개혁으로 이해할 때, 경건주의는 그러한 바른 교리에 입각하여 진정한 삶을 구현하는 것을 목표로 했던 것이다.

그렇다면 슈페너 자신은 무슨 근거로 이 중세 독일 신비주의의 대표적 저술『독일신학』을 그토록 강력하게 추천을 할 수 있다는 말인지 묻지 않을 수 없다. 이에 대하여 슈페너는 지혜로운 언급을 하고 있음을 보게 된다. 무조건적인 추천이 아니라, 나름대로 잘못된 신학에 주의도 촉구하고 있기 때문이다.

> 이러한 책들이 학생들에게 많은 유익이 되고, 참된 경건을 향한 좋은 입맛을 그들에게 제공할 것을 의심할 필요가 없다. 그 책들이 쓰여질 당시의 잘못된 진리의 어두움으로부터 아직도 그 책 안에 들어있는 오류들이 사려 깊은 독자들을 결코 물들게 하지는 아니할 것이기 때문이다. 그러한 책들을 부지런히 손에 쥐고 보는 것이 보다 유익할 것이다. 만약 학생들이, 옛 사람 아담의 명예만을 위해 많고, 적당한 먹이만을 제공받는, 불필요한 재치들로 가득한 글들을 본다고 할 때 말이다.[12]

본서는 하나님과의 연합을 위한 신비주의의 3단계 길로 일컬어지는 회개, 조명, 연합의 신비적 일체를 명료하게 제시한다. 또한 교리적 측면에서 볼 때, 『독일신학』은 교회론과 구원론에 있어서 신플라톤주의 성격을 뛰어넘지 못한 채 가톨릭의 영역에 분명 머물러 있다. 그러기에 결코 종교개혁 신학과는 일치할 수 없을 뿐 아니라, 더 나아가서는 교회를 대적하며, 독일 범신론의 모습까지도 보여 준다는 점이다.[13]

이러한 신학적 입장에 대해서는 오늘에까지 학자들 간에 일치를 보이는 것은 아닌 것 같다. 본서를 요한 칼빈(John Calvin, 1509-1564), 테오도르 베자(Theodor Beza, 1519-1605)가 부정적인 눈으로 봄에 따라, 본서를 향한 입장은 개혁교회 안에서 더욱 굳어져 결국 루터가 "지혜가 부족하고 무책임한 일"을 했다고 비판하기까지 이르렀다.[14] 1612년 로마 가톨릭교회의 금서목록(Index)에 들기도 했으나, 현재에

---

12 슈페너, "경건한 요망," 주도홍 편저, 『독일 경건주의』, 152.
13 *RGG* II(3판), 107-8.
14 마틴 루터, 『마틴 루터의 독일신학』, 42.

이르러서는 루터교회 쪽에서는 루터가 높이 평가한 죄, 자유의지, 옛 사람, 은혜, 그리스도, 중생 등을 바로 가르치기에 이 점에 있어서 "완벽한 정통 신학적" 입장에 서 있는 것으로 일반적으로 인정한다.[15]

요한 아른트(Johann Arndt, 1555-1621) 역시 『독일신학』에서 제시되는 점진적 성화의 마지막 단계에서 나타나는 일종의 무아경의 신비적 연합에 대해서는 무시해 버렸으며, 믿음 안에서 이루어지는 그리스도와 성도들의 연합에 대해서는 자신의 이해에 근거하여 새롭게 제시하였다. 아른트가 이 『독일신학』에서 가져오는 바는 단지 루터의 사상과 일치하는 경건의 연습, 기도, 양심의 가책, 인간의 비참함에 대한 부분들일 뿐이다. 아른트가 제시하는 믿음 안에서의 연합은 매우 타당하게 제시된다.

> 참 믿음이 있는 곳에는 거룩하시고 의로우신 그리스도가 계시므로 이 모든 것은 결국 하나이다. 그리스도와 믿음은 서로 하나로 연합되어 있으니 이는 그리스도의 모든 것이 믿음을 통하여 우리의 것이 되려 하려 하심이다. 믿음으로 그리스도가 거하시는 곳에는 거룩한 생명이 있으며, 바로 이것이 우리 속에 거하시는 그리스도의 고귀한 삶이다.[16]

총 54장으로 이루어진 일종의 적은 분량의 경건 서적 『독일신학』의 주제가 과연 무엇이며, 무슨 내용을 말하고 있는지를 살펴보도록 할

---

15 "Theologia Germanica", *The Oxford Dictionary of the Christian Church*, edt. F. L. Cross and E. A. Livingstone, (Oxford University Press 1997)(3판), 1604. "… (중략), but it is now generally recognized as perfectly orthodox."
16 요한 아른트, 『진정한 기독교』, 28-29.

것이다. 일반적으로 본서는 하나님 안에서, 그리고 하나님과 함께 하는 길로서 자아부인과 완벽한 영적 가난을 제시하는 책으로 이해한다. 고통이 동반되는 순종 안에서 형성되는 하나님과의 연합은 인간을 입으신 그리스도의 하나님과의 하나 됨을 모델로 한다.

칼빈과는 다르게 루터와 함께 아른트, 슈페너는 본서의 온화함과 단순성을 그리고 그리스도의 인성에 대한 강조점을 높이 평가하였다. 또한 본서는 성도들은 진정한 영적 자아를 발견하기 위해서 철저하게 자기를 부인하는 보이지 않은 내면의 삶을 살아야 할 것을 강조한다.

> 누구든지 하나님께 순종하고자 하는 자는 그 무언가에 집착을 버리며, 마땅히 낮아지도록 할 것이며, 모든 소유로부터 자유로워져야 할 것이다. 순종과 낮아짐은 고통이 동반되어야 하며, 그 어떠한 행동으로 이루어지는 것이 아니다. 이 모든 것은 침묵이 함께 하는 내면의 삶을 유지하며 영혼의 내면의 근거에서 그리고 비밀스럽고 은밀한 인내 가운데서, 결코 거부감을 갖지 않은 채 모든 일을 기꺼이 행하며, 고통을 감수하며, 이러한 모든 일들 가운데서 명령이 있지도 아니하고, 죄송스러움 등의 변명이나 따짐 또는 보복 등을 행하지도 생각하지도 아니한다(23장).

3. 삶의 설교자

타울러는 철저한 자아부인, 겸손, 이웃사랑에로 묘사되는 자신의 삶을 설교로 말하고 있음을 본다. 이러한 맥락에서 타울러의 위대성은 이론적 명철함에 있는 것이 아니라, 자기 헌신을 통한 실천적 경건에 있다. 타울러는 설교에서 무엇보다도 옳은 길을 통한 하나님을 향한 전적 헌신을 강조한다. 물론 그 역시 기독교 신비주의에서 발견되는 죄로부터의 정결, 어두운 심령을 밝히시는 성령의 조명, 하나님 안에 사는 신비적 연합의 세 단계를 잊지 않고 있다.

1498년 독일의 라이프치히에서 발간된 타울러의 설교집은 『완덕에의 길』이라는 제목으로 한국말로도 출판되었다.[17] 여기에 제시되는 22편의 타울러의 설교들은 심오한 사상을 단순하고 절제 있는 표현으로 장엄함을 가지며, 신선함과 탄력성을 잃지 않고 있다. 타울러는 언제나 자신이 말하는 바를 독자가 간접적으로 이해하기보다는 직접적으로 실질적으로 체험하기를 요구한다. 영혼의 깊은 중심에서 이루어지는 철저한 자기부인을 통해서 새 생명으로 가득 찬 기쁨을 맛보기를 원한다.

그의 설교는 성경본문을 꿰뚫는 풍부한 지식과 깊은 묵상, 신비적 체험과 확신에 찬 신앙이 조화를 이루어서 자유로우면서도 설득력 있는 논리로 청중을 감미로운 영의 세계로 인도한다. 타울러의 설교를 크리스티나 에브너(Christina Ebner)는 "그의 불을 뿜는 듯한 언어는 온

---

17 요한 타울러, 『완덕에의 길』, 엄성옥 역 (은성 1993).

세상에 빛을 밝혀주었다"고 격찬하였다.[18] 개신교에서와 마찬가지로 가톨릭교회에서도 타울러의 설교는 오늘에 이르기까지 절찬리에 읽혀지고 있다.

하나님과의 연합에 대하여 언급하면서 타울러는 영적 생활의 삼 단계를 말한다.

> 제1단계는 신령한 생활, 덕의 생활로서 우리를 하나님의 현존에 가까이 가게 해줍니다. 이것을 얻으려면, 우리는 하나님의 놀라운 사역과 하나님의 감추인 선으로부터 흘러나오는 무한한 은사들을 완전히 의지해야 합니다. 이것에서 '기쁨'(Jubilatio)이라는 영혼의 상태가 발생합니다. 제2단계는 영적인 빈곤입니다. 그것은 하나님께서 이상한 방법으로 영혼으로부터 떠나셔서 그 영혼을 박탈당한 상태로 버려두시는 것입니다. 제3단계는 신화(神化)된 생활, 피조된 우리 영이 피조되지 않은 하나님의 영과 연합하는 것입니다. 이것을 우리는 참된 변형이라고 부릅니다. 이 단계에 도착한 사람들은 다시는 하나님으로부터 떨어져 나올 수 없을 것입니다.[19]

또한 타울러는 자기부인(自己否認)에 대해서 많은 강조를 한다. 자아부인이 없이는 진정 하나님의 은혜의 보좌 앞에 나아갈 수 없으며, 하나님의 음성을 들을 수 없기 때문이다.

---

18 요한 타울러, 『완덕에의 길』, 3(머리말).
19 요한 타울러, 『완덕에의 길』, 188-189.

> 주제넘고 오만한 태도를 버리고, 우리 주 예수 그리스도께서 겸손과 사랑으로 걸어가신 발자취를 따라 자기부인이라는 일에 매진해야 합니다. 자기 자신에 대해 죽음으로서 그들은 진실로 '일어난다'는 것이 무엇을 의미하는지 깨달아야 합니다. … 이와 같이 자기부인 행위를 통해서 그들은 자기 자신에 대한 모든 집착을 버리게 됩니다.[20]

수도원운동에서 일반적으로 요구되는 묵상과 침묵의 삶을 타울러 역시 강조한다. 물론 자신의 내면을 비우는 침묵은 묵상을 향한 전제이다.

> 침묵을 지키십시오! 침묵할 때에 우리의 내면에서 말씀이 들려옵니다. 그러나 만일 당신이 침묵하지 않고 말을 하고자 한다면 하나님께서 침묵하셔야만 합니다. 하나님의 말씀을 섬기는 가장 좋은 방법은 침묵하고 경청하는 일입니다. 당신이 자신의 내면을 비운다면 하나님께서 그곳에 들어오셔서 당신을 온전히 채워주실 것입니다. 당신의 영혼을 많이 비울수록 그만큼 신적인 것이 더 많이 들어올 것입니다.[21]

---

[20] 요한 타울러, 『완덕에의 길』, 41.
[21] 요한 타울러, 『완덕에의 길』, 27.

■ 타울러의 설교

겸손, 사랑, 근신(벧전 5:6-11)[1]

이 말씀은 사도들 중에서도 가장 사랑받은 베드로의 서신에 기록된 것입니다. …(중략)… 베드로는 말했습니다

"하나님의 능하신 손아래서 겸손하라."

여기에서 우리는 경건한 생활과 행동에 있어서 갖추어야 하고 지향해야 할 세 가지의 덕(德)을 생각해야 합니다. 만일 이 중에서 한 가지라도 빠지게 되면, 우리의 행동과 생활과 모든 관습들은 결국 무가치한 것이 되고 맙니다. 사도 베드로가 우리에게 바라는 첫 번째 덕은 하나님 아래서 겸손히 행하라는 것입니다. 겸손(謙遜)은 우리의 모든 생활과 행동이라는 건축물의 기초입니다. 겸손이 없으면 모든 것은 무너지고 맙니다. 두 번째의 덕은 하나님을 진실로 사랑하는 일이며, 세 번째의 덕은 근신(謹愼)입니다. …(중략)…

만일 하나님께서 우리가 교만함을 발견하신다면, 우리를 낮추실 것입니다. 그러나 우리가 낮아져 있음을 발견하시면 들어 올리실 것입니다. 왜냐하면 낮아짐은 높아짐을 만들어내기 때문입니다. 이런 까닭에 우리는 겸손하게 자기를 낮추어야 합니다. 하나님의 손은 능력이 있으며 지혜롭고 선하시며 자애로우십니다. 그러나 우리는 약하고

---

1 요한 타울러, 『완덕에의 길』, 엄송옥 역 (은성, 1993), 150-161.

맹목적이며 죄에 빠져 있습니다. 우리는 하나님 없이는 아무 일도 하지 못합니다. …(중략)…

사도 베드로는 계속하여 말합니다.

"근신하라 깨어라."

우는 사자가 무서운 소리로 으르렁거리면 짐승들은 공포에 질려 버립니다. 그러면 사자는 그 짐승을 잡아먹습니다. 마찬가지로 우리의 대적 마귀는 약하고 조그만 피조물인 우리를 으르렁거리며 공격합니다. …(중략)…

우리는 포위된 도시에 거하는 시민들처럼 행해야 합니다. 그들은 어느 곳의 공격이 가장 강하며, 어느 곳의 방어가 가장 약한지를 주의 깊게 살펴보아야 합니다. 이것을 제대로 하지 못하면 결국 이 도시는 함락되고 맙니다. 이와 마찬가지로 우리도 마귀가 어느 곳에서 가장 쉽게 공격하고 있는지, 우리의 본성 중 어느 곳이 약한 곳인지, 우리의 약점은 어디에 있는지를 자세히 살펴서 불철주야(不撤晝夜) 경계해야 합니다. 마귀는 흔히 우리로 하여금 혼란과 낙심을 일으키게 합니다. 우리의 본성이 연약한 것과 범죄 하기 쉬운 성품을 생각할 때에 우리는 근심과 낙담으로 가득 차게 됩니다. …(중략)…

결국 마귀가 여러분을 절망으로 몰아넣게 되면 여러분은 아마도 이렇게 외칠 것입니다.

"이제는 아무 소망도 없게 되었어."

그러면 그때 여러분은 어떻게 행동해야 할까요?

여러분의 모든 염려를 하나님께 맡기십시오. 하나님 안에 닻을 내리십시오. 배가 좌초(坐礁)하여 침몰할 위험에 처하게 될 때 선원들은 닻을 바닷속으로 던져 버립니다. 그것만이 위험에서 벗어날 수 있는 최후의 방법이기 때문입니다. 우리도 이렇게 해야 합니다. 육체적으로나 정신적으로 큰 유혹을 받을 때에, 우리는 모든 것을 버리고, 닻을 깊은 중심을 향해 던져야 합니다. 이 깊은 중심을 향해 닻을 던지는 것은 바로 하나님의 신실하심을 온전히 신뢰하는 것을 의미합니다. …(중략)…

제가 말씀드리는 신뢰는 참된 겸손과 사랑의 깊은 근저(根底)에서부터 솟아오르는 것입니다. 그것은 우리가 혼자서는 아무 것도 할 수 없음을 깨닫고 올바른 판단으로 우리 자신을 하나님께 위탁하는 데에 기초하고 있습니다. 자신을 완전히 버리고 기쁨으로 이 일을 행하십시오. 하나님은 기쁜 마음으로 자신을 바치는 사람을 사랑하십니다.

여러분에게 그처럼 무한하고 큰 선을 베푸신 하나님을 여러분은 신뢰하지 않겠습니까?

여러분이 말하기 전에 이미 하나님은 여러분의 연약함을 아십니다. 하나님은 여러분이 죄에 빠질 것을 아시며, 자신의 죽음을 통해서 여러분의 죄를 씻을 방법도 예견하고 계십니다. 이렇게 측량할 수 없는 선을 하나님께서는 매일 매 시간 끊임없이 여러분에게 주십니다. 그러므로 모든 것을 버리고 온전히 하나님만 의지하십시오. 여러분이 유혹을 당할 때에 비틀거리며 결단을 내리지 못하고 주저한다면, 마귀는 결코 여러분을 내버려 두지 않을 것이며, 여러분은 쉽게 패배할 것임을 기억하십시오.

우리에게는 마귀보다 훨씬 강한 무기들이 있으니, 즉 거룩한 믿음, 성찬, 하나님의 말씀, 성도들이 남겨준 모범, 교회의 기도 등입니다.

이것을 비추어 볼 때에 마귀는 파리보다도 약한 존재일 뿐입니다. 우리가 반드시 해야 할 일은 담대하게 마귀를 대적하며, 이제까지 크신 선을 베풀어 오신 하나님의 품에 닻을 던지는 일입니다. …(중략)…

우리는 항상 우리 영혼의 중심을 부지런히 살펴야 합니다. …(중략)… 견고하고 영적인 방법으로 여러분의 영혼을 조사해 보십시오. 그러나 많은 사람들은 표면적으로 행동하기 때문에 이렇게 하지 못하고 있습니다. 그들은 영혼의 깊은 중심에 닿는 듯하면, 그것을 떨쳐버리고 다른 곳으로 도망합니다. 그들은 항상 새로운 것을 시도해 보지만 결국 아무 것도 이루지 못하며, 때로는 파멸로 치닫고 맙니다.

…(중략)…

새로운 일이나 새로운 생활 태도를 취하려 할 때에, 우리는 그 안에서 오직 하나님의 보다 큰 영광을 구하며, 그것을 사랑 많으신 하나님의 뜻에 맡겨야 합니다. 하나님의 은혜의 분량, 자신의 의도의 순수함, 순종의 온전한 정도 등을 자세히 조사해 보고, 마지막으로는 그 과업으로 인해 우리에게 요구되는 짐을 과연 감당해 낼 수 있는지를 살펴보아야 합니다. 자신의 부족함을 인정하고, 영혼의 깊은 중심을 살펴보고, 자신 속에서 살아 있는 겸손, 사랑, 근신을 참으로 발견할 수 있는지 알기 위해 인내하며 기다려야 합니다. 만일 이 세 가지 덕을 소유하고 있다면 하나님은 우리 안에서 크게 역사하시며 우리를 높이실 것입니다.

베드로는 세상에서 우리가 형제들과 동일한 고난을 겪어야 한다고 가르쳤습니다. 사랑하는 형제들이여, 아무도 고난을 피할 수 없습니다. 어디에 있거나 사람은 고난을 당합니다. 세상에서 마귀를 섬기는 사람들일지라도 고난을 피하지는 못합니다. …(중략)… 우리 중에 사랑하는 우리 주님만큼 매일 수치와 모욕을 겪는 사람이 있습니까? 만일 주님께서 일찍이 겪으셨던 고난을 지금도 겪으실 수 있다면, 주님께서는 십자가에 달리실 때보다 더 큰 고난을 오늘 겪으실 것입니다.…(중략)…

만일 주님께서 지상에서 느끼셨던 고통을 지금도 느끼실 수 있다면, 과거에 유다 때문에 입으신 상처보다 오늘날 이런 사람들 때문에 입는 상처의 아픔이 훨씬 클 것입니다. 왜냐하면 유다는 주님이 하나님이요 창조주이심을 알지 못했지만 우리는 알고 있기 때문입니다. 만일 하나님을 사랑하는 사람들이 하나님을 사랑하는 그들의 마음속에서 육체적인 아픔을 느낄 수 있다면, 그들의 마음은 상처를 입고, 그들의 영혼은 골수까지 찢어질 것입니다. 그들은 사랑하는 주님과 하나님께서 그러한 치욕과 불명예를 겪는 것을 보기보다는 차라리 죽기를 원할 것입니다.

사랑하는 형제들이여, 이것이 사도 베드로께서 참되고 안전한 길에 대해 우리에게 요약해서 가르쳐 준 내용입니다. 그는 우리에게 겸손하라고 가르쳤습니다. 우리는 이 겸손이라는 토대 위에 사랑과 이성과 신중이라는 건물을 세워야 합니다. 그리하면 하나님께서 때가 되면 우리를 높이실 것입니다.

하나님이시여, 우리로 하여금 참된 내면의 중심에 거하게 하시고, 우리를 높여 주시고, "친구여, 보다 높은 곳으로 올라오라"고 말씀해 주시옵소서. 아멘.

6장. 윌리엄 퍼킨스

(William Perkins, 1558-1602)

1. 생애

윌리엄 퍼킨스
(William Perkins, 1558-1602)

"국제적 명성을 얻은 첫 영국 개혁교회의 신학자"(the first theologian of the reformed Church of England), "엘리자베스 통치 하 청교도주의를 원리적으로 세운 건축가"(the principal architect of Elizabethan puritanism)로 일컬어지는 퍼킨스(William Perkins, 1558-1602)는 세상을 떠난 뒤에도 여전히 40년 동안 청교도 사상 형성에 주도적인 영향력을 끼친 인물로 평가된다.

역사가 밀러(Perry Miller)는 17세기 개신교뿐 아니라 가톨릭교회도 퍼킨스를 칼빈에 버금가는 인물로 서열을 매겼으며, 신대륙에 도착한 청교도들의 눈에 비친 퍼킨스는 역시 최고의 인물이었다고 확언한다. 1604년 출판된 퍼킨스의 마지막 저서『갈라디아서 주석』은 그가 편지의 사람, 수사학자, 주석가 그리고 신학자로서의 다양한 관점에서 재능을 발휘하고 있음을 넉넉히 말해 준다.[1]

라무스(Petrus Ramus, 1515-1572)의 강력한 영향을 받은 퍼킨스는 "캠브리지 청교도주의의 교황"으로 일컫는 거룩한 청교도 차더톤(Laurence Chaderton, 1536-1640)의 제자, "영국 장로교의 아버지" 카트라이트(Thomas Cartwright, 1535-1603)의 동료, 프레스톤(John

---

[1] Gerald T. Shepard, "William Perkins' Exposition Among Seventeenth-Century Commentaries 1600-1645", William Perkins, *A Commentary on Galatians*, edited by Gerald T. Sheppard, John H. Augustine (New York, 1989), viii.

Preston, 1587-1628), "개혁교회 최초의 윤리신학자"로서 『신학의 정수』를 쓴 에임스(William Ames, 1576-1633), 신대륙 북미의 청교도 지도자 코튼(John Cotton, 1585-1652)의 선생이다.

퍼킨스는 영국 와익셔(Warwickshire)의 벌킹톤(Bulkington)에서 1558년 상류계층은 아니지만 그런대로 괜찮은 가정에서 태어나서 캠브리지대학교 크라이스트컬리지의 1577년 자비생으로 시작하여, 차더톤의 문하에서 1581년 학사 학위(B.A.)를, 1584년 석사 학위(M.A.)를 취득하였지만, 퍼킨스의 청교도 사상은 여전히 온화한 중도적 입장이었다.

1584년 회심경험을 한 퍼킨스는 같은 해 캠브리지의 성 앤드류교회(St. Andrew's Church)의 설교자가 되어 세상을 떠나기까지 활동했고, 캠브리지대학교 크라이스트컬리지에서 1584년부터 1595년까지 로마교회의 대적자 그리고 청교도주의의 후원자로서 설교, 강의, 저술로 명성 있는 교수(fellow)로 활약했다. 그는 로마서, 다른 바울 서신에 대한 주석을 쓰지 않았지만, 『갈라디아서 주석』을 통해 "복음의 복구자"(restorer of the Gospel)로서 역할, 곧 '이신칭의'에 대한 그의 입장이 가장 힘 있게 제시된다.

퍼킨스는 로마교회의 전통적 성경해석 방법과 단절한 후 멜란히톤, 부처, 칼빈의 종교개혁 주석 방법론을 가져오고 있다. 칼빈과 같이 퍼킨스는 성경해석에 있어 단 하나의 문자적 의미(the only one literal sense)의 중요성을 강조하며, 우화적 해석을 거부한다. 언제나 성경해석에 있어 실질적 적용과 설교를 염두에 두었던 퍼킨스는 성경본문이 갖고 있는 그 지향점,² 곧 "scope"(Skopus)를 퍼킨스는 놓치지 말 것을 강조한다.

슈트라스부르크의 종교개혁자 마틴 부처(Martin Bucer, 1491-1551)의 영향아래 신학을 "영원히 축복받은 삶에 대한 지식"이라고 정의하면서 신학과 윤리를 긴밀한 관계에 두었으며, 언약사상의 정립에 그의 공헌은 남다르다. 그가 남긴 수많은 저작 가운데 특히 여전히 사랑을 받고 있는 저술은 『개혁된 가톨릭교도』(Reformed Catholike, 1597), 『황금 사슬』(Armilla aurea : Die Golden Chaine, 1590), 『주기도문 해설』(An Exposition of the Lord's Prayer, 1592), 『설교(예언)의 기술』(The Art of Prophesying, 1592), 『사도신경 해설』(An Exposition of the Symbol or Creed of the Apostles, 1595)이 있다. '영국 청교도의 아버지' 퍼킨스는 아쉽게도 44년을 일생으로 1602년 세상을 떠나 하나님 품에 안기었다.

2. 『설교의 기술』

1592년 퍼킨스가 처음 라틴어로 기록하였다가 그가 죽은 후 1606년 영어로 번역된 『설교(예언)의 기술』(The Art of Prophesying)을 에드워즈(J. Edwards, 1703-58)는 설교의 모범을 보여 주는 저술로, 패커(James Packer)는 청교도의 설교원리를 체계화시킨 저작으로 평가하였다.³ 성경을 근거로 총 11장으로 이루어진 『설교의 기술』은 제목부터

---

2 퍼킨스는 aim, purpose로도 표현한다.
3 윌리엄 퍼킨스, 『설교의 기술과 목사의 소명』, 채천석 역 (부흥과 개혁사, 2006). 두

가 설교(preaching)를 예언(prophesying)으로 규정하는 것을 보게 되는데 잉글랜드 국교회 청교도의 설교이해를 보여 주는 전형이라 하겠다. 곧 설교자의 입으로 나오는 설교이지만 그것은 곧 예언자(prophet)의 말씀, 하나님의 말씀이라는 청교도적 엄격한 이해가 제시된다. 예언자로서의 설교자, 그 예언자의 예언으로서의 설교를 청교도 퍼킨스는 분명하게 제시한다.

퍼킨스는 고린도전서 14:3, 24의 예언의 은사를 설교로 이해하며, 설교를 예언과 동의어로 사용한다. 그러면서도 그러한 퍼킨스에게 기술 또는 예술로 번역되는 'Art,' 곧, 설교자가 하나님의 말씀을 더욱 효과적으로 전하기 위해서는 터득하고 연마해야 할 기술이 중요하게 전제되고 있음을 보여 주는 것에 우리의 특별한 주목을 요한다. 퍼킨스는 1592년 12월 12일 본서의 머리말에서 왜 이러한 최고의 영적인 은사인 설교, 그 설교를 위한 훈련이 필연적인지를 설명한다.

> 설교준비는 교회의 일상적인 업무이지만 여전히 엄청난 책임이 따르는 일이고 결코 쉬운 일이 아니다. 사실상 신학적인 훈련에서 설교훈련보다 더 어려운 도전은 없다. … 하지만 설교라는 이 일상의 책무가 다른 훈련들이 받는 관심에 비하여 부적절하게 또는 빈약한 방식으로 자주 묘사되었다(33쪽).

껍지 않은 두 권 『설교의 기술』과 『목사의 소명』(*The Calling of Minister*, 1606)이 함께 묶어 번역되었다.

퍼킨스는 1장에서 설교는 "그리스도의 이름으로, 그리스도를 대신해서 대언하는 것"으로 이해하며, "은혜로 부름을 받고 은혜 안에서 보호하심을 입는다"는 설교의 두 가지 역할을 제시한다. 2장, 3장에서 퍼킨스는 설교의 근거로서 성경이 무엇인지를 말한다.

> 성경은 설교의 유일한 주제이며 설교자가 끊임없이 일해야 할 유일한 밭이다(39쪽).

말씀의 그 유일한 특성이 듣는 이로 하여금 감탄을 자아내게 한다. 성경은 3가지 특성을 가진다. 더하거나 제할 수 없는 완전성, 실수나 속임이 없는 순결성, 그리고 모든 것이 완전히 성취되는 영원성이다. 성경의 결론은 "예수님은 참된 메시아이시다"는 것이다. 3장은 성령의 내적 증거에 의해 성경이 하나님의 말씀임을 제시한다.

> 성령의 내적 증거가 우리 각자의 마음에 말씀하시고, … 효과적으로 설득하신다. … 하나님의 영이 있는 선택된 자들은 무엇보다도 성경에서 말씀하시는 그리스도의 음성을 식별한다. … 교회는 성경의 정경을 증거할 수는 있으나 교회의 권위로 우리를 내적으로 설득할 수는 없다(49쪽).

5장은 "성경해석을 위한 특별한 규칙"이 있음을 보여 준다. 이제 퍼킨스는 앞과는 구별되게 설교의 "두 부분"인 설교내용은 'Sermon'으로, 설교행위는 'preaching'으로 표현한다. 퍼킨스는 성경해석을 위해 다섯 가지 원칙을 제시한다.

첫째, 교리를 분명하게 이해할 것.
둘째, 성경을 문법적, 수사적, 논리적으로 읽되, "신약성경의 핵심"인 로마서와 요한복음을 먼저 읽을 것. 신약을 먼저, 다음에 구약을 특히 이사야서와 시편을 읽을 것.
셋째, 정통 기독교인들의 저서에서 도움을 얻을 것.
넷째, 성경을 연구할 때, 떠오르는 영감을 활용할 것.
다섯째, 기도로 우리의 닫힌 눈을 열어 달라고 하나님께 아뢸 것.

> 성경의 주된 해석자는 성령이시다. 율법을 만드신 분이 율법의 가장 좋은 최고의 해석자다. 성경해석을 위한 최고의 절대적인 수단은 성경 그 자체다(59쪽).

곧 종교개혁 성경해석의 원리를 퍼킨스는 채택하고 있다. 게다가 설교노트를 위한 실질적 제안도 자상한 설교자 퍼킨스는 잊지 않는다.

첫째, 가장 중요한 주제 목록을 만들어라.
둘째, 노트의 여백을 비워 충분히 활용하도록 하라.
셋째, 책에서 가져온 중요 내용을 간략하게 요지로 기록하여 활용하라.
넷째, 알파벳 일람표를 만들어라.
다섯째, 기록한 설교노트에 너무 의존하지 말라.

5장은 "성경해석을 위한 일반적 규칙"을 제시한다.

> 본문의 특성에 따라 … 유추적이고 분명한 것과 신비적이고 모호한 것으로 분류할 수 있다.

유추적이고 분명한 것들은 "믿음의 유추"를 할 때, "자연스런 의미가 구절의 배경과 일치한다면 … 적절한 의미이다"(63쪽). 신비적이거나 감추어진 구절은 유사하지만 다른 구절을 가져와서 올바르게 비교하며 검증해 보아야 한다.

6장은 구약의 제사장들이 희생동물의 각을 뜰 때를 기억하며, 하나님의 말씀의 분해(cutting), 나눔(dividing)에 대해 말한다. 분해는 분석(resolution), 분할(partition), 적용(application)으로 이루어진다. 분석은 "묶인 것을 푸는 것처럼 성경구절을 다양한 교리로 펼치는 것이다"(82쪽).

7장은 "청중의 상태에 따른 적용"을 말한다.

> 적용이란 … 회중이 처한 시간과 공간 및 회중 각자에게 맞도록 적절히 다루는 기술을 말한다. … 적용의 근본 원리는 그 구절이 율법의 진술이냐 복음의 진술이냐를 아는 것이다. … 율법은 죄의 질병을 드러내고 … 복음은 … 성령의 능력을 취한다(89-90쪽).

적용을 겨냥하며 퍼킨스는 죄를 보게 하는 율법과 위로의 복음을 적합하게 들려줘야 할 일곱 가지 유형의 회중을 분석한다. 가르침을 받을 준비가 되지 않은 내버려 둘 불신자, 기본적 교리를 가르쳐야 할 열린 마음의 초신자, 진정으로 죄를 버리지 못하여 성령의 도우심이 필요한 교만한 신자, 신앙, 회개, 복음의 위로로 잘 가르쳐야 할 겸손한 신자, 교육으로 성숙하게 할 이미 믿고 있는 성도, 형제애로 대해야 할 실족한 성도, 신자와 불신자가 함께 하는 혼합체로서의 교회이다.

8장에서 퍼킨스는 정신적인(mental) 것과 실질적인(practical) 면에서의 적용을 서술한다. 정신적인 적용은 지성과 관계되며, 바른 판단을 위한 바른 교리(doctrine)와 잘못된 생각을 돌이키는 책망(reproof)으로 구성한다. 실질적인 적용은 가정, 국가, 그리고 교회에서의 생활양식 및 행동과 관계가 있고, 격려, 권면, 경고를 포함한 지침(instruction)과 교정(correction)으로 이루어진다.

9장은 퍼킨스의 설교이해에서 가장 독특하다 하겠다. "원고를 암기해서 설교하지 말라"는 요청이다. 단도직입적으로 퍼킨스는 "기억술로 설교를 암송하는 것은 인정할 수 없다"(105쪽)고 엄격한 입장을 제시한다. 그 이유는 두 가지이다.

첫째, 비 영적인 활동과 관련된 것으로 "터무니없고, 무가치하며, 추한 사고를 요구한다. 그것은 참으로 육체의 가장 부패한 감정을 높이고 상승시키는 것들이다"(105-6쪽).

둘째, "인위적인 기술은 마음과 총명을 둔하게 한다." 게다가 암송설교는 방대한 작업량을 요구하며, 긴장으로 암기를 놓치는 경우 문제가 크며, 무엇보다도 "성령이 주시는 자유로운 영적 감정의 흐름을 방해한다"는 것이다.(106쪽)

10장은 설교전달을 다룬다.

> 설교전달의 핵심은 인간의 지혜를 드러내지 않고, 성령의 나타나심이 있도록 하는 것이다(107쪽).

퍼킨스는 인간의 지혜를 감추어야 하는 이유를 균형적 감각을 가지고 설명한다. 그것은 그렇다고 무식한 설교, 준비되지 않은 설교가 되어서는 안 되며, 많은 연구, 다양한 독서가 요구되며, 그럼에도 회중 앞에서는 허세를 부리지 말고, 인간적 지식은 감추어져야 한다고 주장한다.[4] 목사는 말로 지혜를 가르치기보다는 삶으로 그 지혜를 가르쳐서 영혼에 감동을 주는 자가 되어야 할 것을 요청한다(110쪽).

11장은 설교자의 공적 기도에 대해 묘사한다. 목사의 공적 기도는 설교의 다른 측면으로 퍼킨스는 중요하게 여긴다. "회중의 집합적인 기도를 표현하는 목사의 기도"는 분명한 목소리로 쉽게 명료하게 이해되어야 하며, 적절한 내용, 적절한 순서를 가지고 기도해야 한다. 들쭉날쭉해서도 안 되고, 중언부언하지 말고, 단문으로 구성된 기도여야 한다. 그러니까 함께 모인 회중들이 마음을 다해 쉽게 이해하고 동의할 수 있도록 잘 되는 기도를 해야 한다는 것이다.

---

4 퍼킨스, 『설교의 기술과 목사의 소명』, 107-8. "하나님의 말씀의 설교는 하나님에 대한 증거요 그리스도를 아는 지식의 고백이지 인간의 기술이 아니다. … 그렇다고 지식의 부족과 교육의 부족으로 점철되어서는 안 된다. 목사는 교양과목과 철학을 공부해야 하며, 뿐만 아니라 설교를 준비하는 과정에 다양한 독서를 해야 한다. 하지만 … 이런 것들은 회중에게 감추어야 하며, 공중 앞에서 허세를 부려서도 안 된다. 라틴 금언처럼 '학문을 감추는 것이 학문의 핵심이다'(Artis etiam celare artem)."

> 목사의 목소리가 기도에 주가 되고, 회중은 침묵하지만 끝에 아멘으로 동의를 표한다(114쪽).

결론적으로, 퍼킨스의 설교구성은 네 가지로 이루어진다.

첫째, 성경본문을 분명한 음성으로 낭독한다.

둘째, 문맥에 비추어 성경본문의 의미를 설명한다.

셋째, 본문에서 가져온 몇 가지 중요한 교훈적 요점을 제시한다.

넷째, 그 요점을 분명하고 쉬운 언어로 적용할 수 있도록 한다. 포괄적으로 다르게 표현하면, "그리스도의 영광을 위해, 그리스도를 힘입어, 그리스도를 설교하라"인데, 설교의 궁극적 목적은 "오직 하나님께 영광을!" 돌리기 위해서이다(115쪽).

3. 목사는 누구인가?

퍼킨스는 목사(설교자)가 누구인지를 정의하여, 목사들이 분명한 소명의식과 정체성을 갖기를 원한다. 목사는 하나님의 해석자로서 죄인과 하나님 사이에 화목이 어떻게 이루어졌는지 설명하고 가르치는 사람이며, 그 화목의 의미를 적절하고 정확하게 적용하며, 화목을 선포하고 선언하는 권위를 갖는 자이다. 동시에 "목사는 하나님에 대한 사람들의 해석자다." 여기서 퍼킨스의 이해가 너무 구약의 제사장적 이해를 가져와 오해의 소지가 없진 않지만, 그는 "얼마나 목사의 직이 위대하고 영광스러운지를 강조"하고자 한다(126쪽). 그러기에 "이미 목사이거나 목사가 되기를 원하는 모든 사람은 '학자의 혀'(사 50:4)를 가져야 한다. … 이 학자의 혀는 하나님이 주신다"(126쪽).

> '학자의 혀'를 갖는다는 것은, 목사가 성령이 말씀하시는 해석자가 되어야 한다는 것이다. … 참된 목사는 영적인 가정교사, 곧 성령을 통해 내적으로 가르침을 받아야 한다. … 성령 없이는 목사가 참된 해석자가 될 수 없다.

퍼킨스는 분명하고 확실하게 성령의 인도를 받는 설교자, 변화된 거룩한 설교자가 되어야 할 것을 강조한다. 설교는 인간적 학문과는 전혀 다른 속성을 가진 특별한 것으로 목사는 성령의 사람들, 거룩한 삶을 사는 자이어야 함을 또한 강조한다.[5] 그러면서 퍼킨스는 참된 목사가 적은 당시의 상황을 세 가지 이유를 들어 설명한다.

첫째, 목사의 소명이 경시되고 있다.

"악하고 불경한 사람들은 항상 이 소명을 싫어한다. 자신들의 불경을 드러내고 위선을 벗겨버리기 때문이다"(132쪽).

둘째, 목사의 소명을 책임 있게 감당하기가 어렵다.

셋째, 소명 받은 목사에게 주어지는 신분과 경제적 보상이 보잘 것 없다. 특히 신약 시대에 들어 왜 이런 결과가 왔는지에 대해서 구약의 레위 족속을 향한 세심한 지침(민 18:26)을 예를 들며 퍼킨스는 설명한다.

---

5 퍼킨스, 『설교의 기술과 목사의 소명』, 128. "우리는 인간적 지식으로 사람들의 글을 해석하고, 성경을 인간의 책이나 이야기처럼 사실적으로 해석할 수 있다. 지식을 쌓아 가도록 말이다. 하지만 마음을 꿰뚫고 인간의 영혼을 놀랍게 사로잡는 영적이고 거룩한 해석자는 성령의 내적 가르침으로만 사사 받는다."

> 세상은 모든 시대에 걸쳐 목회의 소명을 부주의하게 다루었다. … 분명 목회사역에 좋은 보상을 주는 것은 훌륭한 기독교 정책이 될 것이다. 그리할 때 뛰어난 은사를 가진 사람들이 목회사역에 참여하게 될 것이다.

퍼킨스는 목회자에 대한 좋은 대우를 교회개혁 차원에서 적극적으로 실행할 것을 요청한다.

> 이 문제에 특별한 관심을 기울이지 않는다면, 그것은 결코 개혁되지 않을 것이다. … 많은 경멸을 받고 부담은 큰 데 비해 보상이 극히 적은 곳에 좋은 목사가 일천 가운데 하나라도 있다는 것이 놀라울 따름이다(134쪽).

이에 대한 퍼킨스의 논리는 새로운데, 무엇보다도 좋은 목회자를 위한 것으로 그 나름대로 설득력이 있고, 강력하여 우리의 주목을 충분히 끈다.

■ 퍼킨스의 설교

주의 기도: 하늘에 계신 우리 아버지여(마 6:9)[1]

주의 기도는 세 부분으로 이루어져 있다. Ⅰ. 서문. Ⅱ. 여섯 개의 간구를 포함하고 있는 기도 자체. Ⅲ. 믿음으로 증언하는 마지막 말인 아멘. … 우리는 우리 구주 그리스도께서 서둘러 간구할 것을 제시하지 아니하시고 엄숙한 서문으로 먼저 시작하시는 것을 고려해야 한다. 여기에서 우리는 하나님께 기도하는 사람은 먼저 자신을 준비시켜야 하고, 서둘러서 생각도 없이 하나님의 임재 앞으로 나가지 말아야 한다는 교훈을 배운다. 만일 어떤 사람이 이 땅의 왕 앞에 나아간다고 한다면, 그는 모든 것들이 정중하고 예의 바르게 보이도록 자신의 옷과 몸짓과 말을 다듬을 것이다.

그렇다면 사람들이 살아 계신 하나님 앞에 나아갈 때에 얼마나 더 준비를 해야 하겠는가?

전도서 5:2은 말하고 있다.

> 너는 하나님 앞에서 네 말을 함부로 하지 말고, 네 마음을 서둘러 표현하지 말라(전 5:2).

---

1 윌리엄 퍼킨스, 『주기도문 강해』, 박홍규 역 (개혁된신앙사, 2005), 33-53.

그리고 다윗은 희생제사를 드리기 위해 하나님의 단에 나오기 전에 다음과 같이 말한다.

"여호와여 내가 무죄하므로 손을 씻습니다"(시 26:6).

사람들이 자신들의 무디고 무거운 마음들을 불러일으켜 기도할 수 있도록 준비시킬 수 있는 수단은 세 가지이다.

첫째, 우리가 기도해야 할 문제들과 관련된 하나님의 말씀을 부지런히 읽는 것이다. 이것은 우리에게 무엇을 기도해야 할지를 안내해 줄 뿐 아니라, 더 간절히 기도할 수 있도록 마음을 일깨워 주는 수단이다. 이것은 비유를 통해 보다 분명해 진다. 내리쬐는 태양 광선은 땅이나 혹은 이 광선을 반사 할 수 있는 딱딱한 표면에 부딪히기 전에 열을 내지 않는다.

그러나 부딪혀 반사될 때 땅과 주위에 있는 공기는 뜨거워진다. 마찬가지로 하나님께서는 자신의 복된 말씀을 태양 광선처럼 우리에게 보내시고, 이를 통해 우리에게 말씀하신다. 그리고 우리가 읽은 말씀을 기도로 바꿀 때 하나님의 말씀은 소위 반사되고, 우리의 마음은 이를 통해 하나님의 성령의 안락한 열로 달구어지며, 우리는 더 간절히 하나님께 우리의 기도를 쏟아 붓게 된다.

둘째, 하나님께 우리를 자신의 성령으로 강화시켜 달라고, 우리로 응답받는 기도를 할 수 있게 해달라고 기도하는 것이다.

여호와여 내 기도를 들으시며 내 간구에 귀를 기울이시고 주의 진실과 의로 내게 응답하소서(시 143:1).

셋째, 하나님의 가장 영광스러운 위엄을 고려하는 것이다. 우리는 먼저 우리의 기도를 기꺼이 응답해 주시고자 하시는 아버지의 선하심과 인자하심을 그리고 우리의 간구를 응답해 주실 수 있는 그분의 전능을 기억해야 한다. 한 중풍병자는 담대하게 기도했다.

"주여 원하시면 저를 깨끗케 할 수 있나이다"(마 8:2).

그러므로 우리의 기도가 응답되는 데는 이 두 가지 모두 필요하다.
…(중략)…

한 마디로, 이 서문에는 기도에 필요한 두 가지 전제가 포함되어 있다.

첫째, 우리는 우리의 기도가 응답될 수 있다는 것을 믿어야 한다. 왜냐하면 하나님은 전능하신 분이시고, 이것은 그가 하늘에 계시다는 사실에 포함되어 있기 때문이다.

둘째, 우리는 하나님께서는 우리의 기도를 기꺼이 응답해 주실 준비가 되어 있으시다는 것을 믿어야 한다. 우리는 이것을 아버지라는 칭호에서 배울 수 있다. 그가 아버지라는 사실에서 우리는 마치 이 땅의 아버지가 자신의 자녀를 돌보듯이(시 103:13), 하나님께서는 우리의 기도를 응답해 주시며(요 16:23), 모든 역경과 환란에서 우리를 돌보아 주시는 분이라는 것을 확신하게 된다(마 6:32). …(중략)…

그러나 우리는 하나님께서 실제로 우리가 생각하고 열망하는 것은 무엇이든지 들어주시는 분이라고 상상하지 말아야 한다. 우리는 기도할 때 하나님의 약속들을 사용해야 하며, 그 약속에 맞추어 우리의 간구를 다듬어야 한다. 가령 절대적인 은혜가 필요한 구원과 같은 문제에서처럼 아무런 조건이 없는 약속들은, 아무런 조건도 없이 요구될 수 있을 것이다. 그러나 은혜가 좀 덜 필요하고, 상대적인 은혜나 일시적인 축복들과 같이 조건이 붙어 있는 약속들은, 그들이 우리 안에서 하나님의 영광을 위하거나 우리의 유익을 위한 것인 한, 조건과 더불어 요구될 수 있을 것이다.

그러나 하나님께서 아브라함에게 노년에 아들에 대한 약속을 주신 것처럼, 일시적인 축복이라도 아무런 조건이 없이 주신 약속들과 같은 것들은 예외적으로 적용될 수 있다. 사울 이후에 다윗이 왕위를 계승한 것이나, 이스라엘 백성들이 바벨론에서 70년간의 포로생활에서부터 해방된 것이 그런 예들에 속한다. 또한 이 서문은 기도하려고 하는 사람들의 마음에 사랑과 두려움을 불러일으키는 역할을 한다. 그들은 아버지에게 기도하기 때문에 사랑을 가지게 되며, 그분이 하늘에 가득 찬 위엄을 지니신 채로 계시기 때문에 두려움을 가지게 된다.

7장. 필립 야콥 슈페너

(Philipp Jakob Spener, 1635-1705)

1. 경건주의: 설교운동

'오직 하나님의 말씀'(Sola Scriptura), 성경에 근거를 둔 독일, 스위스, 네덜란드를 위시한 16세기 유럽의 종교개혁(Reformation) 교리와 영국 청교도주의(Puritanism)의 칼빈주의 성화의 삶이 함께 만나 17세기 독일에서 이룩한 신앙운동을 교회사는 경건주의 (Pietismus)라 일컫는다. 영국 청교도주의가 대륙에 전달된 것은 청교도 인물들과 경건서적이 중요한 수단이 되었는데, 그 중 성도의 실질적 삶을 주제로 한 청교도주의 경건서적들이 보다 강력한 매체가 되었다.

Philipp Nikolaus Kilian, *Philipp Jacob Spener* 1683, 구리 조각

17세기 당시 독일을 위시한 유럽의 서점가에는 자국어로 번역된 영국 청교도주의 경건서적이 홍수를 이루고 있었다. 요새말로 청교도주의 경건서적들이 베스트셀러가 되었다. 물론 루터교회가 다수인 독일에서는 칼빈주의 신학을 근본으로 한 청교도주의 경건서적에 처음에는 강한 거부 반응을 보였지만, 시간이 흐를수록 성경과 더불어 교인들의 가정 필독서가 되는 것을 금할 수 없게 되었다. 이렇게 하여 청교도주의는 유럽 대륙의 교회에 강력한 영향을 주기에 이르렀고, 급기야는 새로운 교회운동을 형성하였는데, 곧 독일 경건주의 운동이었다.

종교개혁 이후 최대의 경건운동으로 정의되는 경건주의는 다양한 관점에서 이해되고 있다.

첫째, 죄로 인해 감각 없이 잠들어버린 교회를 성령의 역사로 깨우고 일으키는 영적 부흥운동(Revival Movement) 또는 각성운동(Awakening Movement)으로 일컫는다.

둘째, 새롭게 된 심령은 육적인 쾌락을 추구하는 삶에서 벗어나 주께로 돌아오는 회개와 함께 성경이 원하는 교회를 재형성(Re-Form)하며, 성도들은 세상의 빛과 소금으로서 사명을 다해 새로운 변화를 추구하는 개혁운동(Reform Movement) 또는 갱신운동(Renewal Movement)으로 부른다.

셋째, 사람들이 영적으로 뭔가 새롭고 의미 있는 일을 하기 위해서는 인간 안에는 새롭게 할 만한 것이 없음을 인정하며 어떻게든지 하나님의 말씀인 성경을 우리 사이에 가까이 하기를 원해, 모든 성도들이 경건모임을 통해 함께 성경을 읽고 배우며 묵상하고 실천하기를 원했던 전 교우운동(Lay Movement), 소그룹운동(Conventicle Movement) 또는 성경운동(Bible Movement)으로 정의된다.

넷째, 심령의 부흥과 각성을 경험한 성령 충만한 설교자들이 먼저 있었으며, 진리의 빛이 넘치며 뜨거운 가슴으로 회개와 거듭남을 열정적으로 외쳤던 영감 넘치는 많은 설교가 행해졌고, 그 설교를 듣고 변화된 삶을 현장에서 우리 주님의 인격으로 실천하며 사회를 역동적으로 이끌어갔던 많은 숨은 크리스천들이 나타났던 설교운동(Preaching Movement)으로 부른다.

그 가운데 특히 설교운동 경건주의에 초점을 맞추려고 한다. 방송, 신문, 잡지 등 매스컴이 오늘날처럼 발달되지 않은 시대에는 설교의 역할은 특히 강력했다. 물론 마이크 시스템이 없었던 시대, 교회는 효과적인 공명을 위해 예배당 건축에 많은 정성을 기울였음도 우리는 잘 안다. 아무리 좋은 사상이라도 잘 전달되어 사람들의 마음을 움직이지 못할 때, 그리고 하나의 호응으로 연결되지 아니할 때, 사장되기 일쑤였기 때문이었다. 그래서 당대 대부분의 위대한 지도자, 사상가들은 일반적으로 좋은 언변을 가진 자였다. 특히 설교는 모든 사람을 대상으로 하기에 지적 수준의 고저가 문제될 수 없었고, 신분의 고하를 따질 필요도 없었다.

당시 도서구입비는 인쇄술이 발달되지 못하여 경제적으로 많은 지출을 요구했다. 설교는 이런 면에서 경제적이었고, 언제든지 장소를 옮겨갈 수 있는 기동성과 현장성을 가지고 있기도 했다. 이러한 면은 어느 정도의 지식수준과 경제력을 요구하는 글 또는 책과는 달랐는데, 이런 맥락에서 설교가 갖는 대중성은 곧 수월성으로 인정할 수 있을 것이다.

17세기 경건주의 역시 다르지 않았는데, 경건주의자들은 영적이고 보다 힘 있는 설교를 통해 교회가 영적 각성과 부흥을 경험하며, 16세기 종교개혁이 원하는 갱신된 교회로 나아가기를 추구했다. 이 땅에 존재했던 성경의 초대교회를 모델로 하여 주의 몸 된 교회를 형성하기를 원했다. 특히 경건주의자 슈페너의 저서 『피아 데시데리아』(*Pia Desideria*, 1675)를 중점적으로 다루면서 설교운동 경건주의를 이해할 것이다.[1]

---

[1] (루터교회) 경건주의 창시자로 불리는 필립 야콥 슈페너(Philip Jakob Spener, 1635-1705)의 주저 『피아 데시데리아』(*Pia Desideria*, 경건한 요망; 약자 PD)는 1675년 독

2. 슈페너의 설교이해

> 설교자의 직분은 교회의 개혁을 위한 모든 일에 최우선이 되어야 한다. 그러한 자세가 부족할수록 더 큰 피해를 가져오기 때문에, 목사는 무엇보다도 바르고 참된 성도들을 늘리는 일에 가장 중점을 두어야 한다. 그러한 성도들만이 참된 하나님의 진리를 소유하며, 그 진리를 능력 있게 다른 사람들에게 전할 수 있는 것이다(PD 138).

슈페너는 바른 교회를 위해 설교의 갱신을 우선적으로 추구했다. 설교의 형식, 논리, 수사, 횟수가 문제가 아니고, 설교의 방향, 내용, 질이 중요하다는 사실을 인식했다. 경건주의는 성도의 내적 경건과 고난당하는 자를 위한 위로에 초점을 맞추는 설교가 행해져야 함을 강조했다. 그러면서도 한편으로는 높은 강단에서만 선포되는 설교만으로는 충분하지 않음을 잊지 않았다. 그래서 경건주의는 성경읽기, 성경이해와 연구, 그와 더불어 영적 대화를 위한 성도들의 경건모임도 도입하게 된다. 설교에 모든 것을 거는 목회는 한계를 가지고 있음을 알았다.

> 모든 성도들이 개인적으로 성경을 읽는 시간을 갖는 것은 매우 바람직한 일이다. 가능하다면 모든 성도가 정해진 시간에 공식적으로 교

일 라인 강변의 프랑크푸르트에서 출간되었다. 이 저서는 독일에서 경건주의 운동을 일으키는 원동력을 제공하였다. 필자가 독일어를 직접 번역하여 1990년 한국에 소개하였다. 소책자인 PD는 주도홍 편저, 『독일 경건주의』(도서출판 이레서원, 2003), pp. 44-165에 자리 잡고 있다.

> 회에 모여서 설명 없이 순서에 따라 한 사람씩 앞에 나와 성경을 소리 높여 낭독하는 것도 좋을 것이다. 물론 이때 중간 중간 짤막한 요지를 말해 줄 수도 있다. 이러한 일은 성경을 잘 보지 못 하거나 전혀 읽을 수 없는 성도들 혹은 아직 성경을 소유하지 못한 성도들의 경건을 위해서 매우 유익하다(PD 118).

게다가 슈페너는 당시 실질적 대안이 없으면서 너무 신학적이거나, 비현실적으로 행해지는 설교도 경계하였다. 설교가 성도들의 현장 삶을 위해 구체적이고, 실천적이 되어야 함을 잊지 않았다. 특히 정통주의 신학과 계몽주의의 영향으로 17세기 독일교회의 목사들은 설교에 있어서 신학적 지식과 논리, 화려한 수사에 많은 관심과 노력을 쏟고 있었다. 다른 말로 신앙의 외적, 공적 고백과 인간 외형에 관심을 집중하고 있었다.

결국 자신이 속한 교회 성도들의 영적 상황이나 경건생활을 고려하지 않게 되고, 목사 자신의 명예를 좇는 오류를 범하게 되었다. 여기에 경건주의는 보다 다른 영적인 설교를 강조하며, 설교자들의 변화를 촉구하기에 이르렀다.

> 설교는 무엇보다도 성도의 신앙과 신앙의 열매들을 가장 잘 맺게 하는데 목적을 두어야 한다. 요즈음 우리 교회 중에는 설교의 횟수가 충분하지 않은 곳은 별로 없다. 그러나 지각 있는 성도들은 그렇게 많이 행해지는 설교들 중에는 적지 않은 결함을 발견하고 있다. 아울러 그러한 설교들 중에는 학식 있는 자들만을 위한 것으로, 일부 평범한 성

도들이 이해하기 어려운 것들도 있다. 설교에 너무 많은 원어를 사용하기 때문이다. 그 설교는 어쩌면 참석한 성도들 중 어느 한 사람도 이해하지 못했을 것이다. 많은 설교자들은 서론이 매우 세련되고 전체적으로 짜임새 있는 설교를 하는데 노력을 기울인다. … 설교가 전해지는 강단은 설교자의 화려한 수사학이 과시되는 곳이 아니라, 순전한 주님의 말씀이 능력 있게 선포되는 곳이어야 한다. 그 말씀이 사람들을 구원하는 유일무이한 하나님의 방법이기 때문이다. 모든 것은 이를 향해 초점이 맞춰져야 한다. 아울러 설교자는 자신의 설교를 성도들의 삶과 수준에 맞추어야 한다(PD 157).

3. 내적 인간을 겨냥하는 설교

경건주의는 참 믿음이 보여 주는 그 열매로서 성도의 진정한 삶을 강조한다. 그럼에도 외적으로 보이고, 타인에게 과시하는 윤리적 삶에만 치중하지는 않았다. 외적 윤리 및 외적인 열매에만 관심을 쏟게 될 때, 내적 인간의 변화를 수반하지 않은 채, 이러한 행동이 크리스천의 삶으로서 판단의 근거가 될 때, 한갓 위선으로 나타날 수 있다는 판단이었다.

성도의 진정한 삶의 변화는 내면의 변화가 먼저 와서 맺혀지는 자연스러운 삶의 열매여야 한다는 것이었다. 내적 인간의 변화가 없이 외적 행위만의 강조가 가져올 수 있는 위험성을 경건주의는 간파하였다. 여기에 새로운 인간을 향하여 설교가 강력한 수단임을 인식하고,

설교자들의 설교가 근원적으로 바뀌어야 할 것을 인식했다. 한 마디로, 영적이고, 내적 인간을 깨우치고, 새롭게 하는 설교를 추구하게 되었다. 내적 인간을 깨우는 힘 있는 하나님의 도구는 말씀과 성례임을 믿었는데, 성례는 보이는 말씀으로서의 이해에 근거를 두고 있다.

> 가장 중요한 것은, 우리의 모든 기독교 신앙은 인간의 내면과 새로운 인간에 근거를 두고 그 정신은 신앙이며 그 역할은 삶의 열매들이라는 점에 설교의 모든 초점이 맞추어져야 한다는 점이다. 설교에서는 살아 활동하는 신앙을 북돋아 주어야 한다. 내적 인간을 겨냥하는 하나님의 은혜는, 신앙이 그리고 그 신앙 안에서 내적 인간이 더욱 강해지는 것으로 표현될 수 있다. 그러나 만약 우리들이 외적으로 행해지는 부도덕을 중지하고 외적 덕을 실천하는 등 단지 외적 인간에만 모든 것을 집중한다면, 그러한 선행은 결코 우리에게 참 만족을 주지 않는다. 이러한 선행은 이방인의 윤리와 조금도 다름이 없기 때문이다. 참으로 내적 인간을 생각하지 않고 행해지는 모든 일들은 위선이라는 사실을 우리의 마음에 분명히 깨달아야 한다. 우리가 늘 힘써야 할 것은, 진실함으로 행하여 하나님의 사랑, 내 몸과 같은 이웃 사랑을 바르게 깨우치며, 이러한 모든 태도와 더불어 활동하는 일이다. 말씀과 성례를 통하여 모든 하나님의 수단이 내적 인간을 얼마나 놀랍게 움직이는지 쉬지 않고 보여 주어야 한다(PD 158-159).

4. 모델 설교자 요한 아른트

우리는 경건주의가 갖는 날카로운 영성, 곧 영적 예민성을 발견한다. 내적 인간을 향하는 영적 설교는 진정으로 인간을 새롭게 하고, 변화시킬 뿐 아니라, 그 내적 인간이 주의 성전의 지체가 됨을 인식하여 자신의 사역에로의 소명을 확실히 인식하여 새로운 사명감을 갖게 한다는 사실이다. 주의 몸 된 교회의 영적 지체로서 자신의 할 일을 인식하는 계기를 가져온다는 말이다. 그러니까, 외형적인 삶의 변화, 윤리적 태도의 열매를 가져올 뿐 아니라, 하나님 나라의 일군으로서 자신의 영적 소명을 확실히 갖게 된다는 말이다.

여기에 교회의 엄청난 영적 갱신과 풍요로운 경건이 성도의 삶에서 꽃피게 될 것을 확신했다. 이를 위해 슈페너는 아른트(Johann Arndt, 1555-1621), 타울러(Johann Tauler, 1300-1361)의 설교들이 좋은 모델이 됨을 강조했다. 설교뿐만 아니라, 교회에서 가르치는 교리들도 내적 인간을 겨냥하는 데 방향이 맞추어져야 할 것을 슈페너는 잊지 않았다. 한 마디로 경건주의는 강력한 목회 지향적 추구를 모든 면에서 시도하였다(PD 160).

> 하나님의 일을 눈에 보이는 예배당에서 행하는 것만으로는 족하지 않다. 우리의 내적 인간이 자신 안에 있는 각자의 성전에서 결정적인 사역을 행해야 한다. 그러한 일들에 설교의 초점이 맞추어져야 한다. 여기에 모든 기독교 신앙의 참된 능력이 존재하고 있다. 만약 그렇게 된다면, 성도의 경건은 엄청나게 고양될 것이다. 지금까지 일어났던

그 어떠한 결과보다도 말이다. 요한 아른트의 설교집을 통하여 우리는 이에 해당하는 놀라운 예를 발견하게 된다(PD 159).

슈페너는 왜 아른트의 설교를 힘 있게 추천하였을까?

특히 아른트의 설교집 『진정한 기독교』(*Wahres Christentum*, 1605-1610)를 향한 슈페너의 지지는 전폭적이었다.[2] 그 지지의 근거는 몇 가지로 열거할 수 있다. 물론 아른트를 향한 "잘못된 이해와 곡해"가 (PD 160) 있었지만, "탁월한 선생, 루터의 계승자로서 루터와 같은 입장에서 행했던 사람"으로 슈페너는 평가하기 때문이다.

첫째, 아른트가 "모든 것을 성경에 근거를 두고 생각하고 형성된 바른 교리이며 무엇보다도 잘못된 교리와는 거리가 멀다는 것을" 확신했다(PD 164).

둘째, 아른트의 대부분의 저서가 내적 인간에 방향을 맞추고 있다.

셋째, 그의 설교 역시 모든 교회를 향해 내적 인간에 초점을 맞추고 있다.

넷째, 많은 독자들의 경건생활에 영향을 주어, "수천의 경건한 영혼들이 아른트의 체계 있는 바른 신앙사역에 힘입어 새로운 능력을 체험했으며, 그러한 놀라운 작품에 대하여 하나님께 겸손한 감사를" 돌렸다.

다섯째, 아른트의 저서는 "일반적으로 호기심에 가득한 독자의 요구들에 의해서 순간적으로 팔려지는 책들과 다르다"(PD 160).

---

2 아른트의 이 저서(『진정한 기독교』)는 한국의 은성출판사에서 번역 발간되었다.

> 이 책에 있는 모든 내용들은 참되고 바른 신앙에 근거한 바람직한 경건에 도움이 될 것이다. 바른 신앙이란 사람들이 인정하는 교리들에 근거를 둘 뿐 아니라, 내적 인간을 겨냥하는 살아있는 지식으로 가득한 기독교적 삶을 목적으로 한다. 나는 부지런한 독자들에게 『진정한 기독교』뿐만 아이라 요한 아른트의 다른 저서들도 추천하고 싶다(PD 164).

슈페너는 아른트뿐 아니라, "하나님의 사람"(루터의 표현) 타울러의 설교도 추천하는데, 슈팔라틴(Spalatin)에게 보낸 루터의 편지들에 근거를 두고 있다. 슈페너는 타울러의 설교집을 자신의 서문과 함께 1681년 프랑크푸르트에서 발간하기도 했다. 슈페너는 "타울러의 책들은 위대한 루터의 저서 다음으로 훌륭한 저작들이다"(PD 149)라고 높은 평가를 하는데, 이러한 말 역시 당시 독일교회의 굳은 정통주의와 계몽주의의 이성적 분위기를 염두에 둔 발언이라 생각한다.

슈페너가 동의하고 있는 타울러를 향한 루터의 말은 어떤 것들인가?

무엇보다도 타울러 저서들이 순수한 구원교리를 잘 보여 주고 있음을 밝힌다.

> 만약 여러분이 독일어로 된 옛 순수 신학을 읽기 원한다면, 수도사 설교자였던 요한 타울러의 설교들을 읽기 바랍니다. 나는 아직까지 타울러의 신학보다 더 순수하고 구원의 능력을 말해 주며 복음에 일치하는 라틴어나 독일어로 된 신학을 발견하지 못했습니다. … 또 다시 여러분에게 당부합니다. 나의 말을 믿고 따라 주시기 바랍니다. 내가 이미 여러분에게 당부한대로, 구입할 수 있다면 타울러의 책을 구입

하기 바랍니다. … 그 책에서 여러분은 순전한 구원교리에 대한 방법을 배울 것입니다. 대조적으로 모든 다른 교리는 이제 쇠나 흙과 같이 되었습니다(PD 149-150).

5. 심오함이 있는 설교

설교운동 경건주의는 17세기 이성주의가 판을 치기 시작하는 계몽주의, 그리고 화석화되어가는 신학적 정통주의가 독일교회를 움직이기 시작할 때, 황폐화되어가는 독일교회를 바라보며 예레미야 9:1의 애가를 부르며(PD 55), 진정한 설교가 회복되어 하나님이 원하시는 교회로 거듭나기를 간절히 소망했다.

우선적으로 설교자들이 복음에 근거한 설교를, 설교의 영성을 회복하기를 원했다. 심오성, 신비성, 내면성, 경건성을 소유한 설교를 내적 인간을 향해 선포해서 영적으로 각성하고 부흥하기를 원하며, 위로받은 새로워진 인간으로 영적 소명을 바로 인식하여 하나님의 교회가 풍요로워지기를 소망했다.

이런 맥락에서 아른트나 타울러의 설교는, 복음의 순수성, 심오성과 신비성을 분명히 소유한 설교로 슈페너는 인식했다 하겠다. 이것이 다름 아닌 경건주의자 슈페너가 설교자들에게 그토록 간절히 소망했던 경건한 요망, '피아 데시데리아'였다 하겠다! 과연 슈페너는 오늘 21세기 한국교회의 설교자들에게 무엇을 간절히 소망할 것인지 묻게 된다.

■ 슈페너의 설교

그리스도의 수난에 대한 묵상(눅 18:31-43)[1]

우리는 모든 신조들을 열심으로 묵상해야 한다. 그러나 신조들 중에도 다른 것들보다 더 중요하며, 더욱 열심으로 더욱 빈번하게 묵상해야 할 것들이 있다.

그중에서도 우리 구주 예수 그리스도의 고난과 죽으심보다 더 중요하고 더 필요한 조목은 없을 것이다. 우리는 그것을 거룩한 진리라는 건물이 의지할 바 가장 중요한 기초로 간주하며, 우리 기독교가 추구해야 하며 우리가 파악해야 할 진리로 여겨야 한다. …(중략)… 복음서에는 이러한 묵상을 하는 방법을 분명하게 가르치지 않았다. 그러나 그러한 묵상을 해야 한다는 근거는 발견할 수 있다. …(중략)…

이미 하나님께서 선지자들에게 선포하신바 있으며 하나님은 진리의 하나님이시므로 우리는 그리스도의 수난을 필요한 수난으로 여긴다…(행 2:23; 사 53:5…). 또한 하늘 아버지께서 우리의 화목을 위해, 그리고 자신의 공의를 위해 필요로 하시는 것을 지혜로이 내려 보내셨다는 점에서 그리스도의 수난은 충분한 고난이다 … 우리는 그리스도의 수난이 아버지께 대한 순종이었다는 점에서 거룩한 수난이라고 여긴다(빌 2:9). …(중략)… 우리가 그리스도의 수난을 바르고 유익

---

[1] 피터 C. 어브 편, 『경건주의 자들과 그 사상』, 엄성옥 역 (은성, 1994), 108-116.

한 방법으로 묵상하기를 원한다면, 그것이 주께서 순간 순간 당하신 고난 즉 겟세마네 동산, 대제사장의 집, 빌라도의 법정에서 벌어진 일 등 각 시점에서 발생한 사건들과 끔찍한 일들을 생각하는 것으로 이루어지는 것이 아니라는 것을 기억해야 한다. …(중략)…

유대인들의 신실치 못함, 대제사장들의 악의, 사도들의 절개 없음, 빌라도의 공정치 못함, 백성들의 악, 주님을 십자가에 못 박고 조롱하고 악하게 취급하며 주님을 저주하고 놀려대던 병사들에 대해 생각하는 것이 묵상은 아니다. 또한 자신이 그리스도의 큰 고난에 공감하고 함께 고난을 당해야 한다거나 주님이 당하신 고난을 인하여 눈물을 흘리는 것이 합당한 묵상 방법이 아니다. 많은 사람들이 이러한 기교 안에 자신의 묵상을 두려고 노력한다. 그러나 그리스도는 항상 말씀하신다.

"나를 위하여 울지 말고 너희와 너희 자녀를 위하여 울라"(눅 23:28).

우리는 이 말씀에 "너희 죄를 인하여 울라"는 말씀을 덧붙여야 할 것이다. 주님의 고난은 우리의 죄로 인해 발생한 것이므로 우리는 마땅히 자기의 죄를 인하여 울어야 하며, 또 구세주를 그처럼 큰 고난을 당하게 만든 일을 인하여 울어야 한다.…(중략)…

그러므로 그리스도의 고난에 대한 묵상은 다음과 같다.

첫째, 우리 죄에 대한 진정한 묵상이 되어야 하며, 그러한 방법에 의하여 우리는 거룩한 의(義)의 능력 및 인간의 죄에 대한 하나님의 분노를 이해할 수 있다.

둘째, 우리는 우리의 죄, 즉 나와 여러분의 죄가 주님으로 하여금 그처럼 큰 고난을 당하게 만들었다는 것을 기억해야 한다. 우리의 죄가 곧 주님을 때린 채찍과 주먹이요, 주님을 찌른 가시요, 주님을 십자가에 박은 못이다. 그것이 주님에게 상처를 주고 잔인한 고난을 당하게 만든 것이다.

셋째, 우리는 예수께서 당하신 고난은 우리가 당했어야 하는 것이었음을 생각해야 한다. 예를 들어, 주께서 자기 제자들로부터 좋지 않은 대접을 받으신 것을 묵상할 때에, 모든 피조물로부터 신실치 못한 대접을 받아야 하는 사람은 바로 나 자신임을 기억해야 한다. 또 갈보리에서 피 흘리시고 죽으신 일을 생각할 때, 나 자신이야말로 영원히 죽어야 마땅한 사람이요, 이 세상에서도 쓰라림을 맛보아야 한다는 것을 생각해야 한다.

넷째, 우리가 자신의 특수한 죄와 그리스도의 특별한 고난을 묵상하면서 거룩한 공의가 그리스도 안에서 "눈에서 눈으로"(jus talionis)라는 법으로 실천되었음을 볼 수 있으면, 우리의 묵상은 보다 유익한 것이 될 수 있을 것이다. 이것은 그리스도께서는 인간이 하나님을 거슬러 범죄한 분량만큼 고난을 받으셔야 했다는 것을 의미한다. 우리가 육체로 더불어 행하고자 하는 모든 죄와 육체의 정욕들 때문에 우리는 특히 육체의 고난을 받아야 마땅하다. 육체의 정욕을 좇는 한 우리는 영원토록 이러한 고난을 받아야 한다.

이런 식으로 그리스도의 고난에 대해 묵상을 한다면, 우리는 참된 열매와 유익을 얻을 수 있을 것이다. 우리가 그리스도의 고난을 묵상하며, 그로 말미암아 통회하고 죄를 미워하게 된다면, 그만큼 우리 영혼 안에서 참되고 살아 있는 믿음이 강건해지고 지속 된다.

어거스틴과 루터는 그리스도의 고난을 두 가지로 여겨야 한다고 지적했다.

첫째, 우리의 축복을 위해 주어진 선물이요 능력이요 열매이며,

둘째, 우리가 본받아야할 모범이다. 그리스도의 고난을 단순히 하나의 선물로 이해하고 의지하는 것으로는 충분하지 못하다. 우리는 그것을 우리가 좇아야하는 모범으로 여겨야 한다. 따라서 되도록이면 자주 그것을 묵상하면서 그때마다 그리스도에게서 보는 것들에 관해 생각하여, 그리스도를 닮은 마음을 갖게 되고 진실로 그를 따르게 된다면, 그것은 유익한 묵상이다. 그리하면 우리는 그리스도의 일생, 특히 그의 고난 속에서 가장 고귀하고 주요한 덕들의 순수한 본보기를 분명히 보게 된다. 먼저 우리는 주님 안에서 아버지 하나님께 대한 순종을 본다… 그리고 하늘 아버지께 대한 깊은 신뢰도 볼 수 있다… 또한 사랑하는 구세주의 사려 깊은 기도의 모범, 그리고 고난을 당하시면서 나타내신 인내도 볼 수 있다 ….

우리는 그리스도의 고난 속에서 하늘 아버지를 향해 나타내신 위대하신 덕들을 볼 수 있을 뿐만 아니라, 그리스도께서 인간을 향해 지니고 있었던 덕을 볼 수 있는데, 우리는 항상 그것들을 묵상하고 본받아야 한다.

첫째, 주님은 고난을 통해서 우리를 향한 사랑을 나타내셨다. 그러므로 주님은 사랑의 불 속에서 태워진 유월절 양이라고 말할 수 있다. 주님이 고난을 당하신 까닭은 우리를 사랑하셨으며 자신을 희생시킴으로서만 우리를 도울 수 있었기 때문이다. 따라서 주님은 우리가 구원을 잃도록 버려두시기보다는 자기 자신을 깊고 무거운 고난에 던지

시기를 원하셨다 … 그리스도의 고난 속에는 하늘 아버지의 뜻을 거역하지 않았다는 깊은 인내심뿐만 아니라 자신을 고난에 처하게 만든 인간들을 대적하지 아니하시고 기꺼이 그들이 하는 대로 내버려두신 인내심도 볼 수 있다… 특히 우리는 주님이 고난을 당하시면서 원수들에게 나타내신 온유하심을 주목해야 한다 … 마지막으로, 우리는 그리스도에게서 훌륭한 겸손을 본다 …. …(중략)…

둘째, 사랑하는 우리 구주는 자신의 고난을 대가로 치르시고 우리를 사시어 자기 것으로 삼으셨다. 이 행위는 우리를 주님에게 묶어준다. 우리는 더 이상 우리 자신의 것이 아니라 진실로 주님의 것이 된다. 그러므로 우리는 이제는 자신의 뜻을 따라 살지 않고 온전히 주님의 기쁘신 뜻을 위하여 살아야 한다. 우리는 그리스도의 고난을 생각할 때마다 우리에게 진정한 경건에 이르라고 강권하시는 주님의 행동을 기억해야 한다(고후 5:14-15) ….

나아가 우리는 그리스도의 고난은 우리로 하여금 열심으로 경건을 실천하라고 속박하고 있다는 것을 생각해야 한다. 왜냐하면 그의 고난으로 말미암아 우리는 육체를 죽이고 정복할 능력을 얻었기 때문이다. 그러므로 우리는 자신의 능력에 따라 이 능력을 활용해야 한다(롬 6:5, 6-11) …. 이것이 그리스도의 고난을 묵상하는 올바른 방법이다. 그것은 사람들에게 힘을 주어 죄를 알고 회개하고, 믿음과 경건을 좇아가게 해 준다. 여기에 이를 수 있는 방편은 다음과 같다.

첫째, 하나님의 말씀이다.

하나님의 말씀은 우리가 묵상할 바 그리스도의 고난이라는 사적과 그 열매를 제공할 뿐만 아니라, 우리의 묵상에 적합한 것을 우리 영혼에 새겨주는 능력도 지니고 있다. 따라서 그리스도의 고난에 관한 기사를 열심히 경청하고 묵상함으로써 우리는 묵상하는 데 필요한 능력을 창출해 내게 된다.

둘째, 세례이다.

우리는 세례 속에서 능력 그 자체를 발견한다. 그러므로 로마서 6:3에는, 다음과 같이 기록되어 있다.

> 무릇 그리스도 예수와 합하여 세례를 받은 우리는 그의 죽으심과 합하여 세례 받은 줄을 알지 못하느뇨(롬 6:3).

셋째, 성만찬도 이 묵상을 위한 고귀한 방편이 된다.

사실, 우리는 성찬의 음식을 먹음으로서 그리스도의 사망의 능력을 받으며, 자신 안에서 주님의 고난을 상기하게 되므로 성찬과 고난의 묵상은 병행한다고 볼 수 있다(고전 11:25-26).

넷째, 기도이다 ….

다섯째, 성경에서는 금식과 기도가 함께 언급되고 있다. 그러므로 금식도 역시 기도와 더불어 그리스도의 고난을 묵상하기 위한 표면적이면서도 필요한 방편이다.

이런 까닭에 초대교회 시대에는 그리스도의 고난을 묵상할 때에 금식하는 관습이 있었다. …(중략)… 그러나 불행하게도 이러한 금식은 곧 다른 면에서 부패하게 되어 자신의 공로를 얻기 위해 필요한 것으로 여겨지게 되었고 자유의지에 따른 금식은 사라지고 단순히 인간적인 육체의 관습으로 정착되고 말았다. …(중략)…

사랑하는 형제들이여!

우리는 지금까지 그리스도의 고난을 어떻게 묵상해야 하는지에 대해 이야기해왔다. 이제는 더 이상 말하지 말고 그것을 실천에 옮기자. 축복은 회개와 믿음과 그리스도를 따르는데 있다는 것을 우리는 알고 있다. 그리고 그리스도의 고난을 묵상하는데 큰 도움이 된다는 것도 알고 있다. 그러므로 우리는 자기의 영혼의 유익을 위하여 주님을 의지하며 그에게 영광을 돌려야 한다. 우리는 모두 이 시간을 경건한 목표를 위해 사용하기로 동의하며, 또 진심으로 하나님의 은혜를 구하게 되기까지 서로 떠나지 말자 ….

8장. 대부흥운동의 설교자들

조나단 에드워즈(Jonathan Edwards)

요한 웨슬리(John Wesley)

조지 휫필드(George Whitefield)

1. 설교의 원죄

> 너는 하나님 앞에서 함부로 입을 열지 말며 급한 마음으로 말을 내지 말라 하나님은 하늘에 계시고 너는 땅에 있음이니라 그런즉 마땅히 말을 적게 할 것이라(전 5:1).

설교자 솔로몬의 입을 통해 전도서에서 주신 하나님의 말씀이다. 분명 설교자가 묵상해야 할 귀한 말씀이다. 너무 긴 설교를 하는 설교자들이 들어야 한다는 것은 꼭 아닐 것이다. 25분은 적당하고, 40분은 너무 길다는 말도 아니다. 하나님의 말씀의 대언자로서 설교자가 가져야 할 영적 경외를 그리고 두려움과 심히 떨리는 마음으로 그래서 성령의 나타남과 능력을 사모하며 십자가의 복음을 전했던 바울을 상기시킨다.

설교자는 많은 말을 해서 하나님의 뜻을 회중들에게 전하기 위해 갖은 애를 쓴다. 성경공부, 소그룹모임, 제자훈련 등을 통해 어떻게라도 하나님을 아는 지식(Cognitio Dei)이 성도들에게 강이 바다를 덮음같이 넘쳐나기를 소망한다. 참으로 아름답고 귀한 일임이 틀림없다. 그런데 설교자들이 잊지 않아야 할 중요한 한 가지 사실이 있다. 그것은 하나님의 말씀과 인간의 말을 혼동하지 않고, 확실하게 구별해야 하는 일이다. 만약 설교자가 이 필수불가결한 구별을 망각하거나 저버릴 때 '설교의 원죄'를 범하는 중대한 과오를 저지르게 되는 것이다. 교회로 모인 성도들은 하나님의 말씀을 들으려 하지, 인간의 음성을 들으려하지 않는다.

인간의 절망은 하나님의 음성을 듣지 못함에 있다. 여기에서 인간의 모든 문제는 파생한다. 그렇다고 하나님은 내가 직접 전할 테니 너희 인간은 침묵하라고 말씀하시지도 않는다. 여기에 설교자의 어려움이 있다. 너희가 말을 하되 하나님의 말씀만을 전하라는 것이다. 그렇지만 하늘에 계신 하나님의 말씀을 땅에 있는 설교자가 전한다는 사실을 인식할 때, "그런즉 마땅히 말을 적게 할 것이라"는 말씀이 무엇을 말하는지 알게 된다.

어쨌든 설교자는 하나님의 뜻을 따라, 하나님이 원하시기에 설교한다. 설교자를 하나님이 부르시고, 그 입에 하나님의 말씀을 주셨다. 설교는 하나님이 말씀하시기에 존재한다. 내가 설교하는 것은 하나님이 나에게 말씀하셨기 때문이다. 성경은 나에게 하신 하나님의 말씀이기에 이 말씀을 순전하고 순수하게 그리고 담대하게 전하는 설교자가 되어야 할 것이다. 그러기에 설교는 마땅히 성경의 강해, 그 성경의 전달이어야 한다. 설교자는 성경에 관해 말해서는 안 되며, 성경을 말해야 한다.

결코 설교자는 성경에 그 무엇을 첨가해서 말해서는 안 되고, 오직 하나님의 말씀을 따라 말해야만 한다. 설교의 주인은 하나님이시고, 설교자와 회중에게 요구되는 것은 그 주인을 향한 순종뿐이다. 그러기에 설교의 유일한 근원은 하나님이시다. 그렇다고 그 설교를 들어야 하는 사람, 회중을 의식하지 말라는 말은 아니다. 사람들은 하나님의 말씀을 필요로 한다. 고난 중에 살아가는 사람들에게 전달되는 위로로서 뿐 아니라, 생의 방향을 제시하는 진리로서 하나님의 말씀이 사람들에게 요구된다. 루터의 말을 가져오면 복음(Evangelium)과 율법

(Gesetz), 곧 하나님의 긍정(Ja)과 하나님의 부정(Nein)이 사람들을 향해 선포된다. 설교함은 그리스도 예수를 전하는 것으로, 십자가를 지시고, 사흘 만에 부활하신 그리스도 예수를 말하는 것이다. 그러기에 설교는 양이 문제가 아니라, 진정한 내용 곧 질이 강조되어야 한다.

2. 대부흥운동

> 에드워즈는 이미 도화선에 불을 붙이고 휫필드는 폭발시켰다
> (P. Miller).

북미와 유럽에서 이성에 의한 합리적 사고를 내세우는 계몽주의(Enlightenment)가 판을 치던 18세기, 오직 하나님의 말씀 위에 서서 교회의 영적 갱신과 부흥을 갈망하는 인물들을 중심으로 부흥운동(Revival Movement), 각성운동(Awakening Movement) 또는 갱신운동(Renewal Movement)이 일어났다. 사도행전 2장에서 보여 주는 대로 부흥운동과 각성운동은 동전의 양면을 보여 주는데, 회개와 갱신의 측면을 강조할 때 각성운동과 갱신운동으로, 성령의 인도를 받는 변화된 성도의 삶에 초점을 맞출 때 부흥운동으로 일컬을 수 있을 것이다. 냉철한 각성운동 없는 부흥운동은 없으며, 뜨거운 영적 부흥이 일어나지 않은 회개운동만으로도 어색하고 뭔가 부족하다.

신대륙 북미에서는 조나단 에드워즈(Jonathan Edwards, 1703-1758)가 영적 갱신을 외쳤으며, 영국에서는 요한 웨슬리(John Wesley, 1703-

1791)가 부흥의 주역으로 활약했고, 북미와 영국을 오고가며 뜨거운 열정의 부흥설교가로 활약한 인물은 에드워즈와 웨슬리보다는 11년 연하인 영국 출신 열정적 부흥사 조지 휫필드(George Whitefield, 1714-170)였다. 부흥운동에 대한 정의가 다양하게 제시되는데, 교회사적 맥락에서 이해되는 부흥운동에 관한 정의를 채택하도록 할 것이다.

에드워즈의 부흥운동은 17세기 중후반 독일에서 출현한 보다 폭넓은 경건주의 부흥운동과 긴밀한 관계를 갖는 영적 운동으로, 전 세계 프로테스탄트교회의 갱신운동과 융합되어 나타났다. 에드워즈 시대 영어권에서 이러한 힘들이 모아져 대부흥운동 내지는 대각성운동으로 표출되었다. 특히 독일 경건주의가 강조한 개개인의 내면적 신앙체험과 그리스도인의 사역과 삶 속에서 드러나는 보다 강력한 능동적 헌신이 18세기 부흥운동에 영향을 주었다.

오늘 하나의 질문은 그리스도인의 헌신과 삶에 있어서 신앙적 감정, 정서 또는 성향(religious affections)은 어디에 위치하는지 일 것이다. 단순한 감정주의는 부흥운동의 비판의 대상이었다. 역사적 맥락에서 볼 때 부흥운동이 신앙적 정서를 내세운 것은 정통주의자들의 교리주의와 머리의 신앙을 겨냥해 전인적 관점에서 마음의 신앙의 중요성과 균형을 제기했다고 볼 수 있다. 정서를 동반한 신앙적 지식(affecting knowledge)이 에드워즈를 중심한 부흥운동의 인물들의 관심이었다.

> 그리스도인은 하나님이 영광스럽다고 이성적으로 믿을 뿐 아니라 그의 마음속에 그것에 대한 감각을 가진다(에드워즈).

이처럼 대부흥운동은 전인적 신앙을 추구한 신앙운동이었다.

3. 조나단 에드워즈(1703-1758)

Jonathan Edwards

"미국 출신의 첫 번째 위대한 설교자"가 되기까지 에드워즈는 중요한 두 가지 체험을 갖게 되었다.
첫째, 딤모데전서 1:17을 읽으면서 갖게 된, 하나님의 임재에 대한 신비한 종교적 체험으로, 하나님의 주권교리를 비로소 받아들이게 되었다.

> 이 말씀을 읽을 때 내 영혼 속에 하나님의 영광이 파고드는 것을 느꼈다. 이것은 내가 이전에 경험한 것과는 아주 다른 새로운 감각(sense)이었다.

둘째, 지적인 경험으로 존 로크의 『오성론』을 읽으면서 갖게 된 것으로, 영적 진리를 인식하는 데 있어 감각적 경험과 사유(thinking), 지성과 감정이 하나로 통합되어져야 함을 알게 되었다.

사실 에드워즈는 좋은 목소리도 갖지 않았으며, 그럴 듯한 제스처도 쓰지 않았던 강단설교에 적합한 설교자가 아니었다. 시력이 몹시 나빠 설교원고를 거의 눈에 바짝 붙여 읽어 내려갔으나, 충분히 뜨거운 정열과 상상력, 성령의 능력을 가진 특별한 웅변의 다른 설교자였다.

존 파이퍼(J. Piper)는 에드워즈의 설교는 하나님에 대한 그의 비전의 확대였을 뿐 아니라, 하나님의 주권에 대한 부드러운 복종이었다고 서술하면서, 하나님의 영광에 모든 것을 맞춘 그의 설교의 10가지 특성을 제시한다.

(1) 거룩한 정서, 성향을 불러일으키라

죄의 증오, 하나님을 기뻐함, 하나님의 긍휼을 감사함 등의 신앙적 정서가 일어나야 한다는 것이다.

(2) 마음을 밝혀라

좋은 설교란 청중들의 마음을 하나님의 진리로 밝히는 것으로 이해했다.

(3) 성경에 흠뻑 적셔라

성경지식에 통달하였던 에드워즈는 말하다.

"성경을 인용하라! 성경을 인용하라! 성경본문에 나오는 단어 그대로 말하고 또 말하라. 당신의 생각이 어디로부터 왔는지 청중들에게 보여 주라."

(4) 생생한 이미지로 가득 채워라

에드워즈의 설교는 강력하고 지속적인 인상을 주기 위한 온갖 비유적 표현들로 가득하다.

(5) 위협과 경고를 활용하라

"나는 사람들을 놀라게 하여 지옥으로부터 멀어지게 하는 것은 합리적이라고 생각한다. 사람을 놀라게 하여서라도 불타는 집으로부터 뛰쳐나오게 하는 것은 합리적이지 않은가?"라고 에드워즈는 말한다.

(6) 반응을 촉구하라

"죄인들은 … 구주께로 와서 그를 영접하도록 … 복음이 허락하는 모든 결정적이고 고무적인 방법을 동원하여 열렬히 초청되어져야 한다"는 것이다.

(7) 마음의 작용을 통찰하라

"에드워즈의 설교를 읽을 때마다 … 내 마음의 비밀은 드러나며, 내 마음의 기만적인 작용이 드러난다"(파이퍼).

(8) 기도 가운데 성령께 복종하라

"종종 숲이나 한적한 곳을 홀로 산책하면서 묵상하고, 독백하고, 기도하고, 하나님과 대화한다. 이럴 때 언제나 나의 숙고하는 바를 노래로 부르는 것이 나의 습관이었다."

(9) 상한 심령과 부드러운 마음을 가져라

부드러운 성품의 설교자가 좋은 설교를 한다. 목자 없는 양같이 유리하는 사람들을 향해 예수님은 마음이 온유하고 겸손하신 분이었고, 심령이 가난한 설교자이었다.

(10) 강렬하게 설교하라

에드워즈는 언제나 자신이 선포해야 하는 진리의 비중에 대해 경외감을 잃지 않았다. 에드워즈의 설교를 들었던 한 사람은 "말하는 이의 온 영혼이 개념과 전달의 모든 부분에 쏟아 부어져서 처음부터 끝까지 온 회중의 엄숙한 주의가 못 박은 듯이 고정되고 결코 지워지지 않는 인상이 남는 것이었다"고 증언했다.

4. 요한 웨슬리(1703-1791)

감리교의 아버지, 위대한 설교자 웨슬리의 생애는 1738년 5월 24일 그 유명한 런던의 알더스게이트 거리에서 행해진 한 신앙집회에서 이뤄진 특별한 회심경험과 더불어 시작된다 해도 무리는 아닐 것이다.

독일 경건주의의 '마그나 카르타'로 일컬어지는 루터의 로마서 서문이 낭독될

John Wesley의 설교장면

때, "그의 가슴이 이상하게 뜨거워짐을" 경험했던 당시 35세의 웨슬리는 비로소 종교개혁적 구원의 확신을 갖게 되었고, 하나님의 소명에 전적으로 헌신하였다. 이후 웨슬리는 공공연하게 자신이 할 수 있는 한 역동적 실천적 신앙을 불러일으켜서, 계속 유지시키고, 더욱 증가될 수 있도록 촉진시키며, 자신의 남은 생애를 모국의 복음 사업에 투자할 것을 고백하였다. 이러한 영적 감화는 웨슬리로 하여금 지치지

않고 영혼구원의 열정에 사로잡히게 하여 영국, 아일랜드, 웨일스, 스코틀랜드에 이르기까지 방방곡곡에 다니면서 영혼구원을 위해 자신의 모든 것을 아낌없이 불태웠다.

게다가 조지 휫필드의 옥외설교에 영향을 받은 웨슬리는 순회 복음전도자가 되었다. 50년 이상 하루 평균 4-5회를 설교했을 뿐 아니라, 가는 곳마다 잉글랜드 국교회 안에 감리교 공동체를 설립하여 평신도 지도자를 세워 관리하게 하였는데, 결국 나중에 감리교의 특성이 된 평신도 설교자가 등장하는 계기로 이어졌다. 1744년부터 평신도 설교자 공식 모임이 발족되었으나, 1784년에 이르러서야 교회법이 평신도 설교자를 정식으로 인정하였다. 웨슬리의 거룩한 생활과 신앙체험에 대한 그의 설교를 듣고 2만 명에 이르는 수많은 사람들이 그를 추종하며 따랐다.

웨슬리의 일기는 그가 어떤 설교자였는지를 잘 보여 준다. 말을 타고 산간벽지를 찾아다니며 쉬지 않고 복음을 전했던 웨슬리는 야외 예배당에서든지 또는 어느 곳에서든지 그리스도의 십자가를 전하는 설교자였다.

> 웅변을 할 때는 … 바위 꼭대기에서 쏟아지는 폭포수와도 같이 말을 잘 하였다.

웨슬리는 넓은 마음과 유머를 잃지 않은 설교자였음을 일기는 보여 주는데, 힘든 인생길에서도 행복을 잃지 않았고 마음의 여유와 넉넉함을 가지고 사람들을 대했다. 웨슬리는 사회의 그늘지고 어두운 면에 관심을 갖는 복음전도자였는데, 형무소, 병원, 탄광촌, 정신병원,

고아원, 광부, 술주정뱅이들을 자주 찾았으며, 기꺼이 그들의 상담자가 되었다. 웨슬리는 언제나 하나님의 임재를 의식하며, 하나님의 영광을 위해 살았던 설교자였다. 웨슬리의 설교는 꾸밈없는 솔직함과 평이함 그리고 대범함을 잃지 않았을 뿐 아니라, 교리적이라기보다는 매우 실천적이었다. 여든 살의 웨슬리는 하루에 두 번밖에 설교할 수 없음을 안타깝게 생각했는데, 그는 잠시 앓다가 88세의 일기로 세상을 떠났지만, 결코 설교로부터 은퇴한 적은 없는 영원한 설교자였다.

5. 조지 휫필드(1714-1770)

선술집 주인의 아들 휫필드는 옥스퍼드대학교에 진학하면서 웨슬리 형제의 인도를 받아 홀리 클럽(Holy Club)의 멤버가 되었고, 그의 비상한 재능은 발휘되기 시작하였다. 22세의 나이에 대학을 졸업한 휫필드는 집사로 임명받아 교도소 설교자로 활약하기 시작했다. 조금은 과장된 것처럼 보이는 설교태도 때문에 잉글랜드 국교회가 예배당에서 설교하는 것을 금지하자 휫필드는 옥외설교를 선택할 수밖에 없었다.

George Whitefield의 설교장면

에드워즈와 더불어 대각성운동에 중요한 역할을 했던 휫필드의 설교는 웨슬리, 벤자민 프랭크린(B. Franklin)을 위시한 수많은 사람들에게 강력한 영적 감화를 주었다. 천부적인 목소리로 거대한 군중을 압도하는 대단한 능력을 지녔던 휫필드의 옥외집회에 2만 5천 명, 때로는 그보다 많은 사람들이 몰려드는 경우가 적지 않았다. 스코틀랜드의 글래스고우(Glasgow)에서는 10만 명이 넘는 인파가 몰려들었다. 그의 설교는 그가 끊임없이 인간의 영혼과 씨름했음을 보여 준다. 이지적이고 명쾌한 설교자였던 휫필드는 즉각적인 회개를 요청하는 직설적 어투로 강력한 인상을 남기는 열정적 전도부흥사였다.

J. I. 패커는 철저한 칼빈주의자 휫필드의 설교가 다섯 가지 주제로 이루어졌다고 분석한다.

첫째, 하나님 앞에 돌아와 설 것. 휫필드는 하나님을 떠난 절박한 인간들에게 살아 계신 하나님 앞으로 돌아올 것을 외쳤다.

둘째, 죄인이 자신을 알아야 함. 구원을 알기 전 사람들은 자신들이 얼마나 무서운 죄인인가를 보고, 느끼고, 통탄할 수 있어야 한다는 것이다.

셋째, 예수를 바라보라. 휫필드는 다음과 같이 외쳤다.

"하나님과 평화를 누리고 싶은가?

그렇다면 값을 치르고 평화를 사신 예수 그리스도를 통해서 하나님께 나가라!"

넷째, 진정한 의를 부르짖었다. 도덕주의와 율법주의적 분위기에 젖어 있던 당시, 휫필드는 다음과 같이 외쳤다.

"예수 그리스도는 우리의 의다. … 이것이 바로 복음이며, 이것이 하나님과 화목하는 유일한 길입니다."

다섯째, 보다 굳게 하나님의 은혜를 붙잡으라.

"그리스도 안에서 경건하게 사는 자들은 … 아이가 아버지의 손을 잡고 따라가듯이 성령을 따라간다. … 하나님 안에서 거듭났으므로 습관적으로 매일 하나님과 동행하며 산다."

이처럼 휫필드는 개인구원과 경건에 초점을 맞추었던 설교를 힘주어 했던 정통주의 청교도였다.

형식적으로 볼 때, 휫필드는 원고 없는 즉흥설교를 시도하였고 그 결과는 놀라웠다. 물론 그 역시 처음에는 망설였고 조심스러웠지만 성령의 역사는 놀라웠다. 즉석 설교는 무엇보다도 청중과 직접 호흡할 수 있는 장점이 있었다. 예수님과 초대교회에서 원고 없는 야외설교, 즉흥설교가 거의 보편화되다가, 읽는 설교가 일반화된 것은 신앙이 생명력을 잃었음을 보여 준다고 휫필드는 슬퍼했다. 거기다 휫필드는 매우 드라마틱한 설교자였다. 어렸을 적부터 연극에 소질이 있었던 휫필드의 설교는 얼굴의 표정과 몸짓을 자유자재로 사용하는 마치 한 편의 연극과 같았다.

그러나 잉글랜드 국교회는 마치 연극배우처럼 설교하는 이러한 휫필드의 설교방식을 성직자의 권위를 실추하는 것으로 비판하며, 국교회 안에서의 설교를 용납하지 않았다. 이렇듯 하나님은 복음전도자 휫필드를 자연스럽게 광야와 야외에서 그 어디서든지 즉흥설교를 하는 설교자로 이끄시며 북미와 영국을 열세 번이나 오가며 대부흥운동의 주역으로 에드워즈와 함께 사용하셨다. 에드워즈의 노쓰햄톤교회에서 주일설교를 한 휫필드는 그날 일기에 아래와 같이 기록했다.

> 오늘 아침에 설교하니 훌륭한 에드워즈는 예배 시간 내내 흐느꼈다. 다른 성도들도 감동을 받았으며, 오후에는 능력이 더 강하게 역사했다(휫필드의 1740년 10월 19일 일기).

■ 에드워즈의 설교

진노하시는 하나님의 손안에 있는 죄인(신 32:35)[1]

…(전략)… 이스라엘 백성은 하나님의 가시적 백성이며, 은혜의 수단 아래 살면서 하나님이 그들에게 행하셨던 모든 놀라운 사역에도 불구하고 28절에 표현되어 있는 것처럼 지혜도 없고, 지식도 없었습니다. …(중략)…

"그들이 실족할 그때에 (내가)갚으리로다"

이 표현은 이 악한 이스라엘 백성들이 받게 될 심판과 멸망을 함축하고 있습니다.

첫째, 그들은 항상 멸망당할 위험에 처해 있었습니다. 마치 미끄러운 곳에 서 있거나 걷는 사람이 항상 넘어질 위험에 처한 것과 마찬가지입니다. …(중략)…

둘째, 그들은 항상 예기치 못하는 순간 갑작스럽게 멸망당할 위험에 처해 있었습니다. …(중략)… 시편 73:18-19에는 이렇게 표현되어 있습니다.

> 주께서 참으로 저희를 미끄러운 곳에 두시며 파멸에 던지시니 저희가 어찌 그리 졸지에 황폐되었는가 놀람으로 진멸하였나이다 (시 73:18-19).

---

[1] 조나단 에드워즈, 『조나단 에드워즈 대표설교선집』, 백금산 역 (부흥과개혁사, 2005), 121-143.

…(중략)…

셋째, 본문에 함축된 다른 의미는 다른 사람이 손으로 밀어 넘어뜨리지 않아도 그들 스스로 넘어지기 쉽다는 것입니다. …(중략)…

넷째, 그들이 아직 넘어지지 않았고, 지금도 넘어지지 않는 이유는 오직 하나님의 정한 때가 오지 않았기 때문입니다. 정해진 때가 오면 "그들이 실족하리라"고 말씀합니다. …(중략)… 본문을 관찰함으로써 이제 저는 다음 사항을 주장할 수 있습니다.

[교리] 악한 사람은 어느 순간이라도 지옥에 떨어질 수 있다. 이 악한 사람을 어느 한순간이라도 지옥에 떨어지지 않도록 붙잡을 수 있는 것은 오직 하나님의 뜻 외에는 없다.

여기서 오직 하나님의 뜻이라는 말은 어떤 의무에도 제한받지 않고, 어떤 수단으로도 방해받지 않는 하나님의 주권적인 뜻, 하나님의 임의적인 의지를 말합니다. …(중략)…

1. 하나님은 어느 순간이라도 악인을 지옥에 던져 넣을 수 있는 충분한 능력이 있습니다. …(중략)… 하나님이 꾸짖으시면 땅이 떨고, 하나님 앞에서는 바위도 부서지는데, 우리 인간이 무엇이라고 감히 이런 하나님께 대항할 수 있겠습니까?

2. 악인들은 지옥에 던져지는 것이 마땅합니다. 하나님의 공의는 결코 멈출 수 없기 때문에, 하나님이 자신의 능력을 사용해서 어느 순간이라도 악인을 멸망시키시는 것을 반대할 수 없습니다. …(중략)… 하나님의 공의의 칼날이 사용되지 않는 것은 오직 하나님의 주권적인

자비와 의지 때문입니다.

3. 악인들은 이미 지옥행 선고를 받은 상태입니다. …(중략)… 요한복음 3:18은 "믿지 아니하는 자는…벌써 심판을 받은 것이니라"라고 밀합니다. …(중략)… 지옥은 공의와 하나님의 말씀과 하나님의 불변하는 율법이 회심하지 않은 자에게 들어가도록 선고한 곳입니다.

4. 악인들은 이제 지옥의 고통으로 표현된, 하나님의 분노와 진노의 대상입니다. …(중략)… 하나님의 진노는 악인들을 향해 불타고 있고, 악인들의 멸망은 언제든지 일어날 수 있습니다. …(후략)…

5. 악인들은 마귀에게 속해 있습니다. …(중략)… 성경은 누가복음 11:21에서 악인들을 마귀의 '소유'라고 표현합니다. …(중략)… 만일 귀신들을 제어하고 있는 하나님의 손을 거두신다면 귀신들은 한순간에 불쌍한 영혼들에게 달려들 것입니다. …(후략)…

6. 악인들의 영혼 속에는 지옥의 원리가 왕 노릇하고 있습니다. …(중략)… 악인들의 영혼을 이사야 57:20에서는 소용돌이치는 바다에 비유합니다. …(중략)… 만일 하나님이 제어하는 힘을 거두신다면 바다 물결은 곧 모든 것을 쓸어가고 말 것입니다. 죄는 영혼을 파멸시키고 비참하게 하는 것입니다. 죄는 본성상 파괴적입니다. …(중략)… 만일 죄가 제어되지 않는다면 죄는 마음을 금방 활활 타는 풀무불이나 유황불로 만들어 버릴 것입니다.

7. 죽음이 임박했다는, 눈에 보이는 뚜렷한 징조가 없다는 것이 악인에게 한순간도 안전보장이 되지 못합니다. …(중략)… 죄인들을 세상에서 떠나게 하는 모든 방법이 하나님의 손안에 있으며, 보편적이고 절대적으로 하나님의 능력과 결정에 복종합니다. …(후략)…

8. 자신의 목숨을 보존하기 위한 불신자 자신의 신중함과 조심성과 다른 사람을 주의하는 것이 한순간도 안전보장이 되지 못합니다. 하나님의 섭리와 보편적인 체험이 이것을 말해 줍니다. 사람의 지혜가 자신의 죽음을 안전하게 보장하지 못한다는 것이 이것을 분명하게 증거합니다. …(중략)… 전도서 2:16은 "지혜자의 죽음이 우매자의 죽음과 일반이로다"라고 말합니다.

9. 모든 악인이 계속 그리스도를 거부하고 악인으로 남아 있으면서 지옥에 들어가지 않기 위해 행하는 모든 노력과 수고는 한순간도 그들을 안전하게 지켜 주지 못합니다. …(중략)… 사람들은 어떻게 하면 지옥의 저주를 피할 수 있을지 스스로 생각하면서 방법을 강구합니다. …(중략)… 자신은 고통 받는 지옥에 들어가지 않을 것이라고 여기며, 나는 준비를 잘했기 때문에 실패하지 않을 것이라고 자신에게 말합니다. …(중략)… 이제까지 같은 은혜의 수단 아래 살던 많은 사람이 죽어서 분명히 지옥에 갔습니다. …(후략)…

10. 하나님은 한순간도 불신자에게 지옥 가지 않게 해 주겠다는 약속을 해 주심으로 스스로 책임지실 만한 일을 하신 적이 없습니다. …

…(중략)… 그러나 은혜 언약에 포함된 것, 그리스도 안에서 주어진 약속들은 그리스도 안에서 모두 '예'와 '아멘'이 됩니다. …(중략)…그러므로 불신자가 무언가 간절히 찾고 구한다 할지라도, 불신자가 신앙에 대해 어떤 수고를 하고, 어떤 기도를 하는가에 상관없이, 그가 그리스도를 믿기까지는 하나님이 그를 영원한 멸망에서 한순간이라도 지켜 주셔야 하는 책임이 없습니다. …(중략)… 매순간 그들을 보존해 주고 있는 것은 단지 분노하고 계신 하나님의 자의적인 뜻과, 언약을 맺지 않았기 때문에 그들을 보호해 주어야 할 아무런 의무가 없는 하나님의 오래 참으심뿐입니다.

[적용] 이제 이 회중 속에 아직 회심하지 않은 사람들을 각성시키기 위해 몇 가지 적용을 하겠습니다.
…(중략)…

아마도 여러분은 이것을 느끼지 못할 것입니다. 여러분은 지금 지옥 밖에 있습니다. 그런데 여러분은 여러분을 지옥에 떨어지지 않도록 잡고 있는 하나님의 손은 보지 못하고 있습니다. 오히려 다른 것들 즉 여러분의 건강과 여러분의 생명에 대한 관심, 여러분 자신을 보호하기 위해 여러분이 사용하는 수단 같은 것을 바라보고 있습니다. 그러나 이것들은 참으로 아무것도 아닙니다. 만일 하나님이 손을 놓으시면, 이 모든 것은 여러분이 지옥으로 떨어지는 것을 막는 데 아무런 소용이 없습니다. …(중략)…

오, 죄인들이여! 여러분이 처해 있는 무서운 위험을 생각해 보십시오. 여러분이 하나님의 손에 매달려 있는 곳은 진노하는 큰 용광로요, 넓고 바닥이 없는 구덩이며, 진노의 불로 충만한 곳입니다. 하나님의 진노는 지옥에 있는 저주받은 많은 사람에게 타오르듯이 여러분에 대해서도 타오르고 있습니다.

여러분은 가느다란 실에 매달려 있는데, 하나님의 진노의 불이 타오르면서 매순간 그 실을 끊어 태워 버리려 하고 있습니다. 그런데 여러분은 중보자에 대해서는 아무런 관심도 없으며, 여러분 자신을 구하기 위해 붙잡을 수 있는 것이 하나도 없고, 진노의 불길을 피할 곳도 전혀 없으며, 하나님이 한순간만이라도 여러분을 붙잡도록 할 만한 것을 한 적도 없었고, 할 수도 없습니다. …(중략)…

지금 이 곳에서 아직 거듭나지 않은 상태로 있는 여러분은 이것을 생각해 보십시오. 하나님이 이런 맹렬한 진노를 퍼부으신다는 것은 어떠한 동정심도 없이 진노를 내리신다는 것을 의미합니다. …(중략)… 에스겔 8:18은 이렇게 말합니다.

> 그러므로 나도 분노로 갚아 아껴 보지 아니하고 긍휼을 베풀지도 아니하리니 그들이 큰소리로 내게 부르짖을지라도 내가 듣지 아니하리라(겔 8:18).

지금은 하나님이 여러분에게 자비를 베푸시려고 서서 기다리고 계십니다. 지금은 자비의 날입니다. 지금 여러분은 자비를 얻기 위해 부르짖을 수 있습니다. 그러나 자비의 날이 지나가면 여러분이 아무리 울고 부르짖고 애원한다 할지라도 소용이 없을 것입니다. …(중략)…

로마서 9:22은 이렇게 말합니다.

> 만일 하나님이 그 진노를 보이시고 그 능력을 알게 하고자 하사 멸하기로 준비된 진노의 그릇을 오래 참으심으로 관용하시고(롬 9:22).

…(중략)… 여러분에게는 지금이 특별한 기회입니다. 지금은 그리스도께서 자비의 문을 활짝 열어 놓으시고, 문에 서서 큰 소리로 불쌍한 죄인들을 부르고 계십니다. 지금 많은 사람이 그리스도께로 나아와 하나님 나라에 들어가고 있습니다. …(중략)… 아직도 그리스도 밖에 있으면서 지옥 구덩이 위에 매달려 있는 모든 사람은 남녀노소를 불문하고 하나님의 말씀과 섭리의 큰 부르심에 귀를 기울여야 합니다. 이런 주님의 은혜의 해는 어떤 사람에게는 아주 큰 구원의 날이 되겠지만, 어떤 사람에게는 큰 심판의 날이 될 것입니다. …(중략)… 지금은 의심할 여지없이 세례 요한의 때와 같이 아주 특이한 방식으로 도끼가 나무뿌리에 놓여 있어, 열매를 맺지 아니하는 나무마다 찍혀 불에 던져지는 때입니다.

그러므로 그리스도 밖에 있는 모든 사람은 지금 깨어나 다가올 진노를 피해 도망을 쳐야 합니다. 전능하신 하나님의 진노가 지금 분명히 이 회중 상당히 많은 사람 위에 머물러 있습니다. 모든 사람은 창세기 19:17에 경고해 주는 것처럼 소돔 밖으로 도망쳐야 합니다.

> 도망하여 생명을 보존하라 돌아보거나 들에 머무르거나 하지 말고 산으로 도망하여 멸망함을 면하라(창 19:17).

■ 웨슬리의 설교

세상의 빛과 소금(마 5:13-16)[2]

…(전략)… 기독교는 예수 그리스도에 의하여 인간에게 계시된 하나님을 경배하는 일을 가르쳐 주는 종교입니다. 그러나 이 종교는 본래적으로 사회적 종교이므로 사회를 떠나서는, 즉 다른 사람과 같이 살고 대화함이 없이는 잘 유지되지 못할 뿐 아니라 전연 존재할 수 없는 것입니다. …(중략)…

예컨대 기독교에 있어서 온유의 덕보다 더 귀중한 것은 없다 하겠는데 이 온유의 덕이 일방으로는 하나님께 대한 절대 신복(信服)이요, 그리고 모든 고난과 고독을 감수(甘受)하고 인내하는 것이라는 점에서는 인적이 없는 사막이나 수도원 깊은 곳에서도 가질 수 있을 것입니다. 그러나 이것이 사람에게 대한 유하고 부드러운 태도나 관인(寬忍)하는 정신을 나타내는 것이라고 본다면 사회생활 없이는 존립할 수 없을 것입니다. 그러므로 이 온유의 덕은 사회적 관계를 떠날 때 소멸되고 말 것입니다. …(중략)…

그러나 반대자들은, 우리의 선량한 사람 즉 온유하고 자비하고 마음과 생활이 거룩한 사람들과만 사귀는 것이 좋지 않느냐, 그렇지 않은 사람들 즉 예수 그리스도의 복음을 믿지 않고 순종치 않는 사람들

---

[2] 존 웨슬리, 『존 웨슬리의 설교』, 김홍기 역 (땅에쓰신글씨, 2001), 210-226.

과는 대화를 삼가는 것이 바람직하지 않겠느냐고 합니다. 성경은 말하였습니다.

> 음란한 사람들과 사귀지 말라(고전 5:9).

이 말에 의해 생각해 본다면 그리스도인이 음행자나 그 밖의 범죄자와 친분을 맺는다는 것은 권장할 만한 일이 못되며, 결과적으로 돌이킬 수 없는 위해와 헤어날 수 없는 함정에 빠질 수도 있을 것입니다. …(중략)…

예수님의 말씀을 본다면 세상과의 모든 인연을 끊으라는 권고는 없습니다. …(중략)… 가령 온유의 덕은 '눈은 눈으로, 이는 이로'라는 복수 대신에 악한 자를 대적하지 않는 것으로써 오른편 뺨을 치면 왼편 뺨을 돌려대는 것이며, 자비의 덕은 우리가 원수를 사랑하고 우리를 저주하는 자를 축복하고 미워하는 자들에게 선을 행하고 우리를 모욕하고 박해하는 자들을 위해 기도하는 것이며 사랑과 기타 모든 성스런 성품은 의를 위한 수난을 통하여 이룩된다는 것임을 생각할 때 이런 모든 덕은 우리가 일반 사회생활을 떠나서 다만 진실한 그리스도인끼리의 사귐으로써 만은 이루어지지 않는다는 것을 알고도 남음이 있습니다.

그리고 만일에 우리가 세상 죄인들과 떨어져 따로 산다면 우리는 어떻게 주님이 오늘본문에 말씀하신 그 책임을 감당할 수 있을 것입니까?

…(중략)… 우리 속에 있는 하나님의 향기를 우리가 접촉하는 모든 것에, 우리가 섞여 사는 그 사회에 발산해야 하지 않겠습니까?

이것이 하나님께서 우리를 이 세상에 두시고 다른 사람들과 섞여 살게 하신 본의입니다. 이렇게 해서 우리가 하나님께 받은 은혜를 우리를 통해서 다른 사람들에게 전달하고, 우리의 거룩한 성품이나 말이나 일이 다른 사람에게 영향을 주게 하기 위하심입니다. 그리고 이런 방법에 의해 이 세상의 부패성을 다만 일부라도 막고 건져 거룩하고 순결한 것으로 하나님께 드리게 하고자 하심입니다.

우리가 가진 거룩하고 숭고한 덕성으로 이 사회에 맛을 내게 하도록 우리를 편달하시기 위하여 주님은 우리가 받은 종교를 다른 사람에게 전달하지 않고 그대로 묻어만 둘 때에 그 결과가 얼마나 비참한가를 실감 있게 우리에게 가르쳐 주셨습니다.

주님은 말씀하셨습니다.

"소금이 맛을 잃으면 무엇으로 다시 짜게 하겠느냐?

아무 데도 쓸 데 없어 밖에 버려져 사람들에게 밟힐 것이다."

…(중략)… 맛을 잃은 소금은 길에 버려져 지나는 사람들에게 밟힐 뿐입니다. …(중략)…

하나님은 복음의 말씀을 도무지 듣지 못한 사람에게 대하여서는 연민의 정과 긍휼을 베푸실 것입니다(약 5:11). 그러나 주님의 은혜를 맛보고서도 자기에게 주어진 거룩한 계명에서 이탈한 자에게는 공의의 심판이 있을 따름입니다. …(중략)… 그러므로 우리 가운데서는 "아무도 죄의 유혹에 빠져 완고하게 되는 일이 없도록"(히 3:13) 늘 주의하여야 하며, 또는 점점 뒤로 물러가 완전히 타락하여 맛 잃은 소금처럼 되지 않도록 극히 경계해야 할 것입니다. 우리가 만일 진리를 깨닫고 체험하고 그리고 짐짓 죄를 범하면 이런 범죄를 위한 속죄의 방법은 없으며, 그에게는 다만 하나님의 위험한 진노와 두려운 심판과 최후의 멸망밖에 없을 것임을 잊어서는 안 될 것입니다.

그러나 어떤 사람은 이렇게 말합니다. …(중략)…

우리는 마치 소금이 물건을 소리 없이, 눈에 보이지 않게 저리거나 맛을 내는 것처럼, 은연중에 우리 주위의 사람에게 영향을 줄 수는 없을 것인가?

그렇게 한다면 우리는 세상과 관계를 끊지 않고 세상에 섞여서 혼자서 종교생활을 하여서도 다른 사람에게 무슨 거리낌이 되지 않게 소금의 역할을 하게 될 것이 아닌가라고 말합니다. 그러나 …(중략)… 우리가 참된 종교를 우리 속에 가지고 있다면 이것은 필연적으로 외부에 나타나지 않을 수 없을 것이며, 만일에 나타나지 않는다면 이것은 하나님의 근본 목적에 어긋나는 것입니다. …(중략)…

예수님은 이 진리를 이중적 비유로 밝히셨으니 그는 "너희는 세상의 빛이라 산 위에 있는 도시는 숨겨질 수 없다"(마 5:14)라고 하셨습니다. 그리스도인이 빛이라 함은 그의 그리스도적 품격과 생활을 아울러 의미하신 것입니다. 그리스도인이 가진 거룩함은 하늘에 있는 해처럼 나타나질 것입니다. …(중략)…

사랑도 그러하여 이 사랑이 우리 속에 있는 한 이것은 빛처럼 나타날 것이며, 더구나 이것이 사랑의 수고와 남을 도우려는 선의의 행동으로 나타날 때 어떻게 숨겨질 것입니까?

그리하여 산위에 세운 도시가 은폐될 수 없는 것처럼(마 5:14) 진실된 그리스도인의 진지하고 성스러운 하나님 사랑과 인간에 대한 사랑은 드러나게 마련입니다. …(중략)… 주를 위하여 온유와 겸손으로 그들을 대하며 모든 박해 중에서도 침착하게 기쁨으로 악을 선으로 극복하여 나간다면 어느 땐가는 그리스도인의 참 모습이 반드시 드러날 것입니다. …(중략)…

이것은 예수님의 말씀에서도 밝히 드러납니다.

등불은 켜서 말 아래 두지 않는다(마 5:15).

이 말씀을 좀 더 부연해서 말한다면 사람이 등불을 켜서 무엇으로 덮어 가리워 두지 않는 것처럼 하나님께서도 누구에게나 그의 영광스러운 지식과 사랑의 빛을 비춰 주시는 목적은 그로 하여금 이것을 용기 부족으로나 부끄러움 때문이나 지나친 겸손으로 숨겨 두거나 가리워 두게 하시려 함이 아니라는 것입니다. …(중략)… 이와 같이 그리스도인에게 대한 하나님의 뜻도 역시 이 세상에서 그리스도의 복음의 빛을 나타냄에 있는 것입니다.

그리하여 하나님께서는 모든 세대를 통하여 혹은 말씀으로나 혹은 시범으로 자신을 세상에 선포하였습니다. 하나님께서는 복음이 전파된 모든 나라 가운데서 자신을 알려 주시지 않은 것이 아니요(행 14:17) 다만 몇 사람이라도 선택하시어 그들로 하여금 자기들의 생활과 말씀으로 하나님의 진리를 증거하게 하셨습니다. 이런 사람들이야말로 어둠 속에서 비취는 한 줄기 빛이었으니(벧후 1:19) 이들로 말미암아 비록 소수나마 빛의 비췸을 받을 수 있었고, 남은 자를 모아 보전할 수 있었고, 그들은 통하여 대대에 주를 전하는(시 22:30) 귀한 씨앗이 되게 하셨습니다. 이들은 이 어두운 세상에서 몇 마리 미미한 양을 무시하지 않고 건져내 평화로운 안전지대로 인도했습니다.

…(후략)…

■ 휫필드의 설교

선한 목자(요 10:27-28)[3]

…(전략)…

1. 양이 아닌 자들의 의혹

마귀는 믿는 자들을 반역자로 몰아세웁니다

24절을 보면 이런 상황 가운데서 유대인들이 그분의 주변에 몰려와서 …

"당신이 언제까지나 우리 마음을 의혹케 하려나이까?"(요 10:24)

…(중략)… 더 이상 비유로 이야기하지 말고, 당신이 누구인지 당신 자신의 입으로 분명히 말해 달라는 것입니다.

"그리스도여든 밝히 말하시오"(요 10:24).

…(중략)… 그러나 여기에는 함정이 숨어 있습니다. 만일 그분이 자신은 그리스도가 아니라고 말하면 사람들은 그분이 자신의 대의를 부끄러워하고 있다고 말할 것입니다. 그러나 그분이 만일 자신이 그리스도라고 대답하면 사람들은 그분을 고발할 것입니다. 이 사람이 자

---

[3] 조지 휫필드, 『휫필드 설교 시리즈(5)』, 최승락 역 (지평서원, 2004), 317-339. 1769년 8월 30일 수요일, 아메리카로 마지막이 될 선교 여행을 떠나기 직전 런던에서 했던 설교.

신을 가리켜 메시아라 칭했다고 관리에게 일러바치며, 자기들은 황제 외에 다른 메시아를 알지 못한다고 말할 것입니다. 마귀는 항상 이런 식으로 음해합니다. 하나님의 백성들이 이 세상 가운데서 충성스러운 시민인데도 불구하고, 마귀는 그들이 정부에 대한 반역자라고 모함합니다.

양이 아니라면 목자를 따르지 않습니다

"그리스도여든 밝히 말하시오"라고 하는 그들의 요구 앞에 예수님은 지체 없이 대답합니다. 정직은 지체할 것이 없습니다.

> 내가 너희에게 말하였으되 믿지 아니하는도다. 내가 내 아버지의 이름으로 행하는 일들이 나를 증거하는 것이어늘(요 10:25).

예수님은 "내가 메시아다"라고 대답을 하셨다면 그들은 당장 예수님을 잡으려 했을 것입니다. 예수님은 이를 잘 아셨기 때문에 비둘기 같은 순결함 위에 뱀 같은 지혜를 더하셨습니다.

"나는 내가 하는 일과 나의 믿는 바에 호소하노니, 너희가 이를 통해 내가 메시아됨을 알아차리지 못한다면 더 이상 논의할 것이 없다"는 말씀입니다.

그리고 주님께서는 여기에 덧붙여서 이렇게 지적하고 있습니다.

> 너희가 내 양이 아니므로 믿지 아니하는도다(요10:26).

예수님은 그들의 불신으로 인해 매우 마음 아파하시며 이어서 말씀하십니다.

> 내 양은 내 음성을 들으며, 나는 저희를 알며 저희는 나를 따르느니라. 내가 저희에게 영생을 주노니 영원히 멸망치 아니할 터이요, 또 저희를 내 손에서 빼앗을 자가 없느니라(요 10:27, 28).

…(중략)… 그들은 예수님의 양이 아니기에 그를 믿지 않는 것입니다. …(중략)… 성경은 오직 두 부류의 사람만을 언급하고 있습니다. …(중략)… 예수 그리스도께서는 이 세상의 모든 사람들을 양과 염소, 단 두 부류로만 나눕니다. …(중략)… 믿는 자들은 항상 선하고 유익한 것에 비견되는 반면, 믿지 않는 자들은 항상 악하고 별 쓸모가 없는 것들에 비견되고 있다는 것이 주목할 만한 일입니다. …(후략)…

2. 믿는 자는 그리스도의 양

피로 값 주고 사셨기에 '나의 양'입니다

…(전략)… 주님께서 양들을 '나의 양'이라 부르시는 것은 그분이 양들을 사셨기 때문입니다. …(중략)… 갈보리에서 우리 주님께서는 피 흘림의 대가로 자기의 사람들을 사셨습니다. 그 자신의 피로 그들을 구속하심으로써 그들을 선택에 의해서 뿐만 아니라, 시간 속의 실제적인 구속에 의해서도 자신의 것으로 삼으셨습니다. 아버지께서 이들을 그분께 주실 때 그분의 가슴의 피를 쏟아 이들을 사야 한다는 조건

이 있었던 것입니다. 이는 쉽지 않은 거래였습니다. 그러나 그리스도께서는 저와 여러분이 영원한 저주 가운데 머물러 있지 않게 하시고자 기꺼이 이 거래를 타결해 주셨습니다.

시내 산을 거쳐야 시온 산으로 갈 수 있습니다

이 양들이 그리스도의 것인 또 다른 이유는 이들이 하나님의 능력 가운데서 자발적으로 자신들을 그분께 드릴 수 있었기 때문입니다. 주님께서는 이 양들에 대하여 "내 양은 내 음성을 들으며 … 나를 따르느니라"라고 말씀하십니다. …(중략)… 성경에서 목자의 모습을 그리고 있는 것을 보면, 목자가 그의 양들의 뒤를 따라가는 것으로 나타나고 있습니다(삼하 7:8; 시 78:71 참고). …(중략)… 그러나 중동지역에서는 목자들이 보통 앞장서서 갑니다. 목자는 지팡이를 들고 양들이 들을 수 있는 특별한 소리를 내어서 그들을 부릅니다. 이런 배경 속에서 예수님께서는 "내 양은 내 음성을 들으며"라고 말씀하시는 것입니다. …(중략)…

우리가 목자의 음성을 듣는다면, 그에 따른 마땅한 결과나 증거는 바로 그분을 따르는 일입니다. 예수님께서는 그분의 제자들을 향하여 말씀하십니다.

> 아무든지 나를 따라오려거든 자기를 부인하고 자기 십자가를 지고 나를 좇을 것이니라(마 16:24; 막 8:34).

또한 영광 중에 있는 성도들에 대해서 "어린양이 어디로 인도하든지 따라가는 자"(계 14:4)라고 말하고 있습니다. …(중략)… 그리스도를 따른다는 것은 온 삶을 통하여 따른다는 것을 말합니다. 모든 말과 행동에서 그분을 따른다는 것을 말합니다. …(중략)… 우리는 먼저 목자 되신 그리스도께서 그분의 지팡이로 우리가 따를 길을 가르치심을 확신할 수 있어야 합니다. 그리고 우리는 그리스도의 진실된 종으로서 우리의 생각과 말과 행실 속에서 그리스도를 따르기 위해 힘써야 합니다.

3. 각 양의 개별적 특성을 아는 목자

그리스도는 맡은 양은 하나도 잃지 않습니다

이제 여러분이 예수 그리스도께 속하였다면, 그분이 여러분을 향하여 말씀하십니다. "내가 내 양을 아노라"고 말입니다.

이 말이 무엇을 의미합니까?

그분이 양들의 숫자를 알며 그 이름들을 안다는 것입니다. …(중략)… "아버지께서 내게 주신 자 중에서 하나도 잃지 아니하였사나이다"(요 18:9)라고 주님은 말씀하십니다. …(중략)… 이는 그 전체 숫자만을 아는 것이 아니라 양들 하나하나에 대한 특별하고 개별적인 지식이 있음을 말합니다. 마치 이 세상에 양이 오직 하나밖에 없는 것처럼 그렇게 각각의 양들을 돌보시는 것입니다.

위선자들에 대하여 주님은 "진실로 너희에게 이르노니, 내가 너희를 알지 못하노라"(마 25:12)라고 말씀하십니다. 그러나 그분의 양들에 대해서는 그들의 슬픔과 시련, 유혹 하나하나를 다 알고 계십니다.

그들의 모든 눈물을 기억하십니다. 그들의 가정적 어려움도, 그들의 내면적 타락도, 그들의 방황도 모두 알고 계십니다. 그러면서 그분은 그들을 다시 돌이켜 주시는 것입니다. …(후략)…

4. 자기 양을 결코 잃지 않는 선한 목자

본문 가운데는 우리가 굳게 붙들어야 할 세 가지의 선언, 또는 약속이 있습니다.

첫째는, "내가 내 양을 안다"는 말씀입니다.

둘째는, "그들이 결코 멸망치 아니할 것이라"는 말씀입니다.

때때로 주님의 양들은 자신이 스스로의 탐욕과 부패로 인해, 그 마음의 거짓됨으로 인해 멸망하지 않을까 염려합니다. 그러나 주님은 "그들이 결코 멸망치 아니할 것이라"고 말씀하십니다. …(중략)… 또 주님은 "내가 저희에게 영생을 주노니"라고 말씀하십니다. 미래에 '줄 것이다'가 아닙니다. 현재에 '준다'는 것입니다. 어떤 사람들은 우리가 의롭게 되는 것이 마지막 심판 날에 이루어질 것이라고 말합니다. 이는 이치에 맞지 않는 말입니다. 우리가 지금 이 땅에서 의롭게 되지 않고서는 나중에 천국에서도 의롭게 될 수 없습니다. 주님은 양들에게 영생을 주십니다. 이는 이 영생의 진실됨과 보증과 확신을 포함하는 것입니다. 하나님의 영이 오늘 여기에 내주하심은 이후의 영광의 보증이 되는 것입니다.

셋째는 "저희를 내 손에서 빼앗을 자가 아무도 없다"는 말씀입니다. …(후략)…

9장. D. L. 무디

(Dwight Lyman Ryther Moody,
1837-1899)

1. 평신도 부흥사

19세기 위대한 평신도 부흥 설교자 무디 (Dwight Lyman Ryther Moody, 1837~1899)는 1837년 2월 5일 미국의 동부 매사추세츠 주의 이스트 노스필드(East Northfield)에서 석공으로 일하는 아버지 에드윈 무디와 어머니 베시 홀튼의 여섯 번째 자녀로 세상에 태어났다. 아버지 에드윈은 1841년 5월 28일 무디가 다섯 살도 채 되기 전 갑작스런 죽음으로 세상을 떠났는데, 이 사건은 무디가 기억할 수 있는 최초의 사건이 되었다. 당시 장남은 13살에 불과했고, 남편이 죽은 지 한 달 후 어머니는 쌍둥이 동생을 출산하였다.

Dwight Lyman Ryther Moody

아버지가 남기고 간 것은 파산으로 인한 빚더미뿐이었다. 이러한 극한 상황에서도 연합교회(유니테리언) 교인이었던 어머니는 고아와 과부를 향한 하나님의 약속을 더욱 강하게 붙들었고, 언제나 자녀들에게 밝고 명랑한 모습을 보이려 노력했다. 찢어지는 가난에도 불구하고 어머니가 이끄는 가정은 무디의 형제들에게 지상에서 가장 안락한 처소였다. 악의 없는 장난과 농담을 무척 좋아했던 낙천적인 성격의 무디의 어린 시절은 뉴잉글랜드의 다른 아이들과 특별히 다르지 않았다.

무디는 어려운 가정형편으로 8살 되던 해 11월, 학업을 중단하고 집을 떠나 남의 집에서 농장 일을 하는 노인을 도우며 살아야만 했다.

풍부한 감성과 리더십, 자신을 향한 예리한 성찰은 무디에게 주어진 하나님의 선물이었다.

열일곱 살이 되던 1854년 무디는 자신이 처한 환경보다는 뭔가 다른 광활한 세상을 원했다. 그가 가장 먼저 경험한 세상은 보스턴(Boston)으로, 노예폐지론에 크게 감동한 무디는 노예 해방을 위해 적극적인 행동도 마다하지 않았으며, 후에는 남북전쟁에도 참여하여 링컨이 이끄는 북군의 영적 후원자의 한 사람으로 활약했다. 구두 가게 점원 18세의 무디는 최초이자 가장 중요한 영적 체험을 통해 이곳 보스턴에서 회심하였다. 그래도 그의 마음만은 언제나 고향 노스필드를 향하고 있었다.

무디가 참석하는 교회의 에드워드 커크 박사의 열변과 거룩한 열정은 교회를 부흥으로 이끌었는데, 이는 후일 무디의 복음 사역에 영향을 주었던 것으로 보인다. 무디는 에드워드 킴볼이 인도하는 교회의 주일학교 성경공부반에 진지하고 정숙하며 정중한 학생으로 열의를 갖고 참석했는데, 여기서 경험한 영적 체험은 그에게 세계를 바라보는 새로운 안목을 제시하여, 그를 그리스도 안의 사람으로 변화시켰다.

> 내가 회심했던 그날 아침, 밖으로 나가서 만물을 사랑스런 눈으로 바라보았습니다. 세상을 비추는 밝은 태양이 그토록 사랑스러웠던 적은 없습니다. 아름답게 지저귀는 새 소리도 너무나 사랑스러웠습니다. 모든 것이 달라진 것입니다.

무디는 1856년 3월 12일 19세의 나이로 어렵게 입교 교인이 되었다. 후일 킴볼은 하나님의 특별한 쓰임을 받는 무디를 보며 하나님의 은혜를 찬양하였다.

> 확실히 말할 수 있는 것은, 내가 담당하던 주일학교 반에 무디가 들어왔을 때, 영적으로 그 심령이 그렇게 어두워 보일 수가 없었습니다. 다시 말해서 복음 진리에 대한 명확하고 단호한 견해를 가진 그리스도인이 될 가능성이 거의 없어 보였고, 더욱이 광범위한 영역에서 공적으로 쓰임 받는다는 것은 어림도 없는 일처럼 보였습니다.

사업가로 성공하려는 야망이 뜨거웠던 무디가 너무나 보수적인 보스턴을 떠나 한참 확장 일로에 있는 시카고에 도착한 때는 19세였던 1856년 9월 중순이었다.

> 그의 야망은 거대한 서부를 인식하면서부터 불붙기 시작하였다.

그러면서도 "굉장히 떠들썩한 휴일"인 주일에 많은 상점들이 문을 여는 시카고가 보스턴과는 영적인 분위기가 다르다는 사실이 낯설어, 다시금 보스턴이 그리워지기도 했었다. 물론 시카고에서 무디의 사업 수완은 발휘되기 시작했고, 어느 정도 돈도 벌 수 있었다.

1858년 5월 21일 어머니에게 보낸 편지에서 무디는 다음과 같이 시카고의 생활을 매우 긍정적으로 묘사하였다.

"이곳에서의 사업은 그야말로 대성공을 거두고 있으며, 특별한 일이 없는 한 장래는 더욱 밝을 것으로 생각됩니다. … 만일 제가 건강하고 또 저의 하나님이 저와 함께하신다면 전에 생각했던 것보다 더 큰 성공을 이곳 시카고에서 이룰 수 있을 것입니다."

영혼구원을 향한 그의 열정도 아울러 불탔다.

교파를 떠난 무디의 성경학교에는 어느새 1,500명 정도의 학생들이 수강하게 되었고, 파웰에 의해 어느 순간 교장이 된 무디의 학교 경영은 매우 성공적이었다. 링컨이 대통령이 되어 시카고에 오게 되었을 때 연설하지 않는다는 조건으로 무디의 학교를 방문한 일이 있는데, 무디의 재치 있는 제안으로 링컨 대통령은 자신의 어린 시절의 경험을 근거로 유익한 훈화를 학생들에게 들려주며 큰 꿈을 가질 것을 충고해 주었다.

1860년 20세의 무디는 사업을 포기하고 전 생애를 그리스도를 위해 헌신할 것을 결심하였다.

> 또 다른 세계를 맛보게 되자 더 이상 돈 버는 일에는 관심이 없어졌다. 하나님은 올바른 선택을 하도록 도와주셨고, 나는 그 선택을 결코 후회해 본 일이 없다.

이후 '미치광이 무디,' '무디 형제', '무디 선생,' 'D. L. 무디'는 그 어느 곳에서도 정기적인 급여를 받아본 적이 없었지만, 주일학교와 YMCA를 통해 도시 전체에 영향을 주는 강력한 주의 사역을 할 수 있었다. 결국 무디는 몇 개의 교실이 있고, 1,500명가량을 수용하는 본당이 있는 일리노이 스트리트교회를 시카고에 건축하여 1864년 봉헌하였다. 그는 시카고에서 가장 왕성하게 부흥하는 이 교회에서 주일 아침 예배에서 설교를 하였고, 주일 오후에는 주일학교 예배를 인도했으며, 주일 저녁에는 성경 연구 모임에서 아침 설교를 반복했다.

교회에서 무디의 공식 명칭은 집사였다. 무디가 인도하는 집회는 "거칠고 즉흥적인 무디의 방식"을 따라 이뤄지는, 말 그대로 부흥회였다. 신학교육도 받지 않은 평신도 설교자 무디에게 "문법이 안 되는 문장을 구사한다," "무식하다"는 비난이 없는 것은 아니었다. 무디는 이러한 비난을 달게 받으면서도 이렇게 다짐했다.

'문제는 온전히, 전적으로 하나님께 헌신을 하느냐 하지 못하느냐에 달려 있다. 그런 사람이 되기 위해 최선을 다하겠다.'

하나님은 철저하게 헌신된 무디를 사용하여, 그는 시카고를 위시한 북미뿐 아니라 영국과 스코틀랜드 전역을 돌며 영적 부흥을 일으켰다. 특히 1870년 인디애나폴리스 집회 때 무디는 찬송 사역자 생키(Ira Sankey)를 만나 자신이 이끄는 집회가 새로워짐을 알았고, 복음 사역에 있어 찬송이 차지하는 역할의 중요성을 인식하게 되었다.

그 후부터 무디의 집회는 벽보를 통해 이렇게 홍보되었다.

"무디가 복음을 전할 것이며, 생키는 복음을 노래할 것이다."

1873-1875년 무디의 세 번째 영국 집회에서 냉담했던 청중들의 반응은 생키의 찬송을 들으면서 역전되어 갔고, 시간이 지날수록 참석자들이 인산인해를 이루었다.

「뉴욕 트리뷴」 신문은 무디와 생키의 영국사역에 대해, 순수한 영적 동기에 의한 '두 사람의 신실성'을 높이 평가하였다. 무디와 생키의 노력에 의해 1873년 출판된 찬송가는 엄청난 호응을 얻어 팔려나갔고, 인세로 들어온 돈이 미국에서만 100만 달러가 넘었다. 이렇게 모인 금액 전부는 무디가 고향 노스필드에 학교를 설립하는 데 사용되었다. 특히 무디가 전략적으로 염두에 둔 것은 대도시의 부흥이었다. 그는 이렇게 말했다.

"도시들은 부흥운동의 심장부입니다. 물은 산 아래쪽으로 흐르게 되어 있습니다. 미국에서 가장 높은 산들은 거대한 도시들입니다. 만일 우리가 그 도시들을 요동시킬 수 있다면 전국을 요동시킬 것입니다."

무디는 어린 시절을 그리워하며 고향 노스필드로 옮겨와 말년을 보내게 되었는데, 특별히 10월부터 4월까지는 복음 사역에 헌신하는 기간으로 정하고, 그 외의 시간은 농장에서 가축을 기르고, 채소를 가꾸며, 매우 가정적인 모습으로 행복하게 지냈다. 물론 노스필드의 마운트 허몬트학교와 시카고에 소재하고 있는 많은 기관들로부터 몰려오는 일들은 이곳 노스필드에서도 그를 한가하게 놓아두지는 않았다.

1892년 4월 무디는 팔레스타인 지역을 방문하여 성경의 지리와 역사를 생생하게 배울 수 있어 기뻐하였다. 특히 바울을 좋아했던 무디는 바울의 역사적 현장을 세심하게 살폈으며, 예수님의 감람산을 방문할 때는 주의 재림을 기뻐하며 기대하였다. 수만 명이 운집한 캔자스시티의 집회를 중도에 하차한 무디는 약 한 달 정도의 투병 생활 후 1899년 12월 22일 새벽 62세의 나이로 하나님의 품에 안겼다. 무디의 사인(死因)은 지방이 많아 심장 기능이 저하된 데 있었다. 62세였던 무디 자신의 설교대로, 하나님은 그를 천국의 영원한 청년으로 부르셨던 것이다.

저를 늙은이라고 부르지 마십시오! 저는 겨우 62세입니다. 저는 조금도 늙은 것이 아닙니다.

2. 무디와 매스미디어

> 20세기 이브에 무디가 세상을 떠났을 때, 그는 19세기에 있어 가장 사랑받고 존경받는 한 사람으로 인정되었다. 초등학교 4학년까지의 교육이 전부였던 시카고 구두 판매원 무디는 어둠에서 일어나 위선의 시대를 위한 하나님의 사람(God's man for the Gilded Age)으로 부름을 받았다. 그는 그 시대의 빌리 그래함(Billy Graham)이었다. 진실로 무디는 복음주의의 체계를 발견했고, 그래함은 그것을 이어받았으며, 완전하게 하였다고 말할 수 있을 것이다.[1]

그럼에도 무디의 복음 사역을 향한 비판이 없는 것은 결코 아니었다. "쇼의 스타"(the star of the show) 같고, "오만불손한 사기 행각"(bumptious conceits)을 벌인다고 비난하였다. 또한 신문은 그를 향해 "기도의 힘과 언론의 힘"(the power of prayer and the power of publicity)을

---

1 Bruce J. Evensen, *God's Man for the Gilded Age*. D. L. Moody and the Rise of the Modern Mass Evangelism, (Oxford University Press, 2003). From Cover. "At his death on the eve of the twentieth century, D. L. Moody was widely recognized as one of the most beloved and important of men in nineteenth-century America. A Chicago shoe salesman with a fourth-grade education, Moody rose from obscurity to become God's man for the Gilded Age. He was the Billy Graham of his day — indeed it could be said that Moody invented the system of evangelism that Graham inherited and perfected." 참고. "Moody helped harness the power and reach of modern mass media to serve the cause of mass evangelism in the first days of the modern era. … It was part of the preevent planning and organization of the Billy Graham Evangelistic Society that was patterned on the late Gilded Age work of D. L. Moody. In 1954, as Billy Graham was beginning to build his reputation by retracing Moody's steps in Britain, he admitted to "standing on the foundation that Moody had laid" that were "everywhere apparent." Moody's work had "changed the entire religious structure of a nation," Graham observed, and with it the future of big-city evangelism"(12).

절묘하게 활용한 인물로, "의외의 복음전도자"(the unexpected evangelist)라고 꼬집었다.

분명 무디는 대서양을 사이에 두고 있는 양편 북미와 영국에서 많은 명성을 얻는 복음전도의 스타였다. 자신이 세상적인 광고를 통해 청중을 동원하여 집회를 이끈다는, 또는 사람에 의해 조작된 부흥을 유도한다는 비판을 받았을 때, 무디는 텅 빈 자리를 향해 설교하는 것보다는 홍보를 활용하는 것이 낫지 않느냐고 응대하였다. 어쨌든 무디는 매스미디어와 복음전파를 긴밀하게 연계시키는 사업적인 수완도 있었고, 반대로 매스미디어가 무디를 활용한 면도 없지 않았다.

3. 메모 설교

무디의 설교를 이해를 하기 위해서는 독특한 방식으로 전개되었던 무디의 부흥 집회를 이해할 필요가 있다. 즉 무디에게 설교는 집회와 깊은 상관성이 있다는 점이다. 생키의 찬양과 무디의 설교는 서로를 채워 주는 역할을 하였다. 무디는 자기만의 집회를 위해 자기만의 독특한 설교 방식을 채택하였다. 그러기에 "그를 모방하는 다른 사람들은 이 방식으로 전혀 성공을 거두지 못했다."

무디가 선택한 방식이란, "간결하고 날카로우며 특징적인 말들을 중간 중간에 제시하며, 기도와 찬송으로 매우 열정적이고 영적인 예배를 준비하는 것"이다. 무디가 거대한 회중 앞에 나와서 설교를 시작하기까지, 이미 온 청중들은 은혜 가운데 충만해 있었다. 많은 인원들로 구성된 찬양대와 중창단들을 통해 독창과 합창이 기도와 더불어 잠시의 끊어짐도 없이 계속되어, 영적 분위기가 뜨겁게 달아올랐다.

그러나 여기서 찬양의 궁극적 목적은 사람들을 즐겁게 하려는 데 있지 않았다. 찬송으로 복음을 전하자는 것이 주목적이었다.

> 실제로 사람들은 생키가 찬양을 할 때에 그리스도를 위하여 중대한 결단을 내리는 경우가 많았다. 무디가 단순히 흥미를 끌기 위해 음악을 도입했다고 말하는 것보다 더 경솔한 비판은 없을 것이다.

그러는 중 "무디는 거의 완벽한 영적 통찰력으로 설교해야 할 때를 분별하여 일어나서 앞으로 나갔다."

"무디의 설교에는 애매한 것이 전혀 없었다. 그는 성경에서 자료를 뽑은 뒤 형식적인 도입을 피하고 즉시 주제 자체에 대해 말하기 시작했다. … 그는 뛰어난 지각력으로 간결한 문장과 격언조의 문장이 가치 있다는 사실을 알고 있었다. 그는 청중 앞에 섰을 때 이 모든 사실들을 전혀 의식하지 않았다. 그는 매우 진실하고 성실했으며, 억지로 좋은 문장을 만들어 내려 하지 않았다. 이와 같은 진실성은 그의 비상한 통찰력과 더불어 성령으로 말미암은 최대의 장점이었다. 따라서 그는 과장되거나 교묘한 웅변술, 겉치레의 말을 도입하지 않았다. 그는 천부적인 연설가들과 마찬가지로 감동적이고 효과적인 예화를 사용하였다. … 그가 받은 천부적인 은사로는 세련된 유머 감각과 정념(情念)을 자아내는 일 그리고 상상력에서 나오는 묘사력 등을 들 수 있다"(피트).

무디의 설교에는 끊임없는 성경묵상에서 얻은 영감이 결정적인 역할을 한 것으로 보인다. 체계적이고 의도적인, 학자적이며 학구적인 설교 준비라기보다는 일상의 영적 삶이 강단에서 열매를 맺는 자연스러운 설교 준비가 행해졌다. 여기에 결정적인 것은 순간순간의 영감과 착상, 그로 인해 준비된 메모 그리고 그의 경험을 토대로 한 살아 있는 예화였다.

무디의 열정적이고 막힘이 없는 설교는 지칠 줄 모르는 성경 연구, 이른 아침 두 세 시간의 규칙적인 말씀 묵상에서 얻은 착상들로 가득했다. 무디가 사용한 20여 권의 성경 사이사이에는 무디가 틈틈이 기록한 수많은 메모들이 가득한데, 특히 12권의 성경책 사이사이에 종이를 끼워 넣어 언제든지 좋은 내용을 추가할 수 있었다. 메모지로 가득한 고무줄로 묶인 두꺼운 성경책들을 펼칠 때면, 조금만 시간을 투자해도 언제든 영감 넘치는 "보배로운 말씀들"을 전할 수 있었다.

무디는 이 성경책을 기꺼이 빌려 주기도 했는데, 자신 역시 영국의 위대한 설교자 스펄전의 메모로 가득한 성경책을 1892년 11월 20일 선물로 받아 활용하기도 했다. "이 책은 스펄전이 자신의 설교집이 출판될 때 그 동안의 설교의 자취를 기록해 놓은 최초의 성경"이었다.

"하나님의 축복을 받은 설교 원고"를 "수백 번" 재차 사용하기를 주저하지 않았던 무디였지만 결코 준비된 원고에 지나치게 의존하지 않았다. 무엇보다도 무디는 그때그때 주어지는 즉흥적인 영감의 중요성을 알았으며, 설교 내용 순서에 변화를 주며, 적절한 예화를 가져와 언제나 신선한 감동이 있는 설교를 하려 했기 때문이다.

평신도 설교자 무디는 남의 설교를 들을 때면 언제나 배우려는 강한 열린 의지를 갖고 있었다. 그는 매우 민감하게 남의 설교를 들었으며, 뭔가 좋은 내용이 있으면 항상 준비된 메모지를 주머니에서 꺼내 흡족한 미소를 지으며 기록하였다. 17세도 안된 영국 출신 소년 설교가 해리 무어하우스의 설교도 그에게는 "말씀의 무한의 가능성을 가르쳐 주는 하나의 계시였다. … 그때부터 무디는 성경을 더욱 열심히 연구하는 사람이 되었다."

요한복음 3:16을 본문으로 하고 하나님의 사랑을 주제로 한 무어하우스의 설교는 무디에게 성경을 총체적으로 바라보는 안목을 주었다.

> 그는 그 놀라운 구절을 가지고 또다시 창세기부터 계시록까지에 나타나 있는 하나님의 사랑을 증명하기 시작했다. 그는 성경의 모든 부분을 인용하면서 설교했는데, 다른 어떤 설교보다 훌륭했다. … 그의 설교를 들을 때 나의 영혼은 기뻐하였다(무디).

> 진정한 회개는 성령께서 죄인에게 그들이 지은 죄를 보여 주시는 것입니다. 그것이 바로 우리가 원하는 것입니다. 성령께서 오늘 밤 여기 모인 한 사람 한 사람에게, 회개치 아니하고 버림받은 자신들의 상태를 분명히 보여 주시기를 소원합니다. 하나님께서 한 가지 죄 때문에 아담을 에덴동산 밖으로 내쫓으셨다면, 여러분은 어떻게 만 가지 죄를 짓고 천국에 들어가기를 기대하십니까?(무디의 〈회개〉 설교에서)

> 우리에게 빈약한 목사님들이 많은 이유는 우리가 그들을 위해서 기도하지 않기 때문입니다. 여호수아를 보십시오. 그가 주님을 위해 싸우고 있을 때 모세는 산 위에서 기도했습니다. 이와 같이 우리도 목사님들이 주님을 위해 싸우고 있을 때 그분들을 위해 기도해야 합니다(무디의 〈사랑〉 설교에서).

■ 무디의 설교

하나님의 네 가지 질문(창 3:9, 13; 4:9; 왕상 19:9)[1]

…(전략)…

1. "네가 어디 있느냐?"(창 3:9)

우리 스스로에게 개인적으로 이런 질문을 해봅시다.

"나는 어디에 있습니까?"

– 인간의 시각에서가 아니라(그런 것은 아무 문제가 되지 않습니다), 하나님의 관점에서 보았을 때 나는 도대체 어디에 있는 것인가?

바로 그것이 문제입니다. …(중략)… 아담이야말로 그런 질문을 하는 첫 번째 사람이 되어야 마땅했습니다. 그는 에덴동산을 위 아래로 뛰어다니며 이렇게 소리쳤어야만 했었습니다.

"나의 하나님, 당신은 어디 계시옵니까?

저는 죄를 지었습니다. 저도 범죄하고 말았습니다."

…(중략)… 그러나 오늘날과 마찬가지로, 그때도 역시 하나님께서 먼저 질문자의 자리를 취하셨습니다. 아담이 범죄 했던 그 순간부터 지금까지 인간은 하나님을 찾으려 하지 않았습니다. 그래서 하나님께

---

[1] 피터 C. 어브 편, 『경건주의 자들과 그 사상』, 엄성옥 역 (은성, 1994), 108–116.

서 먼저 인간을 찾아 나서야만 했던 것입니다. …(중략)…

누가복음 15장에는 '하나님은 우리를 찾고 계시는 분'이라는 것을 가르쳐 주는 세 가지의 비유가 나옵니다. 잃은 양을 찾을 때까지 사막을 헤매고 다닌 것은 바로 '목자'였습니다. 은전 한 닢이 여자를 찾고 있었던 것이 아닙니다. 잃어버린 은전 한 닢을 찾아 부지런히 집을 쓸었던 것은 바로 '여자'였습니다. 이런 비유들은 우리에게 하나님은 정말로 위대한 '찾는 자'(Seeker)이심을 보여 주기 위한 것이었습니다. 만약 여러분이 여러분 자신의 모습을 발견하시고, 자기가 누구이며 자기가 무엇인지를 발견하신다면, 그것은 아마 여러분이 지금까지 할 수 있었던 발견 중에서도 가장 위대한 발견일 것입니다.

2. "네가 무엇을 하였느냐?"(창 3:13)

"네가 무엇을 하였느냐?"

그녀가 했던 일은 어떤 것이었습니까?

그녀는 불순종의 죄를 범했던 것입니다. 그녀는 세상에 죄를 들여왔습니다. …(중략)… 죄는 이 세상에 가득 차게 되었음을 명심하시기 바랍니다. 그 여자는 스스로 타락한 성질을 취하여 그것을 자기 후손들에게 물려주었습니다. …(중략)… 우리의 큰 도시 전역에서 죄로 인하여 발생하는 불행과 고통들을 살펴보십시오! …(중략)…

"네가 무엇을 하였느냐?"

살아 계신 하나님으로부터 돌아서서 모든 의의 적에게로 가는 일은 무서운 일입니다.

그러나 하나님께 감사하십시오! 바로 그때, 그곳에서, 하나님은 그녀의 손에 약속의 등불을 주셨습니다. …(중략)… 그분은 당신의 여자의 후손들과 뱀 사이에 불화를 만드시겠다고 말씀하셨을 때, 뱀은 그분의 발꿈치를 물고 그분은 뱀의 머리를 밟으리라고 약속하셨던 것입니다. …(중략)… 예수 그리스도, 인간을 구원하시기 위하여 이 땅에 오셨던 가장 순결한 존재이셨던 그분은 십자가에 달려 돌아가셨습니다. …(중략)… 뱀은 그 머리가 부숴 질 것입니다. 그리고 우리 모든 사람들은 뱀의 머리를 부수기 위하여 자기들이 할 수 있는 모든 것을 해야만 할 것입니다. 우리의 최대의 적은 바로 죄입니다.

3. "네 형제가 어디 있느냐?"(창 4:9)

여러분의 형제는 지금 어느 곳에 있습니까?
그는 어디에 있습니까?
여러분의 대답도 가인의 대답과 같은 것입니까?
그는 이런 식으로 대답했습니다.
"내가 내 아우를 지키는 자입니까?
그가 도대체 내게 무엇입니까?
저는 제 아우 아벨과 아무 상관이 없습니다. 저는 그런 책임을 포기하겠습니다. 저는 제가 누군가에게 책임이 있다는 것을 부정하겠습니다. 저는 제 일에나 신경을 쓰겠습니다. 모든 사람들은 자기 일에나 마음을 두게 하십시오! 저는 그들에게 아무런 관심을 두지 않겠습니다."
…(중략)…

어느 해변가에서 있었던 굉장한 폭풍에 관한 이야기가 있습니다. 구명보트에 사람들이 오르고 있었는데 한 어머니가 해변으로 달려와 자기 아들이 그 안에 타고 있는 것을 보게 되었습니다. 어머니는 소리쳤습니다.

"애야, 네가 가면 난 죽는다. 넌 내게 남은 모든 것이야. 윌리도 바다에서 죽었잖니? 가지 마라."

그러나 바다 저편에는 배 하나가 파선하고 있었고 그 위에는 사람들이 타고 있었습니다. 그 아들은 자기가 가서 그 사람들을 구해야만 한다고 느꼈습니다. …(중략)… 구명 선에 올랐던 이들은 마침내 그 파선하는 배에 도달했습니다. 그리고 그 배에 타고 있던 사람들을 구했습니다. …(중략)… 그리고 그 안에 있던 아들은 어머니를 소리쳐 불렀습니다. …(중략)… "어머니, 제가 윌리를 구했어요." 모두가 잃었다고 생각했던 그의 형 윌리가 그 파선하는 배에 타고 있었던 것입니다. …(중략)…

오! 친구들이여, 여러분은 누군가를 구하려고 해 보신 적이 있으십니까?

저는 여러분이 누군가를 구해 내는데 '성공했느냐'고 묻는 것이 아닙니다. 저는 여러분이 그렇게 하려고 '시도해 보신 적이 있느냐'고 묻고 있는 것입니다. …(중략)… 만약 여러분이 누군가를 어둠으로부터 빛으로, 죄의 사슬로부터 하나님께로 인도하는 하나님의 손 안의 도구가 될 수만 있다면, 이 날은 얼마나 놀라운 날이 되겠습니까! …(중략)… 여러분은 가인과 같이 되어 이렇게 말할 수 있습니다.

"내가 내 아우를 지키는 자니이까?"

그러나 하나님께 감사하십시오! 여러분은 그것보다 훨씬 더 훌륭한 답을 할 수 있습니다.

여러분은 이렇게 말할 수 있습니다.

"하나님의 도우심으로 저는 누군가를 구하게 될 것입니다. 그리고 저의 삶은 실패로 끝나지 않을 것입니다."

4. "네가 여기서 무엇을 하고 있느냐?"(왕상 19:9)

엘리야는 하나님과의 교제로부터 멀어져 있었습니다. 한때 그리도 용감했던 엘리야는 겁쟁이가 되고 말았습니다. 이때까지 그렇게 성공적으로 살아왔던 엘리야는 자기의 주인으로부터 눈길을 거두고 사막으로 달아나 로뎀나무 밑에 앉아서 죽기를 원하고 있었습니다. …(중략)… 그 방랑자는 혼자였습니다. 그러나 결코 혼자가 아니었습니다. 그가 놓치거나 잘못 해석할 수 없는 한 목소리가 그의 귀에다 무시무시한 질문을 들려주었습니다.

"엘리야야, 네가 이곳에서 무엇을 하고 있느냐?

…(중략)…

이 패역한 시대에 있어서 나의 대리인인 너, 내가 너의 동료들보다 높여 영광스럽게 한 너, 나의 신실함에 대해 증거 위에 증거를 지니고 있는 너는 지금 도대체 무엇을 하고 있느냐? …(중략)…

이 황폐한 장소에서, 네 의무를 저버리고 여기에서 무엇을 하고 있느냐?

바알의 신당들은 다시 세워지고 있고, 나의 제단은 황폐하게 되어 있고, 박해의 칼은 뽑혀 있고, 비겁한 목자인 너에게 맡겨 놓았던 울부짖는 양떼들은 노략하는 이리들에게 방임되고 있는데 너는 여기에서 무엇을 하고 있느냐?

너의 힘이 되시는 하나님은 어디 계시느냐?

갈멜산에서의 너의 기도와 맹세는 어디에 있느냐?

자신의 이름과 운명을 속이는 연약한 자여! 너는 여기에서 무엇을 하고 있느냐?" …(중략)…

엘리야는 이때 그의 일생의 기회를 놓쳤습니다. 하나님은 그의 외투를 엘리사에게 입힐 것을 허락하셨습니다. 그러나 그는 하나님께서 그를 힘 있게 사용하려고 하셨던 장소에 이르렀을 때 겁쟁이처럼 도망치고 말았던 것입니다. 우리들 대부분은 놀라운 기회를 놓치곤 합니다. 만약 하나님께서 여러분을 어떤 일을 위하여 부르신다면, 그 일이 보다 높은 일인지 아닌지를 논하려 하지 마십시오! 그런 것은 하나님께 맡기십시오! …(중략)…

여러분은 이렇게 대답하십시오!

"제가 여기 있습니다. 저를 보내 주소서."

…(중략)… 여러분은 하나님과의 교제로부터 멀어져 계십니까?

…(중략)… 만약, 그렇다면, 그분께 용서를 구하십시오! 전심으로 그분께 돌아가십시오! 그러면 그분이 여러분을 힘 있게 사용하실 것입니다.

10장. 캠벨 모건

(George Campbell Morgan, 1863-1945)

1. 생애

2차 세계 대전의 와중에서, 생애 마지막 한 달 동안 갑작스럽게 건강이 악화된 캠벨 모건은 (George Campbell Morgan, 1863-1945)[1] 1945년 5월 16일 하나님의 부르심을 받아 세상을 떠났다. 로이드 존스(Martyn Lloyd-Jones)는 자신의 웨스트민스터교회 선임목회자로서 "타고난 설교자" 모건이 82세의 나이로 세상을 떠났을 때, 장례식 설교에서 모건의 역사적 의미를 "적시에 하나님께서 자

Campbell Morgan

신의 교회에 주신 선물"(God's gift to His Church), "어려운 시기 … 하나님께로부터 온 사람"(a man came from God), "자신에게 부여된 일을 훌륭히 감당한 사람"으로 묘사했다. 그리고 "하나님이 그를 보냈다"(God sent him)라는 최고의 찬사를 아끼지 않았다.

구세군과 감리교회의 목사고시에서 교리시험은 합격했지만, 1888년 5월 22일 설교시험에서 낙방한 후 목사 안수를 거절당한 모건은 "모든 것이 매우 어두워지는" 깊은 좌절을 경험하기도 했지만, 이를 극복한 후 1889년 8월 회중교회에서 목사 안수를 받았다. 67년간 말씀의 신실한 사역자로서 최선을 다한 모건은 대서양을 54회 건너 북미의 크고 적은 집회에서 확신에 찬 분명한 목소리로 능력 있게 복음을 전했으며, 영국과 미국에 위치한 8교회를 목회했다.

---

[1] 캠벨 몰간으로 발음하기도 하나, 여기서는 모건으로 표기하기로 한다.

그 가운데 영국 런던에 위치한 웨스트민스터교회에서의 사역은 총13년 동안으로, 먼저 1914-1917년 그리고 1933-1943년 마지막 은퇴에 이르기까지 2회에 걸쳐 부름을 받아 이뤄졌다. 특히 웨스트민스터교회 목회 시에는 "설교자들의 설교자로서" 독립적으로 타교회의 교인, 목회자, 교사들을 포함하여 평균 1400명이 참석하는 금요저녁 성경공부를 인도하였다.

모건은 결코 대학교육이나 신학교육을 받은 적이 없었지만, 1911년-1914년 영국 캠브리지에 위치한 체선트대학(Cheshunt College)의 초대 학장, 1927-1928년 미국 LA의 바올라대학교(Biola University)에서, 그리고 1930-1932년 보스톤에 위치한 고든컬리지(Gordon College)에서 신학생들을 가르쳤다. 모건은 일생동안 23,390회 이상의 설교를 했으며, 70권 이상의 저서를 세상에 남겼다.[2]

조지 캠벨 모건은 1863년 영국 테트베리(Tetbery)의 작은 마을에서 경건한 가정의 아들로 태어났다. 목회의 어려움에도 설교하기를 중단하지 않았던 침례교회 설교자 아버지를 따라 어린 모건은 이런저런 집회에 참석하여 유명한 강사들의 설교를 기꺼이 경청하였다. 건강이 좋지 못하여 정상교육을 받을 수 없었던 10세의 모건은 1873년 생애 처음 무디(D. L. Moody)와 생키(Ira Sanky)의 집회에 참석하여 감명을 받았다.

이로부터 23년 후 1896년 무디는 33세의 목사 모건을 미국 노쓰필

---

[2] 필자 역시 시카고에서 목회자로서 활동할 때 모건의 강해설교에 감동을 받았으며, 알게 모르게 로이드 존스, 스토트(John Stott)의 저술과 함께 강해설교의 진수를 맛볼 수 있었다.

드 성경수련회(Bible Conference)에 강사로 초청하였고, 이후 수많은 동역을 함께 하였는데, 1901년 모건은 지역목회를 그만두고 무디의 동역자로서 노쓰필드 성경수련회의 강사와 순회설교자로서 참여하였다. 타고난 설교자 모건은 감리교회(Monmouth Methodist Church)의 적은 회중 앞에서 13세 때 처음으로 설교를 하였는데, 설교의 주제는 여러 성경본문을 배경으로 한 구원론이었다. 60년 후 키가 크고 마른 체구의 모건은 73세의 노인으로 다시 이곳에 와서 같은 본문을 가지고 기념설교를 했다.

15세가 되어서부터 모건은 가까이에 위치한 교회들과 회중 앞에서 정규적으로 설교를 하기 시작하였는데, 곧 "소년설교자"(boy preacher)라는 소문과 함께 주위의 명성을 누렸다. 모건은 소정의 교육을 이수한 후 유대인학교에서 보조교사로서 일을 하기 시작하였는데, 당시 교장은 모건에게 가르침의 은사가 있음을 발견하였다. 이 기간 모건은 2년여 동안 신앙의 위기를 느끼는 동시에 목회자로서의 소명에 눈을 뜨기 시작하였는데, 가르치기보다는 설교하고픈 마음이 뜨겁게 일어나곤 하였다. 결국 회중교회의 목사 안수를 받은 모건은 같은 해 사촌 낸시(Nancy)를 평생의 동반자로 하여 결혼하였으며, 둘 사이에 네 아들과 세 딸 총 일곱 자녀를 두었다. 네 아들 모두는 아버지를 따라 목회자의 길을 갔는데, 그 중 막내 호와드(Howard)는 아버지가 다시 영국 런던의 웨스트민스터교회로 부름을 받아 미국 필라델피아의 타버네클장로교회(Tabernacle Presbyterian Church)를 떠났을 때, 아버지를 따라 그 미국교회의 후임이 되었다.

주일에는 공중 앞에서 검은 양복에 하얀 칼라를 한 성의(聖衣)를 기꺼이 입었던 모건은 늘 또렷하고 힘찬 목소리로 설교하여, 웨스트민스터교회에 아직 음향시설이 없었지만, 수천의 회중들이 설교를 이해하는데 어려움이 없었다. 테니스를 즐겨했던 모건은 건강을 잘 관리하였고, 대서양 양 편에 수많은 친구들을 중요하게 여겨 깊고 귀한 우정을 소중히 쌓았다. 이러한 그의 모습은 설교단의 엄숙함과는 조금 거리가 있었는데, 사실 모건은 수줍음을 타는 성격의 소유자였을 뿐 아니라, 가정에서나 휴일에는 화려한 색상의 옷을 즐겨 입곤 하였다.

2. 웨스트민스터교회의 담임목사

무디와 동역하면서 "성경강해의 왕자"(prince of expositors) 모건은 영국의 지역목회를 그만두고 영국과 미국의 교회를 오고가며 집회를 인도하기 시작하여, 순회설교자가 되었다. 그러는 중 1904년 영국의 웨스트민스터교회가 그를 필요로 하여 불렀는데, 당시 교회는 여러 가지로 어려운 형편이었다. 교인들도 많지 않고, 너무도 큰 예배당에, 2층은 15년 이상 사용하지 않아서 형편이 없었는데, 별명은 "흰 코끼리"라고 불리고 있었다. 모건은 그의 오랜 친구인 알버트 스위프트(Albert Swift)를 동역자로 불러와 은사를 따라 교회행정을 맡겼다. 모건 역시 은사를 따라 능력 있는 설교로 성도를 깨웠다.

1년 후 교회는 성도들이 빈 자리를 메우기 시작했고, 교회는 생기가 넘쳐나기 시작하였다. 첫 1년 동안 모건은 교회 주요건물을 수리하였고, 여러 다양한 새로운 프로그램으로 성도들의 영적 삶을 강화시키며 풍요롭게 하였다. 아울러 금요저녁 성경공부도 곧 수 천 명의 사람들로 채워지기 시작하였다. 모건은 1904년 영국에도 미국의 무디가 이끄는 성경수련회가 필요로 함을 인식하여, 노폴크(Norfolk) 해변에 위치한 한 지역에 부동산을 구입하여 시설을 갖춰 1906년부터 1914년까지 10일간의 수련회를 여러 강사들을 모시고 개최하였다.

1917년 모건은 웨스트민스터교회를 사직하고, 다시 일 년이 요구되는 순회설교자의 길을 호주로, 1918년 북 영국으로, 1919년 미국으로 떠나게 되는데, 이로부터 14년 동안 모건은 순회 성경강해자(a travelling Bible expositor)로서의 삶을 살게 된다. 곧 모건이 69세가 되던 1933년 영국의 웨스트민스터교회가 다시 그를 찾을 때까지이다. 영국 웨스트민스터교회에서 역시 모건은 능력 있는 설교자로서 1943년 은퇴할 때 까지 설교를 계속하였다. 그렇지만, 이전의 영광은 다시 돌아오지 않았다.

1935년 모건은 성경수련회를 다시 시도했지만, 2년 후 1935년 곧 막을 내려야 했다. 감사하게도 금요저녁 성경공부는 여전히 2천 명 이상의 사람들이 모여들었다. 1936년 웨스트민스터교회는 모건의 성역 60주년을 1년 동안 갖은 정성을 다해 셨으며, 거기에서 거둬진 헌금으로 예배당을 전면적으로 수리할 수 있었다. 모건은 생의 말년 기억상실과 매 주일 강단에 올라가는 것을 두려워하는 고공 공포증으로 힘들어 했는데, 모건의 사표제출에도 불구하고 목회는 수년간 계속되었다. 모건이 1943년 은퇴목사(Minister Emeritus)가 되었을 때, 그 뒤를 저명한 로이드 존스가 이어 받았다. 2년 후 1945년 모건은 82년의 이 땅의 삶을 뒤로하고 하나님의 부르심을 받았다.

일생을 정리할 때 모건의 생은 세 가지 역할로 채워진다. 주석가 (exegete), 강해설교자(expositor), 그리고 교사(educator)의 역할이다. 물론 세 가지는 하나같이 성경과 결부된 역할이다. 성경연구에 자신을 바쳤던 성경주석자로서의 사명을 모건은 최선을 다해 감당했다. 아침 이른 시간부터 시작된 성경연구는 매일 규칙적으로 행해졌는데, 이러한 작업은 늘 자신의 성경공부반과 설교사역에 긴밀히 요구된 것은 사실이었다. 강해설교자로서 모건은 두 가지 사실을 잊지 않았는데, 본문을 이해하기 쉽도록 체계화 하는 일과 본문이해를 어떻게 삶으로 옮겨야 할 것인가(application) 하는 물음이었다.

모건에게 교사로서의 역할이란 한 마디로 설교자들과 선생들의 선생으로서의 웨스트민스터교회에서 행해지는 금요저녁 성경공부를 염두에 둘 때 이해가 쉽다. 게다가 모건은 생애 세 대학에서 학생들을 가르치는 일을 하였다. 배우지 못한 선생으로서의 모건의 생은 엄밀히 볼 때, 타고난 설교자로서의 은혜가 그에게 주어졌기에 가능하였던 것이다.

3. 모건과 로이드 존스

모건과 로이드 존스의 첫 만남은 로이드 존스가 모건의 설교를 들으러 가서이다. 그 후 1935년 12월 초 모건이 거꾸로 로이드 존스를 만났는데 런던의 거대한 강당 얼버트 홀(Albert Hall)에서 로이드 존스가 집회를 한 후였다. 바로 그 다음날 한 통의 편지가 모건으로부터 로이드 존스에게 전달되었다. 모건이 목회하는 웨스트민스터교회에서 설교를 해달라는 초청의 편지였다. 1937년 로이드 존스가 다시 미국집회를 하게 되었을 때, 영국에서 찾아 온 모건이 뜻하지 않게 회중 속에서 로이드 존스의 설교를 경청하였고, 예배가 끝났을 때 모건은 가장 먼저 다가와 로이드 존스에게 인사를 하고 자리를 빠져나갔다.

> 직감적으로 저(로이드 존스)를 자신의 동역자로 초빙하는 문제에 대해 심사숙고하고 있다는 것을 알아챘습니다. 1937년 6월의 그 밤에 모건 박사는 저를 웨스트민스터교회에 초빙하기로 결정했던 것입니다.

1938년 9월 모건을 만났고, 6주 후부터 모건과 로이드 존스는 번갈아 가며 웨스트민스터교회에서 설교를 하기 시작하였다. 1945년 로이드 존스는 하나님의 부르심을 받은 모건의 후임자로서 웨스트민스터교회의 담임목사가 되었다. 그러니까, 7년의 동역 후에 로이드 존스는 모건의 후임자가 되었다. 로이드 존스는 그의 전임자 모건에 대해서 1944년 행한 인터뷰가 「크리스챤투데이」에 실렸는데, 전임자에 대한 존경을 아낌없이 표하였다. 그러면서도 로이드 존스는 자신의 독창성을 살리고 싶어 하였다.

> 그는 위대한 강단의 거장이었습니다. 많은 면에서 제가 지금까지 본 설교자들 중에 위대한 설교자였습니다. 그는 또한 매우 친절하고 관대한 사람이었습니다. 그러나 저는 언제나 제 나름대로의 독특성을 살리고 싶었습니다. 결코 그분이나 다른 어떤 설교자를 모방하고 싶

지 않았습니다. 저의 주된 관심사는 저의 능력을 최대한으로 발휘해 메시지를 전하는 것이었습니다. 우선은 메시지를 믿었고, 또 하나님께서 저의 노력에 응답하시리라 믿었습니다(로이드 존스).

4. 강해설교의 왕자

제목설교를 거의 하지 않았던 탁월한 강해설교자 모건의 성공근거를 사람들은 그의 "명료하며, 힘이 있으며, 폐부를 찌르는 성경강해"에서 찾는다. '강해설교의 왕자' 모건은 자신의 설교를 견고하게 성경본문과 그 본문의 해설 위에 세웠다.

모건은 성경본문 한 구절, 한 구절을 차례에 따라 설교를 만들어 갔는데, 이렇게 만들어진 설교내용 중 상당부분이 그의 70권의 주석에서 만나진다. 원어 성경도 보았지만, 주로 RSV 영어 성경을 깊이 있게 읽고 또 읽어 설교를 준비했다. 가르침의 은사를 가졌던 모건의 설교는 매우 쉽게 이해가 되면서도 강력하게 실생활의 적용을 염두에 두었다. 50분 이상 소요되었던 모건의 조직적이며, 실질적 설교는 본문에 대한 깊은 묵상과 깊고 넓은 독서가 큰 몫을 했다.

모건은 설교준비에 있어, "두 가지가 강조되었는데, 우선 개인적인 것으로 본문에 대한 작업이며, 다음은 학자적 도움을 받는 것이었다. 성경본문에 대한 개인적 작업을 먼저 끝낸 후 그리고 본문에 대한 개론적 이해를 갖고 난 후에서야 다른 사람의 주석을 참고하였다"(모건). 어쨌든 거대한 선생 모건은 그의 타고난 설교자로서의 은사에서 빛을 볼 수 있었다.

모건의 강해설교는 중요한 3요소로 구성되어 있는데, 명료성(clarity)과 열정(passion)을 가진 성경적(biblical) 설교였다는 것이다. 명료성이란 설교자의 말하고자 하는 주제, 목적이 하나로서 집중된다는 뜻이며, 열정이란 좋은 설교의 중요한 속성으로서 복음전파에 있어서 성령이 함께 일어나는 자연스러운 현상으로 모건은 이해한다. 아무리 잘 준비된 설교라 할지라도 전달이 되지 않는다면 결정적인 약점을 갖게 된다는 것이다.

모건의 설교를 분석한 남부 캘리포니아에 위치한 갈보리 산 침례교회(Mt. Calvary Baptist Church) 목사 마크 미닉(Mark Minnick)은 네 가지 단계, 개관(survey), 요약(condense), 확장(expand) 그리고 분석(dissect)을 언급한다.

개관단계는 분문 전체의 주제를 파악하는 일로서 성경본문을 반복해서 읽고 또는 읽는 일이 요구된다. 모건은 성경주석을 시작하기 전에 본문을 50회 이상 정독하였다.

성경본문의 주제가 명료하게 확인된 후, 다음단계는 요약 곧 압축의 단계이다. 성경본문의 단락 단락의 주제를 핵심적으로 요약해서 그것을 분석하며 설교의 틀을 만들어가는 작업이다.

그런 후 확장단계로 나아가는데, 성경본문의 단락 단락의 주제를 설교로 발전시키며, 연결하는 작업이다. 전체 주제를 가지고 설교를 꿰뚫어가는 일이라 하겠다.

그런 후, 마지막 단계로서 해부하는 일인데, 주제와 소주제가 어떻게 연결점을 갖고 있는지, 조화를 이루고 있는지를 분석하고 점검하는 단계이다. 여기서 모건은 질문을 갖게 될 때, 다른 학자들이 쓴 주석들의 도움을 입는다. 그럴 경우, 자신이 작성한 설교에 다른 새로운 아이디어들이 첨가되는 순간이 되기도 한다. 타인의 이해와 인식을 또는 통찰력을 겸허하게 받아들이는 단계라 할 것이다. 또는 자신이 작성한 설교에서 결정적인 오류와 흠을 찾아 고치거나 아예 삭제하는 시간이 되기도 한다.

5. 모건의 설교

모건 본인이 미국의 캘리포니아 글렌데일에서 쓴 『마태복음 강해』 머리말을 통해 "설교를 준비하고, 설교하는 과정을 통하여 많은 기쁨을 맛보았다"고 고백하며, "당시에 교인들이 이 설교들을 듣고 커다란 은혜를 받게 해 주신 것에 대해 하나님께 감사드린다."[3] 설교를 하며 설교의 은혜를 사모하는 필자로서도 모건이 부럽고 넉넉히 이해가 가는 대목이 아닐 수 없다.

어쨌든 모건의 설교를 향해 궁금한 부분은 어떻게 모건이 성경본문에 입각한 강해설교에 집중하면서도 실생활을 향한 강력한 적용에로 나아갔을까 하는 점이다.

예를 들어 모건은 마태복음 1:1-17을 본문으로 한 강해설교에서 예수님의 계보를 통해 몇 가지 교훈적 사실을 가져오고 있는데, 설교

---

3 캠벨 몰간, 『마태복음 강해(상)』 (서울, 1987), "머리말".

본문으로 채택하기에는 그리 녹녹한 본문은 아니라고 생각된다.

특히 어떻게 이 말씀에서 모건이 교훈적인 적용에로 나아갔을까 주목하게 된다.

첫째, 계보는 철저히 유대적이면서도 라합을 포함시킴으로써 히브리민족의 경계를 뛰어넘고 있다는 점이다.

둘째, 여자들을 소개하고 포함시킴으로써 유대주의 편견을 깨고 있다는 점이다. 더구나 포함되고 일컬어지고 있는 여자들의 면면을 살펴볼 때 더욱 그러하다는 것이다. 여인 다말은 악명 높은 죄인, 라합은 이방인으로 죄인, 룻은 역시 이방 여인, 밧세바는 다윗의 범죄로 이스라엘 왕통에 수치의 그림자를 드리우게 한 여인이다는 사실을 밝힌다. 과연 모건은 여기서 무엇을 말하려는 것이며, 설교를 듣는 성도들이 무엇을 하기를 원하는 것일까를 생각하게 된다. 곧 적용의 문제이다. 복음의 세계성과 보편성을 제시하며, 남여 죄인 모두에게 해당되는 복음의 보편성을 강조함으로써 이를 향한 성도들의 새로운 인식과 참여를 요청하고 있다 하겠다.

아마도 이러한 모건의 설교를 들은 당시의 성도들은 그들이 처한 현실을 돌아보며, 성경적 삶을 향해 고민하지 않을 수 없었을 것이 분명하다. 당시 그들은 노예제도, 남녀차별, 엄격한 신분제도, 인종차별을 말씀의 거울에 비춰 거대한 고민을 하지 않으면 안 되었을 것이 분명하다! 과연 모건은 능력 있는 말씀을 선포한 주의 종이었다.

■ 모건의 설교

믿음(요 6:29)[1]

믿음에 관한 그리스도의 철학은 "믿는 것이 하나님의 일이니라"는 것입니다. 그렇다면 믿음은 일이며, 행동이지 감정이 아니며, 자기와는 떨어져서 또는 자신과 아무런 상관없이 사람에게 오는 그 무엇이 아닙니다. 나는 믿을 수도 혹은 믿기를 거절할 수도 있습니다. 믿음은 일입니다.

1. 무엇보다도 먼저, 본문의 전제를 유의해 보십시오

신약을 연구함에 있어서 사람들 사이에서 예수님이 자신은 하나님께로부터 보냄을 받은 사람이라고 주장한 사실 이상으로 더 흥미로운 것은 없습니다. …(중략)… 과거의 첫 번째 세대들이 표적을 구한 것처럼 이 세대도 똑같이 표적을 구하고 있다는 사실을 잊지 말기를 바랍니다. …(중략)… 예수 그리스도가 하나님의 보낸 자라는 것을 충분히 증거 하는 표적은 그 자신 이외에는 없습니다. 예수님은 사람들에 말했습니다.

"나를 믿으라, 그렇지 못하겠거든 행하는 그 일을 인하여 나를 믿으라."

---

[1] 프레데릭 바튼 엮음, 『부흥설교 103선집』, 홍성국 역 (보이스사, 2005), 334-338.

그러나 예수님이 하나님의 보낸 자임을 입증하는 압도적인 최상의 증거는 예수님이 누구였으며, 누구며, 무엇을 가르쳤으며, 가르치며, 무엇을 행했으며, 행하는 가에 있습니다.

그렇다면 그리스도의 사역의 가치는 무엇이었습니까?

…(중략)… 예수님은 두 가지 일을 행하기 위하여 왔습니다. 계시를 위하여 왔습니다. 그리고 화목을 위해 왔습니다. 혹은, 만일 내가 두 단어를 사용할 수 있다면, 예수님은 빛과 생명을 위하여 왔습니다. 예수님은 무엇보다도 먼저, 사람들에게 빛을 혹은 계시를 위하여 왔습니다. 예수님은 사람들에게 생명을 주기 위하여 그래서 화해를 가능케 하기 위하여 왔습니다.

예수님은 무엇에 관한 계시를 사람들에게 주기 위해서 오셨습니까?

하나님에 관해서, 사람에 관해서, 그리고 하나님과 사람 사이의 관계에 관한 것입니다. 예수님은 화해를 이루기 위해서 왔습니다.

무슨 화해입니까?

첫 번째는 사람의 삶 속에 있는 도덕적 깨우침입니다.

두 번째는 사람의 삶 속에서 도덕적 씻김입니다.

세 번째는 하나님과 인간 사이의 상호교통을 위한 것입니다.

이제, 예수님이 오늘 그 같은 상에 의하여 시험받아야 합니다. 우리는 이 시간 예수님이 하나님의 보내신 분임을 선포합니다. 예수님이 우리에게 계시를 가져왔고, 화해를 이루었기 때문입니다.

2. 이제 주님이 "가라사대 하나님의 보내신 자를 믿는 것이 하나님의 일이니라"

아마도 이 점에 있어서 여러분들에게 어려움이 일어날 것입니다. 여러분들은 말할 겁니다.

"그러나 나는 나의 믿음을 강요할 수 없습니다. 분명 나는 이것을 믿지 않기 때문에 죄인이라고 여겨지지 않고 내가 이것을 믿기 때문에 성도라고 여겨지지 않을 겁니다. 믿음은 사람이 강요할 수 있는 그 무엇이 아닙니다."

그 점에 대하여 내가 길게 논쟁할 필요가 없습니다. 사람들은 어느 곳에 있든지, 의지와 믿음 사이에 아주 밀접한 관계가 있음을 이해하고 있기 때문입니다. …(중략)…

3. 이제 본문의 위대한 선언의 마지막 말을 생각하려고 합니다 하나님의 보내신 자를 믿는 것이 하나님의 일이니라

이 말은 모든 것을 함유하고 있음을 유의하기 바랍니다. 그것은 먼저 하나님의 원래의 일이며, 그리스도인의 삶이 시작되는 시점이기도 합니다. 더욱이 그것은 포용적입니다. 이 생각과 이 사람 밖에 있는 삶의 분야는 없습니다. 이것은 하나님의 일입니다.

내가 이것을 어떻게 최상급으로 제시하겠습니까?

여러분들이 해야 할 첫 번째 일은 예수님에게 관을 씌워드리는 것이며, 여러분들이 그에게 관을 씌워드리는 순간에 여러분들은 하나님이 하시는 일을 하고 있는 겁니다. 그리고 여러분과 하나님이 함께 하는 것입니다. 여러분들이 그리스도를 믿는 것은 하나님의 일입니다.

그러나 그것은 원래적인 것 그 이상의 것입니다. 내가 영감적이라는 말을 사용할 수 있다면 그것은 영감적인 것입니다. 예수님을 믿는 일은 행동이 아니고 태도입니다. 그것은 모든 사고와, 말과 행동에 영향을 끼칩니다. 예수님을 항상 믿는 것은 하나님의 일을 항상 하는 것입니다. 나는 예수님을 믿음으로 말미암아 나의 연구들을 진행시킵니다. 나는 예수님을 믿음으로 말미암아 나의 사업을 이끌어 갑니다. 양심이 사업에서 작용할 수 없다고 주장하는 무서운 이단에서부터 하나님이 이곳에 있는 각자를 구출해 내기 바랍니다.

나는 예수님에게 맡기지 않고 나의 집에서, 나의 오락에서, 나의 전문적 직업이나 사업에서 어떤 것도 다루어서는 안 됩니다. 그것이 예수님을 믿는 것입니다. 그것은 예수님이 왕이라는 사실에 단지 지적인 동의만을 하는 것이 아니라 예수님의 왕권에 굴복하는 것입니다. 나는 예수 그리스도에게 얽매인 노예처럼 매일 매일을 예수님을 믿으며 삽니다. 그것이 포용적이라는 것입니다. 그것은 나의 존재의 모든 영역에, 나의 삶의 모든 세력 속에, 나의 생애 끝까지 침투하는 것을 말합니다. 여기에서 지금 그리고 항상 영원히 그에게 관을 씌우는 것은 하나님의 최상의 일입니다.

여러분들은 그를 믿었습니까?

만일 그렇지 않다면, 왜 아닙니까?

여러분들의 어려움이 지적인 것입니까?

나는 여러분들에게 여러분의 판단을 눈먼 판단으로 만들지 말기를 간구합니다.

"그리스도에 관한 모든 비밀이 설명되면 나는 믿겠노라"

이렇게 말하면서 주저하지 말기를 바랍니다. 만일 여러분들이 그렇게 주저한다면 여러분들은 결코 믿지 못할 것이기 때문입니다.

차라리, 이렇게 말하십시오.

"빛이 내게 왔다. 새 빛이 나에게 비쳤다. 그리스도의 부르심이 내 영혼 속에 분명해졌다."

그 부름에 응답하십시오. 그 희미한 빛을 따르십시오. 그것은 여명에 불과하며 아직 낮이 되지 않았습니다. 여러분에게는 아직 대낮이 아닙니다. 그러나 그 여명의 빛은 여러분의 삶을 비추고 있습니다. 그것을 따르십시오. 그에게 관을 씌우십시오. 그것이 첫 번째 할 일입니다.

다른 사람은 이렇게 말합니다.

"나의 어려움은 도덕적인 것이다. 내 생애 속에서 나를 지배한 악한 일이 있습니다."

나는 "생각의 변화인 회개하라"는 첫 번째 단어를 여러분들이 생각하기를 원합니다. 여러분들의 삶의 중앙에 자리 잡고 있는 죄를 응시하는 대신에 하나님을 그 중앙에 모시고 이렇게 말하기 바랍니다.

"내가 여기 있습니다. 하나님 나를 도와주십시오. 하나님과 나는 지금까지 나를 지배하던 어떤 죄보다 더 강합니다."

"회개하고"

"믿으시오"

이 두 단어가 그리스도인 삶의 시작을 표시하는 두 개의 중요한 단어입니다. 빛을 의식하지 못하고 경건치 못한데서 돌이켜 예수 그리스도를 향하여 올 수 있는 사람은 없습니다. 빛을 순종하십시오. 그렇게 하면 여러분들은 하나님의 일을 하는 겁니다.

11장. 마포삼열
(Samuel Austin Moffet, 1864–1939)

1. 머리말

Samuel Austin Moffet

1906년 한국에 선교사로 와있던 장로교 목사 마포삼열(Samuel Austin Moffet, 1864-1939)이 한국교회의 1907년 '대부흥운동'이 일어나기 전 1904년 쓴 "한국복음화를 위한 정책과 방법"이 중국의 대표적인 개신교 잡지 Chinese Record and Missionary Journal(1907년)에 실렸다. 이 글은 1907년 평양 장대현교회를 중심으로 일어난 한국교회 대부흥이 어떻게 해서 일어날 수 있었는지를 미리 보여 주는 중요한 역사적 자료로 이해할 수 있다.

이 글은 본래 1904년 9월 22일 한국에 선교사들이 들어온 20주년을 맞이해 선교대회를 기해 마포삼열을 비롯한 선교사들의 한국복음화를 위한 선교정책을 주제로 쓴 글이었고, *The Korea Field*의 1904년 11월호, 193-198쪽에 실렸다. 무엇보다도 당시 평양 장대현교회 담임목사이고, 부흥운동의 중심에 있었던 마포삼열의 한국 복음화를 위한 확신에 넘치는 이 글은 설교자들이 어떤 자세로 복음을 전해야 할 것인지를 가르치는 힘 있는 일종의 설교학으로 평가할 수 있다.[1]

이는 당시 한국 최초의 신학교인 평양신학교의 한국교회 부흥을 위

---

[1] 새무엘 마펫, "한국 복음화를 위한 정책과 방법," *Chinese Record and Missionary Journal*, 37권 5호(1906년 5월), "한국교회 대부흥운동 1903-1908" (서울: 장로회신학대학교, 2007), 235-248. 본고의 다음에 나오는 괄호 안에 숫자는 이 책의 쪽수임을 밝힌다.

한 한국복음화 정책일 뿐 아니라, 강력한 설교론으로 이해해도 무방하다. 그런 맥락에서 평양신학교의 설립자이며 장대현교회의 설립자인 마포삼열을 중심으로 한 한국 초대교회의 설교이론을 경청하는 자세로 관심을 기울일 필요가 있다 하겠다. 다른 말로, 어떤 설교들이 있었기에 한국교회의 대부흥운동이 가능했었는지를 추적하려 하는 것이다. 일반적으로 부흥운동과 말씀운동, 곧 설교운동과는 교회사적으로 깊은 상관성이 있음을 확인하기 때문이다.

2. 생애

마포삼열은 미국의 인디아나 주 매디슨(Madison, Indiana)에서 1864년 1월 25일 출생하였으며, 1885년 5월 맥코믹신학교(McCormick Theological Seminary)를 졸업한 후, 인디아나 매디슨 장로교회에서 목사 안수를 받았다. 1889년 3월 26일 미국 북장로회 해외선교회 한국선교사로서 지명되었으며, 1890년 1월 25일 만 26세의 나이로 자신의 생일에 한국에 도착하였다. 1893년 9월 평양선교회를 설립하였으며, 장기선교사로 헌신하여 사역을 시작하였다. 1893년 마포삼열은 평양 최초의 교회 장대현교회(원이름 널다리골교회)를 설립하여 담임목사로서 대부흥운동이 일어난 1907년까지 시무하였다.[2]

---

2 "1893년 10월 마포삼열이 한국에 온지 9개월 만에 평양 개척역사가 시작되었습니다. 개척당시 평양은 인구 약 10만 명의 도시였으며 복음의 불모지였습니다. 마포삼열은 한석진과 함께 최치향이란 사람이 경영하는 여관에 숙소를 정하고 여관 손님에게 복음을 전하기 시작하였습니다. 여관 주인 최치향은 술꾼이었으며 도박과 색

1899년 6월 1일 의료선교사 메리(Mary Alice Fish, M.D.)와 서울에서 결혼하였으며, 1901년 2월 6일 김종섭과 방기창을 학생으로 신학교육을 가정에서(home teaching) 시작하였다. 1901년 모교인 하노버대(Hanover College)는 명예 신학박사(D.D.) 학위를 마포삼열에게 수여하였다. 1903년부터 1924년까지 평양신학교의 초대 교장으로 봉직하였으며, 숭의여학교도 설립하였다. 1907년 9월 17일 대한예수교장로회 독노회 회장이 되었으며, 1912년 7월 12일 한국 최초의 7인에게 목사 안수를 주었다.

1915년 6월 30일 첫째 부인 메리의 타계로 그녀의 사촌인 루시아 피시(Lucia Fish)와 재혼하였다. 1918년부터 1928년까지 평양 숭실대학교 학장을 지냈으며, 1919년 대한예수교장로회총회 제8대 총회장이 되었다. 1934년 1월 25일 70세의 나이로 미국 북장로회세계선교회(World Mission Department)에서 은퇴하여, 한국에서 여생을 보내다 1936년 9월 24일 신사참배 반대 입장을 굽히지 않자 일제의 강압에 의해 추방(도피)되어 한국을 떠나야만 했다.

을 즐기는 사람이었습니다. 그러나 마포삼열과 가까이 지내면서 점점 변화되기 시작하였습니다. 그리고 마침내 성경을 공부하고 가장 확실한 신자가 되었습니다. 마포삼열은 석 달 동안 낮에는 거리에서 밤에는 사랑방을 찾아다니며 전도했습니다. 그리고 주일 아침에는 사랑방에서 예배를 드렸습니다. 이처럼 사랑방전도를 통해 3개월 후에는 7명이 세례를 받게 되었습니다. 그런데 다음해 5월, 평양교회는 큰 시련을 겪게 되었습니다. 당시 평양감사는 국법을 어기고 양놈들이 전하는 사교를 전파하는 자들을 용서할 수 없다는 지엄한 호령과 함께 예배를 보고 있던 7명의 신도들을 포박하여 끌고 갔습니다. 그들 중 5명은 다시는 예수 안 믿겠다고 말하여 풀려났으나 한석진과 김창식 두 사람은 끝까지 버티다가 순교할 지경에 이르렀습니다. 마포삼열은 난감한 지경에 빠지게 되었습니다. 그는 양들이 죽으면 함께 죽겠다는 마음으로 붙잡힌 양들을 구해 내기 위해서 수단과 방법을 가리지 않고 뛰어다녔습니다. 그 결과 고종황제의 칙명을 받아내었고 위기에 빠진 두 양들의 생명을 건질 수 있었습니다"(Daum 카페I 갈매기집에서).

1939년 10월 24일 미국 캘리포니아 몬로비아(Monrovia)에서 하나님의 부르심을 받아 일생을 마감하였다. 그 후 캘리포니아 카핀테리아(Carpinteria)의 공동묘지에 묻혀 있던 마포삼열의 시신은 장로회신학대학교의 결정에 의해 그의 소원대로 2006년 5월 9일 서울 광나루에 위치한 장로회신학대학교 교정으로 이장되었다. 마포삼열은 복음전파, 한국교회의 기반 확립, 신학교육, 기독교대학 설립을 통해 조선의 선교사로서 사명에 최선을 다하였다 평가할 수 있다. 이는 조선의 선교사 마포삼열이 당초부터 세운 한국의 복음화를 위한 선교 계획은 크게 아래와 같이 세 가지로 확인되는 대로, 상당 부분 뜻을 이룬 것으로 평가할 수 있을 것 같다.

첫째, 사경회를 열어 성경을 가르친다.

둘째, 가난한 자들에게 자선사업을 통해 복음을 전한다.

셋째, 여러 종류의 다양한 학교를 세워 교육 사업으로 지도자를 배출하고 간접전도에 힘쓴다.

3. 설교론

마포삼열은 먼저 복음전파 내지는 복음화에 대한 본질적인 깊은 확신과 신념을 복음전파자들, 설교자들이 가져야 할 것을 다섯 가지로 나누어 강조한 후, 차원을 낮추어 여섯 가지로 복음전파의 실제적인 노하우를 제시한다. 물론 마포삼열의 대상은 당시 선교사들이었지만, 선교사를 복음전파자라고 이해할 때 선교사를 설교자로 대처해도 마포삼열의 의도는 달라지지 않기에 설교론의 관점에서 이해를 시도할 것이다.

첫째, 하나님의 말씀을 전하는 이들은 "이 복음이 구원에 이르게 하는 하나님의 능력이며 하나님은 그분에게 나아오는 자를 누구나 구원하실 수 있고 구원하기를 원하신다는 깊은 확신"이 요구된다.

> 한국 복음화를 위해 가장 필요한 것은 복음 자체, 즉 죄와 구원에 관한 중요한 가르침으로서 하나님의 말씀에 대한 확고한 신뢰라고 나는 깊이 확신한다. … 한국 복음화에 가장 무익한 것은 복음 자체의 능력에 대한 믿음의 부족, … 자연인에게 호소하는 이차적 도구가 복음을 듣도록 마음이 끌리게 하는 유인책으로 사용되어야 한다는 생각이다(59).

둘째, "이 복음을 전하고 사람들을 이 복음에 접촉시키는 것을 최고의 관심사, 즉 우리 삶의 모든 것을 드리는 과제로 삼겠다는 결단이다." 곧 "복음 말씀이 모든 사람에게 가장 중요하며 이 사람들이 필요로 하는 유리한 것이라는 믿음"이 절대적으로 설교자들에게 요구된다.

> 이 백성에게 전하는 복음 말씀이 우리가 여기 있는 유일한 이유이며, 우리의 관심을 끄는 유일한 일이며, 우리가 가진 것들 중 그들에게 도움을 줄 수 있는 유일한 것이기에 복음 말씀이 최고로 중요하다는 생각에 지배를 받아 … 이 확신이 우리의 존재 안에 깊이 각인되고 우리를 지배할 때 … 우리의 확신이 다른 사람들에게도 결국 전해질 것이다(60-61).

셋째, 기독교가 말하는 영적 유익이란 "복음 말씀의 유익과 가치이며, 따라서 영적 유익을 최우선으로 강조하고 다른 모든 요구는 여기에 근거를 두어야 한다는 확신"을 가질 때, "그 결과 단지 일시적이고 세속적인 유익이 아니라 영적 진리의 영원한 진리 위에 견고하게 기초를 두고 있는 믿음이 사람들의 마음과 정신에 들어가게 된다." 이 대목에서 영적 유익과 세상 유익을 대비하며, 당시 조선의 개혁, 개화, 교육을 놓고 한국선교사 마포삼열의 고민 내지는 소신이 생생하게 전해지기도 한다. 아니 보다 더 깊은 사유를 동양윤리와 서양윤리를 비교하며 한다.

> 단순한 도덕적 개혁이 아니라 죄로부터의 구원이 복음 메시지의 본질이다. 개화는 기독교가 아니다. 서구적인 사상이나 관습, 발명품들이 기독교의 본질적 부분이 아니다. 사실 많은 동양적 사상과 관습은 서구 세계의 고유한 개념과 관습보다 더 성경적인 사상에 적합하며, 서구문명의 일부로 생각되는 많은 것을 도입하는 것은 영적 삶에 도움이 되기보다는 오히려 방해가 된다. 우리의 사명은 서구문명이 아니라 영적인 기독교를 소개하는 것이다. 교육은 중생이 아니다. … 수 세기 동안 이교도를 교육하고도 교회건설과 민족복음화는 실패할 수 있다(62-63).

넷째, 설교자에게는 복음의 능력에 대한 "강한 믿음, 하나님과 그분의 말씀에 대한 승리를 확신하는 열정적인 믿음이 필요하다." 그 이유를 마포삼열은 "우리가 깨닫는 것보다 훨씬 더 많은 불신앙이 있으며, 종종 이러한 무의식적이고 깨닫지 못하는 불신앙이 축복을 받지 못하고 결실을 맺지 못하는 이유가 된다"는 것이다. 한 마디로 "우리 자신의 믿음의 부족이 하나님의 능력을 가로막는다"는 것이다(64-65).

다섯째, 설교자 자신의 영적 삶이 "복음화 사역에서 가장 중요한 기본적인 고려 사항 … 가장 중요한 요소"임을 인식해야 한다.

> 우리는 죄와 타협하지 않는 사람, 하나님이 세워주신 성경적 표준을 확립하고 요구되는 표준에서 조금도 벗어나지 않는 사람이 되어야 한다.

> 단순한 외적 형식과 용어가 아니라, 내적 원리와 일상적인 사역, 본질, 정신과 삶을 결정하며, 정책과 방법으로 스며들어가 이를 결정하며, 본질적으로 실제 정책과 방법이 되며, 그들의 영향력과 결과를 결정하는 생동적인 힘이 된다.

곧, 설교자 자신의 복음에 대한 확신 또는 열심 역시 중요하지만, "영원한 실재에 대한 직접적이고 인격적인 지식에 토대를 두고 있다는 사실이 말씀을 듣는 사람들에게 분명히 전달되느냐가 관건"이라는 것이다. 그 어떠한 방법과 요령보다도 설교자의 "근원적인 깊은 확신"이 복음전파에 결정적이라는 생각을 마포삼열은 제시한다(66).

그럼에도 마포삼열은 보다 다른 낮은 차원에서 복음전파의 요령을 여섯 가지로 제시한다. 그러면서도 본질적인 오해를 피하기 위해 신중함을 잊지 않는다.

> 나는 방법을 아주 자세하게 열거하지 않고, 의도적으로 올바르고도

> 성공적으로 사용된 방법을 일부 생략함으로써 … 다만 우리 북한 지역 사역에서 사용되고 이 사역의 발전에 가장 중요한 요소라고 믿는 몇 가지 방법만 언급하고자 한다.

첫째, 가장 자연스럽게 단순하게 복음을 전하라.

"한국인들의 특성에 적합한 더 좋은 방법은 개인이나 소집단들의 사람들과 지속적으로 날마다 자연스럽고 격식이 없이 대화를 나누는 것이다."

이를 위해 마포삼열은 사랑방 사역을, 곧 소그룹 위주의 말씀전파를 한국인들에게 맞는 복음전파의 노하우로 추천한다(67-68).

둘째, 설교자의 권위를 성경, 하나님의 말씀의 토대 위에 두라.

> 여러분의 말은 여러분의 것이 아니라, 살아 계신 하나님의 말씀이라는 사실을 강조해야 한다.

셋째, 세례문답교육을 실시하라.

"기독교적 삶을 살고자 하는 의지를 공개적으로 고백하도록 권면해야 한다."

세 가지 이유에서다.

① 결단에 의해 과거의 잘못된 삶과의 단절을 돕는다.
② 체계적인 교육과 교회의 감독 속에 있는 삶을 인정한다.
③ 그리스도인이 되었음을 공적으로 선포한다.

넷째, 지속적으로 열정적인 복음전도 정신을 주입하라.

> 나는 이것을 한국 이북 지역에서 우리 사역의 광범위한 발전에 가장 중요한 요인으로 꼽는 데 주저하지 않는다(71).

다섯째, 사경회를 실시하라.

"사경회는 한국 사람들의 특성에 잘 부합되며 한국인의 삶과 공부 방식과 놀라울 정도로 잘 어울린다"는 마포삼열의 확신이 근저에 있음을 확인하게 된다.

> 성경공부가 사경회의 목적이지만, 기도, 회의 그리고 실제적인 복음전도 노력도 이 사역의 중요한 부분이다(72).

여섯째, 설교자는 체계적이고 철저한 자기 교육, 자기 계발을 통해 자질을 업그레이드 시키라.

4. 한국인 최초 7인 설교자에 관한 평가

마포삼열은 평양신학교에서 배출한 한국인 미래 목사(future ministers) 7인에 대한 종합적인 묘사를 1907년 "한국의 교육사역"(An Educaton Ministry in Korea)이라는 제목으로 보여 준다. 당시 한국교회는 15,000명 이상의 학습교인을, 약 75,000명의 신자를 가진 교회였다.

> 이 교회는 한국에 이식된 이국적이고 서구적인 교회가 아니다. 복음이 선포된 때부터 이 교회는 한국인의 삶에 적합하며 한국인의 삶과 관습이 성경과 갈등을 일으키지 않는 범위 내에서 한국적인 토대를 둔 한국의 교회로 발전했다. 예배당은 한국적인 건축방법으로 짓되 과시하기보다는 한국인 스스로 감당할 수 있는 규모로 지었다. 내가 알기로는 600개 이상 되는 예배당 중에서 단지 20개 이하만 미국으로부터 지원을 받아 지어졌다. 성례를 집행할 때는 한국의 떡(Korean bread)과 포도즙(Korean Grape Juice)을 사용했다. 동일한 생각을 가능한 모든 일에 적용해서, 한국인들은 교회가 한국의 기관이라고, 곧 교회는 한국인의 교회이고 그 교회를 돌보고 지원하는 것이 한국인의 의무라고 느끼게 되었다(109. 마포삼열).

최초의 7인 목사 후보생들은 한석진, 양전백, 김종섭, 방기창, 송인서, 이기풍 그리고 길선주이다. 마포삼열이 순서를 매겨 그들의 프로필을 쓰고 있는데, 예수를 영접한 순서를 기준으로 한 것으로 보인다. 한석진은 1891년 세례를 받아 "일곱 명 가운데 가장 오랫동안 신앙생활을 한 사람"으로 "복음 말씀에 많은 관심이 있었고, 신약성경을 구해서 읽은 뒤에 곧 신앙을 고백"했던 인물로서 복음전파에 대단한 열정을 소유한 인물로 소개한다. 아울러 마포삼열은 한석진에 대해, "평양에서 최초의 교회를 세우고 발전시키는 일에서 … 최고의 인물 중 다수를 그리스도에 대한 믿음으로 이끌었다.

10년 동안 그는 평양 동부 변두리 지역에서 사역했으며, 그 곳에서 일곱 교회를 세웠고, 지금은 그 교회들 약 300명이 출석하는 한 교회의 장로인데, 우리는 그를 그 교회의 첫 번째 목사로 안수하기를 원한다"고 후한 평가를 아끼지 않는다(110).

양전백은 1893년 세례를 받은 인물로서 "7명 중 가장 젊지만, 이들 중 아마 가장 학식이 뛰어난 자"로서 "성경공부를 통해 그는 그리스도에게 이끌렸으며, 선천 선교지부의 놀라운 사역에서 가장 중요한 현지인 사역자로 지금까지 활동했고, 그 곳에서 트모어의 오른팔로서 모든 사역에 자신의 인격과 학식을 각인시켰다"고 역시 후한 평가를 마포삼열은 아끼지 않고 있다.

김종섭은 1895년 세례를 받은 자로서 "아마도 최초의 신실한 신자 … 가장 신뢰를 받는 조사 … 탁월한 영적 자질로 인해 1900년 최초의 장로"로서 역시 높은 평가를 마포삼열은 아끼지 아니한다. 방기창은 7인 중 가장 연장자로서 "특별히 순회전도자이며, 어느 누구보다도 더 많이 지방 지회들을 조직하는 일에 관여했다"고 마포삼열은 그의 사역을 높이 평가한다.

송인서는 순교를 무릎 쓴 순회전도자로 사역하며, 이기풍은 1896년 세례자로서 "복음전도에 대한 큰 열정과 능력을 보여 권서가 되었고, 그 다음에는 조사가 되었으며, 지금은 새 선교부 재령의 주요 사역자 가운데 한 명"으로 마포삼열은 역시 그를 높이 평가한다. 길선주는 1897년 가장 늦게 세례를 받은 자로 "한국교회의 가장 달변의 설교자이며 가장 위대한 영적 능력을 지닌 자"로서 마포삼열은 후하게 평가한다. "김종섭이 먼저 그리스도를 발견하고 길선주를 빛으로 인도했다"고 두 사람의 영적 관계를 마포삼열은 그린다. 마포삼열의 길선주를 향한 평가는 가장 길게 그리고 가장 의미 있게 이뤄진다.

> 그는 한국의 '스펄전'으로서 큰 능력을 가지고 장대현교회에서 1,500명의 회중에게 설교하고, 사경회에서 가르치고, 서울이나 다른 지방 교회에 가서 전도 집회를 인도하고 있다. … 그는 생각이 깊고, 영적 진리에 대한 분명한 통찰력을 가지고 있으며, 아름다운 영과 보기 드문 판단력을 지니고 있다. 우리는 그가 한국에서 가장 큰 교회(장대현교회)의 목사가 되는 날을 간절히 기다리고 있다(we eagerly look forward to his becoming the pastor of the largest church in Korea)(112; 375).

5. 맺는말

마포삼열은 한국 최초의 7인 설교자를 영적인 눈으로 바라보며 그들이 어떠한 은사를 가졌으며, 그들에 의해 한국교회가 어디로 나아갈 것인지를 예견하며, 매우 기뻐한다. 제자 7인 모두를 향해 긍정적이며 높은 존경을 표하는 마포삼열은 한국교회가 하루 빨리 독자적으로 우뚝 설 것을 간절히 바란다.

마포삼열의 신앙 인격과 영적 안목을 동시에 만나는 순간이 아닐 수 없으며, 그러한 귀한 주의 종을 한국 초대교회의 지도자로 선택하시고, 보내주신 하나님께 감사를 드리지 않을 수 없다. 특히 마포삼열의 고귀한 신앙인격과 비전을 말씀선포의 근간으로 할 때 금상첨화의 은혜가 한국교회에 내렸으리라는 생각은 자연스럽다.

여기에 1907년 한국교회의 대부흥운동이 마포삼열 목사가 담임목사로 시무하는 평양 장대현교회로부터 아울러 그의 애제자 길선주와 더불어 일어날 수 있었던 것도 결코 우연은 아니라 하겠다. 아직 목사 안수를 받지 않았던 마포삼열의 제자 길선주 장로(강도사)의 설교에 의해 성령의 역사가 일어났는데, 이는 특별하신 하나님의 오묘한 뜻이 있었다 하겠다. 마포삼열과 같은 선교사에 의하여서도 하나님은 충분히 역사하실 수 있었겠지만 아직 걸음마를 시작하는 듯한 자국의 아직 성숙되지 못한 목사후보생을 들어 한국교회사의 가장 위대한 주님의 사역을 우뚝 서게 하신 것이다.

무엇보다도 마포삼열과 길선주의 관계를, 마포삼열의 그를 향한 후한 평가와 연관지어, 생각할 때 매우 놀라운 하나님의 사역이었다고 평가해야 할 것이다. 마포삼열의 복음전파의 열정과 원칙은 제자 길선주에게 그대로 전수되었고, 하나님은 아직은 모자란 길선주를 통해 한국교회의 대부흥을 은혜로 내리신 것이라 할 수 있겠다. 그러니까, 마포삼열과 같은 주의 종들이 영적인 배경으로 든든히 작용하지 않았다면 한국교회의 기초가 단단한 출발은 어려웠을 것이라는 조심스런 생각도 가져보게 된다. 물론 1907년 한국교회의 대부흥운동은 오직 하나님의 성령의 역사였음을 전혀 의심하지 않으면서도 그렇다.

> 나는 열심 즉 열정적인 신앙을 믿는다. 열심은 어떤 사람에겐 다른 사람보다 더 자연스럽지만, 영향력을 행사하는 데 매우 중요한 요소이고, 신앙과 열정을 전달하는 힘을 가지고 있다. 복음 말씀을 바르게 파악하고 복음화 사역을 참으로 높이 평가하는 참된 믿음이 있다면 열심을 잃을 수 없다(마포삼열).

■ 마포삼열의 설교

조선교회에 기함(골 2:8)[1]

나는 조선에 와서 복음전도하기 시작하기 전에 황주에서 하나님 앞에 기도하고 결심한 바 있었다. 이 결심은 내가 이 나라에 '십자가의 도' 외에는 전하지 않기로, 오직 하나님의 그 뜻대로, 죽든지 살든지 구원의 복음을 전하기로 굳세게 결심하였다.

그 다음 해에 평양에 왔는데, 평양에는 그때에 신자는 한 명도 없었다.

하루는 어떤 불교학자를 만나 예수교 이야기를 할 때에 불교도 좋고 예수교도 좋으니 둘 다 믿는 것이 가하다 하나 나는 그런 것이 아니라, 오직 예수만 믿을 것을 말하자 그는 섭섭히 여기었다.

그 익년에 의주로 가서(43년 전) 한 청년을 만나서 산에 올라가서 산보도 하고 봉천서 받은 한글신약을 주면서 예수를 믿으라 전도하였는데, 그 청년이 믿기 작정하였다. 그가 곧 한석진 목사이다.

그 후에 점점 한석진 씨와 나는 바울과 같은 결심으로 조선 13도에 전도하기로 결심하였다. 그 후에 평양에 돌아와서 교회를 설립하였는데, 맨 처음에 한씨와 나는 하나님의 말씀을 전하면 교회가 반드시 설립될 줄을 알고 전도하여 교회를 설립하였고, 그 후에 기일 목사와 동행하여 선천에 내왕하며 전도하여 처음 믿는 자를 얻었으니 그는 김청삼씨이다.

---

1 CBS 설교플러스 명설교, http://www.cbs.co.kr/christian/sermon/plus/guide.asp, 2009년 5월 11일 검색.

우리의 처음 결심은 바울의 결심과 똑같은 결심을 하였다. 바울이 다른 복음을 전하지 않고 만일 다른 복음을 전하면 저주를 받으리라고 결심하였다. 나도 그리스도의 십자가 복음 외에는 다른 것을 전하지 아니하기로 결심하였다. 다른 것은 참 복음이 아니다.

근래에 와서 교회에서도 종종 이런 말이 들린다. 교회를 좀 변경하여야 한다. 혁신하여야 한다. 그전같이 전하면 듣는 자가 좋아하지 않는다. 새 시대에 옛적 복음이 적당치 않다. 새 세계에는 새로운 복음을 전하자고 한다마는 이런 사람들은 바울의 두뇌와 비교하면 적은 자이다. 바울은 그 당시에 다른 복음을 전할 만하였으나, 결단코 아니했다. 그는 철학과 재간이 있고 학식이 있고 로마국에 권세가 있었으나 다른 복음을 전하면 저주를 받으리라 하였다. 바울이 기록한 서신을 보든지 디모데에게 부탁한 것을 보든지 바울은 그리스도 외에는 다른 것을 전하지 아니하기로 힘썼다. 그렇게 50년간 로마에서 전파하여 그는 큰 결과를 얻은 것이다.

금일에 말하기를 마 목사는 너무 수구적이요, 구습을 그치지 않는다고 한다. 옛 복음에는 구원이 있긴 있으나 새 복음에는 구원이 없는데는 답답하다. 그 옛 복음 바울이 전한 복음을 전할 때에는 교회가 왕성하였지만, 새 복음에는 대단히 조심하시오. 우리는 옛 복음 그대로 금일까지 전하지만 죄는 복음으로써만 사한다. 복음을 변경하려면 바울의 자격이 제일 합당하였지만 그는 아니했다.

근대에 있어 흔히 새 신학, 새 복음을 전하려는 자는 누구며 그 결과는 무엇일까. 조심하자. 조선 모든 선교사여! 조선교회 형제여! 40년 전에 전한 그 복음 그대로 전파하자. 나와 한석진 목사와 13도에 전한 그것이, 길선주 목사가 평양에 전한 그 복음, 양전백 씨가 선천에 전한 그 복음은 자기들의 지혜로 전한 것이 아니요, 그들이 성신의 감동을 받아 전한 복음을 변경치 말고 그대로 전파하라.

바울이 청년 목사 디모데에게 부탁함과 같이 나도 조선에 있는 원로 선교사와 노인 목사를 대표하여 조선 청년 교역자에게 말한다. 원로 선교사와 원로 목사의 전한 그대로 전하라. 이 복음은 우리가 낸 것이 아니요, 옛적보터 전한 복음이다. 이렇게 함으로 신성하고 권능 있는 교회를 세우고, 모든 백성에게 십자가의 도로 구원의 복음을 전파하기 바란다.

형제여! 원로 선교사 원로 목사들이 40년 동안 힘쓴 것인데 우리의 지혜가 아니요 바울에게 받았고, 하나님의 말씀을 전한 것인 데는 다른 복음 전하면 저주를 받을 것이오. 말할 기회 많지 않은 데는 딴 복음을 전하지 말기를 간절히 바란다.

12장. 칼 바르트

(Karl Barth, 1886–1968)

1. 생애

> 고백교회 투쟁은 제 삶과 또한 신학적 작업과 더 많은 관련을 지닙니다. 성서로부터 끄집어내기 위하여 제가 결단적으로 시도해 보았던 신학은 세계와 인간과는 거리가 먼 결코 사적인 일이 아니었으며, 그 신학의 대상은 세계와 인간을 위한 하나님, 땅을 위한 하늘이었습니다. 이것은 항상 강한 정치적 요소를 갖게끔 하였습니다(『마지막 증언들』, 23).

스위스 바젤에서 교회사와 신약을 가르치는 신학교수 프리츠 바르트(Fritz Barth)의 아들로서 1886년 10월 5일 태어난 칼 바르트(Karl Barth, 1886-1968)는 1968년 10월 12일 82세의 일기로 일생을 마감하였다. 스위스의 베른과 독일의 베를린, 튀빙엔 그리고 마지막으로는 헤르만(W. Herrmann)에 강한 영향을 받으면서 독일의 마부르크에서 신학수업을 마감하였다.

Karl Barth

스위스 제네바에서 1909년-1911년 보조설교자로 교회사역에 뛰어든 바르트는 1911년-1921년 스위스 자펜빌(Safenwil/Aragau)에서 담임목사로 사역하였다. 1921년 독일 괴팅엔대학교의 명예신학교수로 부름을 받은 바르트는 1925년 뮌스터대학교의 교수로, 1930년 본대학교의 교수로 부름을 받았다. 바르트의 사역에 있어서 절정은 독일 나치시절 히틀러의 폭정에 대항하여 1933년/34년 고백교회

(Bekennende Kirche)의 형성에 결정적인 영향을 주었다는 사실이다. 특히 그의 주도적 작업에 의해 태어난 1934년 세상에 나온 '바르멘 신학선언'(Barmen Theologische Erklaerung)은 나치의 독재정권에 대적하여 싸운 바르트 신학의 실천적 정수를 잘 보여 준다.

1935년 바르트는 독재자 히틀러에게 하는 업무선서를 거부하여 독일에서 추방당하였다. 그 이후 바르트는 고향인 스위스 바젤대학교에서 1962년 정년퇴직까지 신학교수로서 가르치고, 거대한 저작 『교회교의학』 집필에 치중하였는데, 그 사이 1946년/47년 2학기 동안 초빙교수로서 본대학교에서 학생들을 가르쳤다.

현대신학의 아버지 "슐라이어마허 이후 가장 의미 있는 신학자"(Juengel)로서 평가 받는 20세기 최고의 신학자로서 바르트는 그 어떤 신학자와 비교할 수 없을 정도로 신학에 긍정적이든지 부정적이든지 가장 막강한 영향을 미쳤다.

개신교의 거대한 교의신학자로서 종교개혁 신학의 근본개념 정립에 공헌을 하였다. 바르트의 『교회교의학』이야말로 그 어떤 저서와 비교할 수 없을 정도로 포괄적이며, 다양한 입장을 서술하며, 혁신적인 작품으로서 평가를 받고 있는데, 이러한 역사적 평가의 배경에는 그의 눈이 늘 강단의 말씀에 초점을 맞추고 있었다는 점이다. 곧 말씀의 신학으로서 더욱 의미를 가중시킨다.

2. 설교이해

> 저는 학문적으로 일할 생각이 아니었고, 오히려 목사가 되려고 했지요. 어쨌거나 저는 먼저 제네바에서, 그 다음에는 자펜빌에서 12년간 목회를 했어요. 저는 오로지 그 일밖에는 몰랐어요(마지막 증언들, 20).
>
> 제 신학 전체는 원칙적으로 목회자를 위한 신학입니다. 그것은 제가 가르치고 설교하고 또 조금은 목회상담을 해야 했던 제 고유의 상황에서 성숙한 것이지요(마지막 증언들, 21).

바르트의 궁극적인 관심은 설교자가 서는 교회 강단이다. 그런 맥락에서 바르트의 신학을 목회자를 위한 신학, 곧 목회신학 또는 강단신학이라 불러도 타당할 것이다. 바르트는 대학교 교수로서 정년퇴직 후에도 힘이 닿는 대로 감옥의 죄수들을 찾아가 설교말씀으로 봉사를 하였다. 곧 신학자 바르트와 설교자 바르트는 결코 나누어지지 않았고, 분리하여 생각할 수 없다. 그만큼 바르트의 설교학은 자신의 신학을 담는 설교, 삶을 말하는 실질적 설교학이다. 이런 맥락에서 바르트에게 있어 설교의 문제는 바로 교의학의 문제이며, 곧 교의학의 문제는 설교학의 문제이기도 하다(『바르트 교회교의학 개관』, 81).

원문연구에 입각한 강해설교를 강조하는 바르트에게 있어 가장 중요한 것은 성경 그 자체로서, 성경본문이 말하는 바를 가감 없이 회중에게 바로 전달하는 일이다. 설교에 있어 "가장 핵심적인 것은 인간이 지니고 있는 바에 의해 말하거나 선포하는 것이 아니"며, 설교자가 "소유하고 있는 풍성함, 풍부한 사고력 그리고 크든 적든 빛나는 통찰력 같은 것"도 가장 중요한 것은 아니다.

> 모든 것은 이미 다 주어져 있다. 바로 이 사실에 대해 우리는 분명히 알고 있어야 한다. 우리 영혼에 불타고 있는 모든 절박한 개인적인 관심사들은 어떤 경우라도 뒤로 제쳐 두어야 한다. 우리가 해야 할 한 가지는 눈을 크게 뜨고 우리 앞에 이미 준비되어 있는 보물을 응시하는 것과 그런 다음 이 헤아릴 길 없는 보물을 모으고 집어서 교인들에게 주는 일이다. … 따라서 설교준비의 첫 걸음은 우리가 설교를 위한 재료들을 전적으로 신약과 구약 성서로부터 구해야만 한다는 사실을 인식하는 것에서 출발한다. 우리는 오로지 이 재료들로부터만 회중들에게 선포해야 하는데, 그것은 교인들은 예수 그리스도의 회중으로서 오직 성서의 양식만을 고대하고 있을 뿐 그 어떤 다른 것을 추구하고 있지 않기 때문이다(『설교학』, 108-9).

이러한 맥락에서 설교자의 성경본문 선택은 신중한 과제일 수밖에 없다.

> 우리가 명심해야 할 사항은 설교자는 자기 자신의 자유로운 생각 속에서 본문을 선택할 때에도 무조건적인 복종을 나타내야 하며 … 본문을 선택함에 있어 우리는 우리 자신의 권한이나 자기 기분을 따라 처리해서는 안 된다. … 본문은 언제나 우리의 주인이어야 하며 그 반대가 되어서는 안 된다(『설교학』, 110-111).

바르트는 네 가지 점에서 설교를 위한 성경본문 선택을 위한 자상한 안내를 사양하지 아니한다.

첫째, 긴 본문을 선택하여 자의적인 해석의 길로 나아갈 위험을 피하라.

둘째, 자주 인용되며, 비교적 쉽게 이해할 수 있는 본문에 대해도 주의를 기울이라.

셋째, 말씀에 우리의 재주를 덧입히려는 알레고리칼 해석을 추구하지 말라.

넷째, 본문 선택의 전제로서 "설교를 어떤 의도를 지닌 연설로 만들어서는 안 된다"(『설교학』, 112).

게다가 바르트는 본문 선택을 위한 아이디어로서 매일양식 성경본문, 본문 연속강해, 규칙적인 말씀 읽기 등을 통해 설교본문을 일상생활 속에서 결정하는 것을 제안한다. 성경의 사람으로서 설교자를 바르트는 역설한다.

> 목사는 설교를 위한 목적보다는 성서로부터 안내를 받기 위한 목적에서 보다 자주 성서를 접해야 한다. 철저한 성서연구는 짧은 설교본문을 선택하는 위험을 줄여 줄 것이다(『설교학』, 113).

설교자는 철저하고 신중하게 성경의 음성에 귀를 기울여야 하고, 그 성경의 음성을 경외감을 가지고 교회공동체에 나아가 전해야 한다. 설교자는 "엄격한 훈련에 의해 말씀에 머물러 있는 것과, 일반 대중들이나 작은 공동체 혹은 설교자 자신이 듣고 싶어 하는 것이 아닌,

하나님의 말씀이 이야기하는 것을 들으려 하는 것이야말로 가치 있는 것이다"(『설교학』, 114). 이러한 바르트에게 설교는 설교자에게 쉽지 않은 과제로 다가온다.

> 설교의 어려움은 예수 그리스도가 누구이며 무엇인가를 말할 때에 직면하는 바로 그 어려움과 다르지 않다(『설교학』, 45).

> 설교자의 말은 그 자신의 말이라는 의미에서 '자유로운 언어'이며, 강의나 해석으로 이루어지는 것은 아니다. 오히려 설교자는 자신에게 들려진 성경말씀을 그 자신의 독창적인 언어로 말한다. 설교자로서의 과제는 -비록 차원은 다르지만- 사도들의 그것과 동일하다. 좀 축소해서 이야기한다 할지라도, 설교자 역시 권위로 무장되어야 하는 '예언자적인 직무'를 지니고 있다.[1]

> 하나님의 실재를 알릴 수 있는 신앙에서 발생하는 신학적 개념"(바르트, 설교학, 47)인 설교는 바르트에게 "하나의 '명령된 시도'이다. 알림(Ankuendigung)이라는 단어는 선포라는 표현과 비교할 때 스스로 들려지게 하는 분, 말씀하시는 분은 하나님이시고 우리가 아니라는 사실, 그리고 우리 인간은 단지 하나님이 친히 말씀하시고자 하는 것을 알리는 역할자라는 사실을 그 단어 안에 담고 있다는 장점을 갖는다. … 본래 알림이라는 단어는 인간의 결단을 촉구한다는 의미는 아니

---

1 칼 바르트, 『설교학』, 정인교 역 (한들, 1999), 46.

다. 그와 같은 결단은 오로지 하나님과 인간 사이에서 일어나는 일로서 설교의 과제에 본질적인 것은 아니다(『설교학』, 46-47).

바르트는 아홉 가지 면에서 설교에 관한 신학적 이해를 제시한다. 곧 계시부합성, 교회성, 신앙고백성, 소명적합성, 거룩성, 성경해석성, 독창성, 회중적합성, 영성이 동반되는 설교여야 한다.

계시부합성이란 "예수 그리스도의 현현과 재림을 선포해야 할 과제를 지니고 있다"(『설교학』, 101). 구체적으로 설교는 "예수 그리스도와 관계되어 있는, 이미 일어났고 또 장차 도래할 하나님의 계시는 우리의 현재가 이 양자 사이에 놓여 있음을 보여 준다."

설교의 교회성이란 "설교의 장소는 임의의 장소가 아닌, 세례와 성만찬과 성서에 의해 그리고 이 영역 속에서 하나님에 의해 되어지는 것으로 한계지어진 장소이다."

설교의 신앙고백 성격이란 하나님께로부터 부여받은 사명에 대한 인간의 응답을 제시하는 것으로서 반복적이어야 한다.

설교의 소명적합성이란 "교회에서의 봉사를 위한 하나님의 부르심에 대한 특별한 자격과 책임 속에서 발생"함을 뜻한다(『설교학』, 102).

설교의 거룩성이란 설교자가 자신에게 내려진 하나님의 명령에 근거하여, "자신의 사역이 가난한 것임에도 불구하고 … 하나님의 축복 아래 있다"는 의미이다(『설교학』, 103).

설교의 성경성이란 "설교는 어떤 상황에서도 그 내용과 형식에 있어 성서 해석과 연결되어 있다"는 것으로, "설교는 우리 인간 자신의 언어에서 유래되어서는 안" 된다는 것이다.

거기에 설교의 독창성이 언급되는데, "설교는 오직 인격적인 회개와 감사 가운데서만 행해질 수 있으며 따라서 … 설교자의 자유로운 말"로서, "설교자는 자기 자신의 언어와 사고로 성서의 말씀을 울려 퍼지게 할 수 있게" 한다는 것이다(『설교학』, 104).

설교의 회중적합성이란 말씀을 듣는 회중들의 구체적인 상황에 맞춰 행해져서, 회중 개개인에게 매우 사적(Persoenlich)인 결단을 요구한다.

설교의 영성이란 "인간의 언어가 하나님의 말씀이 되는 것이 우리의 능력 안에서 되어지는 것이 아니라는 사실을 고백"할 수 있는 설교자의 기도가 요구된다.

> 궁극적으로 모든 것은 하나님께서 이 기도하는 자의 기도를 들으시고 응답하시는가의 여부에 달려 있다(『설교학』, 105).

> 우리 자신으로부터가 아닌 모든 것이 하나님으로부터 조정되어야 하며 우리의 독창적인 행위가 아닌 오직 하나님의 은혜와 뜻에 의해 좌우되어져야 하는 것이다(『설교학』, 106).

3. 바르트의 설교들

> 좋은 설교의 결정적인 범주로서 성서와 생활에 가까운 것을 내가 전제로 해도 된다면, 좋은 내용으로, 아주 잘 설교되었다고 나는 생각한다(『마지막 증언들』, 54).

바르트의 설교는 회중의 삶을 겨냥한 실제적 설교로서, 말 그대로 성경본문의 음성에 충실한 강해설교임을 확인한다. 선택한 성경본문을 따라 해석하고, 귀를 기울이며, 말씀에 순종하고, 그때 그때 회중의 삶에 단순 명료하게 적용한다. 그렇게 복잡하고 어렵고 설교를 구성하고 체계화시키는 것이 아님을 본다. 무난한 설교형성 과정을 목격한다. 따로 적용부분에 가서 회중의 삶에 적용하는 방식 내지는 형식은 아님을 본다. 바르트는 특별한 설교의 형식을 고집하기보다는 본문의 음성을 따라 회중에게 본문이 요구하는 삶의 방식을 망설이지 않고 바로 요청한다.

설교의 과제는 "성서에 기록되어 있는 것을 우리의 백성들을 위해 우리의 언어로 반복하는 것이다"(『설교학』, 132). 한 예로 바르트는 시편 121편을 본문으로 설교를 네 부분으로 나누는데, 1-2절, 3-4절, 5-6절, 그리고 7절 이하로 구성한다. 1절 이하에서 예루살렘을 향해 눈을 돌리게 하는 순례의 노래임을 확인하며, "환원하면, 우리를 위해서도 역시 우리가 도움을 기대할 수 있는 한 장소가 존재한다는 말이다"고 그 의미를 실제적으로 들춘다. 3절 이하에서는 바로 회중을 향한 적용으로 도입한다.

> 하나님은 가장 힘 있는 도움이시며 우리가 아는 한 그분은 졸지도 않으시며 도움을 필요로 하는 자들이 닿을 수 없는 분이거나, 부재중이거나 세계와 멀리 떨어져 있어서 우리에게 아무 영향력을 끼치지 못하는 그런 존재가 아니다. 오히려 정반대로 주님께서는 언제나 계시며, 그것도 가장 가까이 계시며 또 우리는 언제나 그분과 함께 있을 수 있다.

그러니까 바르트는 그때 거기에서 선포되어진 하나님의 말씀을 오늘 여기에서 들려지는 살아 있는 하나님의 음성으로 설교를 듣는 회중에게 선포하는 것으로 설교를 이해하고 있다 하겠다. 이러한 바르트의 모습은 그의 요한복음 13:33-35을 본문으로 하는 설교에서 동일하게 나타나고 있다. 그리스도의 십자가를 언급하면서 바르트의 회중을 향한 적용은 결코 망설임이 없다.

> 온갖 적대감과 사랑의 결핍이 죽음에 장사지낸 바 되는 사건이 바로 여기서 발생하며 이로써 우리의 모든 미움은 그 기반을 상실하게 되는 것이다. 이제 이렇게 새롭게 창조된 상황을 인정하는 것은 우리에게 있어 사랑의 새 계명을 인정하는 것과 분명 동일한 것이다.

■ 바르트의 설교

기쁨과 관용(빌 4:4-5)[1]

우리가 어떤 이유로든지, 아니면 아무 이유가 없든지 간에 기뻐하면 그 자체가 생을 긍정하는 것이며 현재의 삶을 그대로 사랑하고 찬양하는 것입니다. 만일 이러한 생각이 옳다면 우리가 기뻐하고 또 마음속으로 기뻐하는 것은 정당한 일입니다.

이렇게 스스로 느끼는 기쁨이 어디에서 나오는지 아무도 증명할 수는 없습니다. 우리가 기뻐해야 할 충분한 이유가 있다 해도 그때마다 항상 기뻐하는 것은 아니며, 때때로 우리가 가장 기뻐할 때도 전혀 이유가 없는 경우도 있습니다. 그러므로 어느 누구도 실제적으로 우리를 기쁘게 할 수는 없습니다. …(중략)…

그렇다면 왜 성경은 우리에게 기뻐하라고 그렇게 종용하고 있습니까? …(중략)… '기뻐하라'는 말은 밖에서부터 우리에게 명령으로 오는 말씀입니다. 여기에서 예외 될 사람은 아무도 없습니다. 가벼운 마음이나 기쁜 기분을 갖지 않았어도, 자신과 자신의 운명에 만족치 못해도, 나는 기쁨이라는 것이 필요치 않다고 생각하는 사람이라도, 우리 모두는 다 기쁨을 필요로 하고 있습니다. 마음이 추와 같이 무겁지 않은 사람도, 눈에 눈물이 고이지 않은 사람도, 사탄과 슬픔에 대항해서

---

[1] 정장복, "새로운 빛의 전달자 바르트의 說敎世界," 「월간 목회」(1987년 3월호), 201-204.

매일매일 싸우지 아니하는 사람도, '기뻐하라'는 명령은 자신에게는 별로 필요치 않다고 생각하는 사람도, 바로 이 명령 '기뻐하라'를 듣고 이에 따르기 위해서 최선을 다해야 할 장본인입니다. …(중략)…

이 명령은 나는 필요 없어 하고 좌우로 빠져나가는 사람, 바로 그 사람에게 꼭 필요하고, 그 사람을 지목해서 한 명령임을 알아야 합니다. 우리는 '기뻐하라'라는 명령을 바로 우리를 소유하신 분, 여러분의 생명과 내(설교자) 생명과 전 재산과 과거에 있었던 일이나 현재 일이나 장래 일까지 다 주관하신 분으로부터 받았습니다. 하늘과 땅과 그 안에 존재하는 모든 만물을 창조하신 분이실 뿐더러, 어둡고 캄캄했던 베들레헴의 마굿간에 오셔서 인간을 입으시고 인간의 삶을 사신 영원하신 하나님으로부터 명령을 받았습니다.

더욱이 그분은 항상 우리 인간의 삶 속에 계셔서 십자가에 죽으심으로 고난을 당하시고 우리가 당해야 할 모든 고난으로부터, 처벌로부터 우리를 자유케 하셨습니다. 그리고 마지막으로 죽음으로부터 일어나셔서 하늘에 오르시어 하나님 우편에 앉으시사 인간들을 속박하려드는 모든 악독한 죄와 사망권세를 주관하십니다. 바로 이러한 주님의 명령이 "기뻐하라, 주 안에서 항상 기뻐하라"입니다. 그분은 우리의 생명을 자신의 생명으로 삼으신 주님이십니다. …(중략)… 우리가 "거룩하신 주여, 인간을 입으신 예수 그리스도여" 하고 참으로 찬양할 때에, 우리는 우리의 삶에 대해서 절대적인 찬양과 사랑을 갖는 것입니다. 그리고 주님께서 나를 위해서 인간이 되셨음을 알고 찬양해야 합니다. …(중략)…

그렇습니다.

아직도 망설일 무슨 이유가 또 있습니까?

크리스마스라고 해서 무조건 기뻐해야 할 이유가 하등 없습니다. 크리스마스의 참뜻은 '나에겐 이제 남은 것이 하나도 없다'라는 것입니다. 크리스마스의 뜻은 이 땅 위에 내가 발디디고 살아야겠다고 작정한 것이 부정되고, 혹은 살지 않아야겠다고 작정한 것이 긍정되며 이와 같이 자신의 계획이 허사로 끝나는 것을 말합니다. 크리스마스는 자신이 하나님을 찬양하는 가운데 자신의 삶을 완전히 부정하는 의미를 갖고 있습니다. …(중략)…

그러므로 모든 사람에게 언제든지 유용한 말씀은 "주 안에서 항상 기뻐하라. 내가 다시 말하노니 기뻐하라"입니다.

이것이 바로 우리가 이미 분명하게 말한 내용이 아니겠습니까?

"너의 관용을 모든 사람에게 알리라. 주께서 가까우시느니라."

이것이 우리에게 주어진 법이 아니겠습니까?

이것이 도덕이 아닙니까?

우리는 서로 착하고, 친근하고, 평화스럽고, 형제·자매 같아야 한다고 70번 이상이나 충고를 받아야 할 것입니까?

물론 우리는 이러한 충고를 필요로 합니다. 그러나 이미 이런 충고는 수차 들었기 때문에 이제 또 듣는다 해서 별 도움이 없을 것입니다. 그러나 "주 안에서 기뻐하라"는 주님의 결정적인 명령을 잊어버린 자나 듣지 못한 자는 법이나 도덕에 대해서 계속 충고를 들어야 합니다. 주 안에서 기뻐하는 자를 통해서 흔히 일어날 수 있는 것이 있는데, 이들은 말씀이 육신이 되었음을 굳게 믿는 자들입니다.

…(중략)…

복음선포의 또 다른 측면을 완수하기 위해서 예수께서 낳으시고, 죽으시고 다시 사신 것처럼 우리도 진실로 그렇게 해야 합니다. 이러한 태도야말로 크리스마스의 진정한 의미를 바르게 전달하는 것입니다. 복음선포와 함께 여러분의 관용 또한 동시에 나타나서 여러분의 말과 행동이 일치한다는 사실을 보여 주어야 합니다. …(중략)… 스스로 옳다고 자아확신에 차 있는 사람들은 여러분의 관용을 보고서 자기 주장을 버리게 될 것입니다.

사람들은 여러분의 관용을 보고서 더 이상 자신의 이상과 생각을 남들에게 강요하지 않을 것입니다. 그리고 자신들이 틀렸다고 여길 때, 그때가 바로 올바른 때라는 것을 깨달을 것입니다. 사람들은 자신의 통찰력과 노력을 버리고 오로지 전능하신 하나님만을 의지해서 하나님에게만 아니라 죄와 절망 속에 신음하는 모든 사람들을 위해서 겸손히 머리 숙이게 될 것입니다.

이렇게 볼 때, 여러분의 관용은 설교가 미치지 못하는 영역에까지 영향력을 파급시킵니다. 여러분의 관용은 여러분의 덕을 자랑하는 것이 아니라 우리를 놀라운 빛 가운데로 인도하신 그분의 덕을 자랑하게 되어집니다. 여러분의 관용은 여러분의 성화된 삶을 자랑하는 것이 아니라 하나님의 무조건적인 은총으로서 죄인을 의롭게 하심을 자랑하는 것입니다. 기독교의 광영과 부함을 자랑하는 것이 아니라, 잃어버린 자를 구원키 위해서 찾아오신 예수 그리스도의 영광을 자랑하게 됩니다. 여러분의 관용은 평범한 인간성입니다. 그렇지만 그 겸손한 점에 있어서는 특이한 인간성이기 때문에 모든 사람에게 미치는 주님의 기쁨을 여러분에게 증거 해 줄 것입니다.

밖에 나가 세상 사람들에게 이 말씀을 전하십시오. 여러분의 행동으로만 전할 수 있는 말씀을, 꾸밈이 없는 행동을, 언제라도 종이 되셔서 찾아오시는 주님의 행동을 전하십시오. …(중략)… 말씀을 선포하거나 행동으로 보여줌으로써 회개케 하는 것은 우리가 할 수 있는 능력의 범위에 속하지 않습니다.

우리의 능력의 범위 안에는 무엇이 있습니까?

우리는 다만 우리의 현재 상태 그대로 말씀을 들을 뿐이며 우리의 모습 그대로를 갖고서 주님의 말씀을 따를 뿐입니다. 예수 그리스도는 사람들의 불신앙을 심각하게 받아들이지 않았기 때문에, 자신이 사람들의 불신앙의 무거운 짐을 짊어지셨습니다. …(중략)…

신앙이란 진실 되게 흔들리지 않고 다른 사람의 불신앙을 믿지 않는다는 것을 뜻합니다. 우리는 다른 사람을 섬기는 일로부터 구원받기를 원하는 것이 아닙니다. 우리가 믿지 않았기 때문에 그리스도께서 그냥 지나쳐 가시기를 원치 않듯이 우리 이웃들의 불신앙을 그냥 지나칠 수는 없습니다. 그래서 우리도 크리스마스의 정신을 갖고 이웃들에게 찾아가서 하나님의 놀라운 기적으로 그들에게도 하나님의 자비가 베풀어질 것을 기원합시다.

13장. 주기철

(朱基徹, 1897-1944)

한 설교자의 삶은 결코 그의 일상의 삶과 무관하지 않다. 그가 어떻게 살았는가 하는 물음은 그가 과연 어떠한 설교자였는가를 말해 주는 중요한 척도가 되기 때문이다. 복음의 진리란 결코 공허한 탁상공론이 아니며, 생애를 바꾸는 살아있는 생명이다. 그런 맥락에서 역시 순교자 주기철의 생애는 그의 설교를 이해하는 데 있어 중요한 의미를 갖는다.

주기철 목사

1. 생애

1897년 11월 25일 주기철(朱基徹, 1897-1944)은 경상남도 창원군 웅천에서 부친 주현성 장로와 어머니 조재선의 넷째 아들로 태어났다. 기철의 어릴 적 이름은 기복(基福)이었다. 아버지 주현성은 1934년 8월 20일 기철이 38세 되던 해 81세의 나이로 세상을 떠났다.

주기철의 신앙은 1906년 설립된 고향 웅천교회에서 시작되었다. 1912년 피임된 웅천교회의 초대 영수는 주기철의 맏형으로 16살 연상인 주기원이었으며, 아버지 주현성은 1919년 웅천교회의 초대 장로로 피택 위임되어, 같은 해 마산문창교회에서 모인 경남노회에 총대로 파송된 적이 있고, 1930년 12월 20일 77세의 나이로 장로시무를 그만두었다. 맏형 주기원이 엄격한 웅천교회에서 주일 성수를 하지 않는다는 이유로 책벌을 받은 적도 있지만, 어쨌든 주기철은 기도와 경건을 몸에 익히면서 엄한 신앙적 분위기에서 자랐다. 엄격한 신앙훈련장 웅천교회는 주기철에게 "종교적 신앙과 개화(開化)의 도장이요, 도관(導管)"이 되었으며, 7년 과정의 개통학교 고등보통 과정의 학생 주기철은 14세 되던 1910년 12월 25일 웅천교회의 정식 입교인으로 등록되었다.

당시 이광수는 전국을 순회하면서 정주 오산학교를 소개하는 역할을 하였는데, 이광수가 웅천에 들른 때가 『오산칠십년사』에는 1914년 여름으로 제시되고 있지만, 1912년 말로도 언급된다. 어쨌든 주기철이 민족운동가 남강(南岡) 이승훈(1886-1930)이 설립한 오산학교에 1913년 진학한 데에는 이광수와의 만남이 나름대로의 역할을 한 것으로 생각된다. 그렇지만, 민족주의자 이광수가 오산학교를 떠난 시점은 1914년 11월이었으니, 얼마만큼 춘원 이광수가 오산학교 학생 주기철에게 영향을 미쳤는지는 정확히 말하기 어렵다.

이때쯤 주기철은 이곳에서 자신의 호를 이승훈의 호 남강을 떠올리는 여강(麗岡)으로 하였으니, 이곳 오산학교에서 새로운 국가관과 기독교 세계관에 매료되었음을 여러 가지 정황에서 확인 된다. 남강 이승훈은 오산학교를 열면서 건학정신을 밝혔다.

> 우리는 우리를 누르는 자를 나무라기만 해서는 안 된다. 내가 못생겼으니 남의 업신여김을 받은 것이 아니냐. … 내가 오늘 이 학교를 세우는 것도 후진을 가르쳐 만분의 일이라도 나라에 도움이 되기를 원하기 때문이다.

불행 중 다행으로 민족교육기관인 오산학교의 교가를 작사한 문인 이광수가 오산학교를 떠난 후 고당(古堂) 조만식이 부임하게 되었으니, "五山(오산)은 또다시 敬虔(경건)한 信仰(신앙)으로 되돌아갔던 것이다." 오산학교에서 주기철은 대표적 선생님들이었던 이승훈, 조만식, 유영모, 여 준에게 기독교 세계관에 근거한 교육을 받았는데, 그 가운데서도 엄한 자기관리, 규칙과 각고의 생활태도로 일관한 유영모의 독실한 기독교적 신앙은 학생들에게 절대적인 영향을 주었다.

특히 주기철은 자신의 스승으로 고당 조만식을 일컫는데, 오산학교 3년 동안 고당에게 직접적인 교육을 받았다. '조선의 간디' 고당이 오산학교에서 가르친 과목은 법, 경제 그리고 민족사 관점에서 본 지리 등이었는데, 고당을 향한 학생들의 감동은 실로 놀라왔다. 1916년 3월 주기철은 오산학교 제7회 졸업생이 되었고, 같은 해 1916년 3월 23일 연희전문학교 상과에 입학하였다.

주기철이 상과를 지망하게 된 이유를 민경배는 묘사한다.

> 남강 이승훈과 고당 조만식의 민족주의적 메시아니즘과 경제입국(經濟立國)이라는 대망을 기독교적 휴머니즘의 정신으로 구현하려 한 그의 판단 때문이었다.

그렇지만 주기철은 아직 건물도 없던 연희전문학교를 채 1년도 다니지 못하고 안질 때문에 중퇴하였다. 연희전문학교를 중퇴한 주기철은 1916년 말 고향에 돌아와 4년 반을 안질과 정신적 병고와 싸우며 우거하였다. 20세 되던 해 1918년 주기철은 "예민하고 생각이 깊은"

여인으로 서울의 정신여고를 졸업한 김해 출신 안갑수와 결혼하였으며, 5남 1녀를 두었다. 조용하며 말없이 어려운 목회자 가정의 살림을 책임지는 1920년대 한국의 전형적 사모의 모습을 견지한 안갑수는 3세의 나이로 병에 시달리다 1933년 5월 16일 세상을 떠났다. 주기철은 마산문창교회 출신 오정모와 1935년 재혼하게 되는데, 둘 사이에는 더 이상 자녀가 없었다.

1920년 5월 27일 부흥사 김익두 목사를 모시고 마산문창교회에서 부흥회가 열렸고, 여기에 참석한 주기철은 전에 없었던 깊은 영적 체험을 하였는데, 이는 그가 성직의 길에 들어서게 되는 전환의 순간이었다. 1921년 12월 13일 제12회 경남노회는 소정의 과정, 곧 노회고시를 거쳐 주기철에게 신학교 입학추천서를 발행하였고, 1922년 3월 평양장로회신학교에 입학하였다.

당시 평양신학교 교수로는 곽안련(C.A. Clark), 배유지(E. Bell), 이눌서 그리고 유니온신학교 출신 남궁혁이 있었다. 당시 기숙사는 경상도 기숙사, 함경도 기숙사로 나뉘어 있었는데, 주기철은 이것을 개선하자고 건의하였고, 많은 학생들의 호응을 얻었다. 주기철은 평양장로회신학교를 1925년 가을에 졸업하였는데, 같은 해 10월 15일 5년 6개월간의 공사를 끝낸 신사의 본영 조선신궁이 서울 남산에 자리를 잡게 되었다.

1925년 겨울 주기철은 부산 초량교회에서 목회를 시작하여, 바로 다음 해 1926년 1월 10일 초량교회 위임목사가 되었다. 당시 초량교회는, 창립 25주년을 맞이한 1917년 붉은 벽돌로 세운 70평 규모의 아담한 예배당을 가지고 있었다. 주기철 목사는 신사참배 반대운동을 전개하고, 경남노회에 신사참배 거절안을 제출하여 1931년 여름 가결하였다. 이 일로 주기철 목사는 1931년 6월 교회에 사의를 표명하였으며, 6월 28일에는 사의가 수락되고, 7월 27일 400여명의 교인들과 함께 석별의 정을 나누며 저녁식사를 하였다.

  그때 주기철 목사의 나이는 35세였다. 초량교회의 목사 주기철은 신사참배를 향해 격렬한 논박과 저항적인 설교 없이 소신 있게 영적 목회에 치중할 뿐이었다. 1931년 7월 주기철 목사는 마산문창교회의 담임목사로 부임하였다. 마산문창교회에서도 주기철 목사는 오직 성경에 입각한 소박하고 순결한 신앙으로 타협을 거절하고 한 길만을 겸손하게 묵묵히 걸었다.

  1935년 5월부터 신사참배 강요가 점점 거세지기 시작할 즈음 1936년 7월 주기철은 마산문창교회를 인간적 정이나 석별의 분위기를 찾아볼 수 없을 정도로 말없이 조용히 떠났다. 주기철이 평양 산정현교회에 부임하게 된 것은 역시 1936년 7월이었다. 산정현교회의 환영식에서 후일 평양신학교 교장을 지낸 이성휘는 산정현교회 목사가 어떤 자리이며, 무엇을 의미하는지 말했다.

> 우리는 산정현교회 주 목사를 환영하는 것이 아니라, 평양교회 주인 목사를 환영하는 것이요, 조선의 주인 목사를 환영하는 것입니다.

  새로 부임한 주기철 목사와 함께 산정현교회는 은혜가 넘쳤을 뿐 아니라, 매주일 교인들이 증가하여 예배당이 좁아, 새 예배당을 세워야만 했다. 이렇게 하여 "조선 제일의 예배당"이 총 300평 2층 벽돌집으로 총 7만원을 들여 화려하고 웅장한 예배당으로 건축되어 600명의 교인들과 함께 1937년 9월 5일 입당예배를 드렸다. 1937년 말 주기철은 순교의 신앙으로 무장함을 보는데, 그의 설교 "구원의 즐거움"은 이를 잘 보여 준다.

"순교의 기쁨, 이 얼마나 거룩한 기쁨이냐. 이것이 하나님께서 사랑하시는 자에게 주는 기쁨이다."

1937년 12월 19일 행한 설교 "성신을 받으라"는 이 기쁨이 성신(성령)이 주는 기쁨임을 확인하게 된다. "악한 날에 승리하려면 성신을 받아야 한다"는 것이다.

신사참배가 강요되면서 1938년부터 무서운 시련이 다가오고 있었다. 1938년 2월, 8월, 9월 주기철은 일경에 의해 구속되었다. 두 번째 구속이 있기 전 주기철의 설교는 신앙의 정절을 지킬 것을 요구하며, 배도자를 향해 무섭고도 강력한 메시지를 여지없이 전하였다.

> 아내로서 남편 외 다른 주인을 둘 수 없습니다. … 내 앞에서 다른 신을 두지 말라 하신 계명은 이 천지와 우주를 만드신 창조주의 명령입니다. … 이 같이 거룩하신 하나님을 우상이 무서워서 배반하는 행동을 하자는 모독자(冒瀆者)들은 모두 이 자리에서 나가시오. … 엄연한 하나님의 법은 왕을 범하면 문둥이가 되는 것이오.

1938년 9월 9일 평양 서문밖교회에서 목사 99명, 장로 89명, 선교사 35명, 총 223명이 모인 가운데 한국예수교장로회 제27회 총회는 한국교회의 신사참배를 가결하였다. 총회에 참석한 일경의 수는 97

명이었고, 방청객 수는 500명이었다. 이 총회에 구족 중인 주기철은 참석하지 않았다. 한국교회 역사 55년 만에 이루어진 배절의 순간이요, 치욕의 시작이었다.

> 아, 비극의 27회 총회. 이것이 '이가봇'이로구나. 이때에 한 선교사 '나는 하나님께 상소하오.' 소리치고 형사에게 끌려가니, 울음이 터졌다. 통분 통분하도다.

1940년 3월 25일 일제는 산정현교회를 급기야 폐쇄하기에 이르렀다. 1940년 9월 주기철은 마지막으로 구속되어, 3년 7개월의 옥중생활을 마치고, 1944년 4월 21일 마흔 일곱 살의 나이로 하나님의 부르심을 받아 주님의 품에 안겼다.[1]

2. 설교자 주기철

1934년 8월 주기철은 "죽음의 준비"라는 제목의 설교를 했는데, 여기에 그의 죽음에 대한 이해가 잘 나타나 있다. "세 가지를 언급하고 있는데, 죽음을 두려워하지 말 것, 비극적 죽음이 되지 않도록 할 것, 그리고 재물을 하늘에 쌓는 삶을 살 것"이었다. 설교 "죽음의 준비"의 서두를 소개한다.

---

[1] 민경배, 『순교자 주기철 목사』(대한기독교서회, 1997)에 빚을 진 글임.

> 죽음은 듣기에는 불쾌하나 참된 생에 들어가는 것이다. 고린도후서 5
> 장에 있는 '장막집이 무너지면 하나님께서 지으신 집이 하늘에 있다'
> 하심은 우리가 육신을 떠나 하나님께로 돌아감을 이름이다. 그러므
> 로 죽음의 준비는 곧 영생의 준비라 할 것이다.

마산문창교회의 목사 주기철은 1935년 9월 모교인 평양장로회신학교 사경회를 인도하였다. 1935년은 선교 50주년의 해로 도처에서 부흥사경회가 열리고 있었다. 이때 평양장로회신학교에서 행한 주기철의 설교 "일사각오"(요 11:16)는 순교자 주기철의 삶과 죽음을 잘 말해 주고 있는 그의 대표적 설교가 되었다. 주기철이 말한 일사각오는 세 가지로, 예수를 따라 죽는 일사각오, 예수같이 남을 위해 죽는 일사각오, 부활진리를 위한 일사각오이다. 주기철의 순교에 대해서 쓴 김인서는 설교자 주기철에 대해 후한 평을 쏟아낸다.

> 대한 나라 주기철 목사는 20세기 그리스도교에 중요한 존재이다. 주목
> 사는 잘 믿었고, 잘 살았고, 또한 잘 싸웠고, 참 잘 죽었다. 그 믿음은 하
> 나님 앞에 진실하였고, 그 생활은 억만 사람 앞에 청청백백하였고, 그
> 죽음은 허다한 고성선열의 간증자들이 보증하는 바이다. 이 어른의 설
> 교는 당신의 신앙고백이요, 당신의 목숨으로 실증한 말씀이다. 편편 복
> 음의 진리요, 순교의 정신이니 그 고귀함은 읽어 본 뒤에 알리라.

주기철은 1935년 5월 1일부터 5일까지 금강산에서 열리는 총회 주최 목사수양회의 강사로 초빙되어 설교하였다. 목사, 선교사 200여 명

이 모인 수양회에서 주기철은 마태복음 3:1-13을 본문으로 "예언자의 권의"라는 제목으로 설교를 하였는데, 일경에 의해 설교는 중단되었다.

> 예언자가 필요했던 시대에 예언자 같은 '소리'를 외쳤던 주기철의 설교는 그 시대가 기록한 가장 투철한 고발 설교로 기억되고 있다(민경배).

참으로 어려운 시대를 향한 강력하고 대담한 엘리야의 경고 같은 주기철 설교의 한 대목을 소개한다. 주기철이 어떠한 설교자였는지를 확연하게 보여 주기 때문이다. 주기철은 설교 "예언자의 권위"를 다 끝내지 못한 채 감시하던 일경의 제지를 받았으며 설교가 중지되었다. 주기철은 일사각오의 신앙에 서서 눈물의 선지자 예레미야와 같은 자세로 시대의 죄악을 직시하며 오직 한 분 하나님만을 기억하며 예언자의 사명을 철저히 감당하려 했다. 대쪽같이 강직하기 그지없었던 설교자 주기철은 그 어떤 타협이나 양보가 없었고, 오직 한 길만을 가는 하나님의 사람이었다. 신앙의 순결과 정절을 외치는 설교자 주기철의 모습은 점점 선명해져 갔다.

> 엘리야의 권능, 선지자의 권위는 이러했다. 그의 눈에는 바알도 없으며, 만승의 대왕 아합도 없고, 하나님이 계실 뿐이었다. 여러분도 엘리야의 신앙, 엘리야의 기도가 있으면 엘리야의 권능, 예언자의 권위가 설 것이다.
> 오늘 목사의 권위는 서는가, 못 서는가? …
> '시대의 죄악을 직시' 하고 '멸망의 경고,' '장래의 소망'을 분명히 가르

치는 것이 예언자의 사명이요 권위이다. 예레미야는 마침내 민족주의자들에게 잡혀 애굽에 끌려가서 돌에 맞아 죽었다.

여러분! 오늘 우리도 예레미야의 입장에 서 있지 않은가?

대중과 시대에 아부하는가? 하나님의 말씀 그대로 외치는가? …

생살여탈의 대권을 잡은 임금 앞에서 그 죄를 책망하는 세례 요한도 일사각오였고, 나단이나 녹스도 일사각오 했던 것이요, 루터도 물론 일사각오였다. 일사각오 연후에 예언하는 것이요, 일사각오 연후에 예언자의 권위는 서는 것이다.

여러분 몰라서 말 못하는가?

왜 벙어리 개가 되었는가?

오늘 목사도 일사각오 연후에 할 말을 하고 목사의 권위, 예언자의 권위가 서는 것이다. 그런데 일개 경찰관 앞에서 쩔쩔 매고서야 ….

주기철의 설교는 점점 옥죄어 오는 일제 앞에서 어려운 시대 기도로 가득한 설교, 아니 기도 그 자체였다. 너무도 힘들고 절박한 시대, 나라 잃은 조선의 설교자 주기철은 그냥 설교만 할 수 없었던 것이다. 그의 설교가 사람들에게 향하고, 사람들을 설득하고 움직이는 설교보다는 바로 하나님의 보좌를 움직이고자 하는 절박함을 보여 주는 기도여야만 했던 것을 실감한다. 기도와 설교를 동시에 해야만 했던 설교자 주기철을 만나게 된다. 아니 설교 중에라도 주기철은 기도를 하지 않으면 안 되었던 위기의 시대, 신앙의 결단이 요구되는 시대 한복판에서 설교하였던 것이다.

주님의 영광만을 찬송케 하옵소서.

하나님의 복음만이 들리게 하옵소서.

성신의 생명 강수가 흘러 온 교회에 충만케 하옵소서.

이 교회에 금촛대로 주님의 빛이 발하여 온 조선, 온 세계에 비치게 하옵소서.

이 예배당은 만민이 기도하는 집이 되게 하옵소서.

이 강단에는 언제나 하나님의 진리를 말하고, 복음을 전파하게 되기를 기원합니다. … 우리가 이 성전에서 예수를 섬기다가 주님 오실 때 여기에서 주님 영접하기를 기원합니다.

3. 주기철의 설교들

"유명 설교자" 주기철의 설교는 당시 교계의 대표적 잡지에 자주 실린 것을 확인하게 된다. 그럼에도 완전한 설교문으로 전해진 주기철의 설교는 드물다. 그의 손에서 나온 설교가 아니라, 그의 설교를 들었던 사람들의 손에서, 또는 기억을 따라, 기록된 "간접 집필"된 설교 수십 편이 있을 뿐이다. 정확하게 주기철의 설교를 이해하고 소개하는 데에는 한계가 있지만, 나름대로 분석하며 소개하도록 할 것이다.

우선 설교 제목을 설교자가 무엇을 말하려 하는지를 명료하게 제시한다. "5종목의 나의 기원," "예언자의 권위," "죽음의 준비," "천하에 복음을 전하라," "십자가의 길로 행하라," "주의 재림," "겸손하기 위하여,[2] "삭개오의 신앙," "죄의 값은 사망," "구원의 즐거움," "하나님 앞에서 완전하라," "하나님을 두려워하라," "하나님을 열애하라" 등의 설교제목은 과묵한 설교자 주기철의 직선적인 표현을 잘 보여 준다.

그 어떤 수사나 완곡한 은유를 가져오기보다는 있는 그대로 말하고 있는 그대로 설교하였다는 말이다. 내용도 설교자가 말하고자 하는 바가 무엇인지 분명하고 명료하다. 문장도 복문보다는 단문을 선호하였으며, 내용과 논리가 어렵지 않고 단순하여 이해가 쉽다. 늘 확신에 넘치는 설교를 하였고, 설교자는 혼신의 힘을 다해 설교했고, 종종 오른 발로 강단을 쾅 밟으면서 회중을 둘러 볼 때 "사망의 권세는 그 발 아래 부서지는 듯하였다"(증언) 설교의 형식은 대체로 간략한 들어가는 말, 세 가지 대지, 그리고 결론으로 이루어진다.

주기철은 종종 본문 중심의 강해설교도 하였지만, 대체로 설교자가 말하고자 하는 주제를 체계적으로 전하면서 때때로 해당하는 성경구절, 성경 예화를 가져와 회중의 확신을 요청하였다. 물론 동서양에 전해지는 세상 예화도 가져오기를 주저하지 않았다. 또한 당시 세계 소식에도 상당한 식견을 갖고 있음을 확인하게 된다. 그런데 특이한 것은 주기철은 성경해석에 있어 그 누구를 인용하지 않으며, 확신 넘치는 본인 자신의 성경해석에 근거하여 말씀을 전하고 있다는 점이다.

설교 어느 곳에서도 주기철은 그 어떤 신학자의 이름, 인용도 가져오지 않고 있다. 명료하고 분명한 성경해석을 근거로 설교자 주기철은 말씀을 전하였다. 자신의 설교에 그 어떠한 신학적 논쟁을 소개하

---

2 참조. 주기철 목사 사업회, 제6회 소양 주기철 목사 기념강좌(2001) 자료집, 이덕주, "주기철 목사의 영성", 45.

거나, 가져오지 않고 있는데, 이는 강단과 교단을 혼동하는 식자연채하는 설교자들에게 주는 분명한 교훈이 있다. 설교자 주기철은 말씀이 은혜가 될 때 회중들과 함께 설교내용과 일치하는 찬송가를 힘차게 불렀다.

끝으로 설교자 주기철은 분명한 설교의 적용을 잊지 않았다. 분명한 현실을 인식하면서 설교자 주기철은 듣고 깨달은 말씀을 성도들이 삶으로 구현할 것을 강력하게 요청하는 능력 있는 뜨거운 설교자였다. 종합하여, 주기철의 설교는 성경 중심, 은혜 중심, 신앙 중심, 십자가 중심, 오직 하나님께 영광을 중심으로 한 설교였다.

> 양심이 이미 죽었는지라 그 소위가 무소불위로다. 제 인격을 팔고 정조를 팔며 제 영혼을 팔고 나중에는 예수를 팔고 교회를 파는 것이다. 가룟 유다는 예수를 팔고 자살할 만큼 양심의 고통을 느꼈지만 오늘의 인간들은 양심의 고통이나마 있는가, 없는가? 불의의 재산을 모아 가지고 양심의 번민이 있는가? 있다면 네 양심은 아직 마저 죽지 않았다. 삭개오처럼 회개하라. 불법의 지위를 얻어가지고 양심상 번민이 있는가? 있다면 아직 희망이 있다. 세리처럼 회개하라. 살 길이 네 앞에 열린다. 불의의 향락을 누리면서 밤중에 울리는 뇌성벽력에 두려움이 있는가? 있다면 사마리아 여인처럼 회개하라. 네 앞에 생명의 우물이 있다(주기철, 설교 "죄의 값은 사망"에서).

■ 주기철의 설교

죄의 값은 사망(롬 6:23)[1]

"죄의 삯은 사망"이라 한 이 말씀을 직역하면 죄의 값은 사망이란 말입니다. 사람들이 가장 무서워하는 것은 죽음이라 하나, 그러나 죄는 죽음보다 더 무서운 것입니다. 죄는 원인이요, 죽음은 결과이니 결과인 죽음보다 원인인 죄가 더 무서운 것이 사실입니다. 죄짓고 망하지 않은 사람이 없습니다. 죄로 말미암아 세상에서만 망하는 것이 아니라 지옥형벌 또한 면치 못하는 것입니다.

1. 죄는 개인의 양심을 망하게 한다

죄는 무엇보다 먼저 그 사람의 양심을 마비케 하며 썩어지게 합니다. 대개 양심은 사람의 등불이요 빛이니 양심이 있은 연후에 법률 정치가 있고, 양심이 있은 연후에 과학이 있고, 철학이 있는 것입니다.

양심이 있음 연후에 율법이 필요하고, 복음이 요구되면 늘 양심이 죽은 자에게 만편의 율법이 무슨 소용이 있으며 천래의 복음이 저와 무슨 상관이 있겠습니까?

양심은 귀합니다! 그렇습니다. 오늘의 사람은 그 양심부터가 죄 중

---

[1] 주기철, 『십자가의 길로 행하라』, 피종진 편 (기쁜날, 2004), 158-?

에 죽어버렸습니다.

오! 이 인간을 어찌합니까! 양심이 이미 죽었는지라 그 소위가 무소불위입니다. 제 인격을 팔고, 정조를 팔며, 제 영혼을 팔고 나중에는 예수를 팔고, 교회를 파는 것입니다.

가룟 유다는 예수를 팔고 자살할 만큼 양심의 고통을 느끼었던 것이나, 오늘의 인간들은 양심의 고통이나마 있겠습니까?

있다면 내 양심은 아직 마저 죽지 않았습니다.

삭개오처럼 회개하십시오! 불법의 지위를 얻어 가지고 양심상 번민이 있습니까?

있다면 아직 희망이 있습니다.

세리처럼 회개하십시오! 살길이 내 앞에 열립니다.

불의의 향락을 누리면서 밤중에 울리는 뇌성벽력에 두려움이 있습니까?

있다면 사마리아 여인처럼 회개하십시오! 내 앞에 생명의 우물이 열립니다.

2. 죄는 인류를 망하게 한다

범죄한 자는 그 개인이 망하고, 그 가정이 망합니다.

엘리의 가정은 아론의 직계요, 뚜렷한 제사장의 가정이 아닙니까?

엘리의 두 아들이 괴악하여 제물을 훔쳐 먹고 수종드는 여자를 더럽힌지라, 나라는 불레셋 적군에게 패망하고 그 가정은 멸망되었나니 죄의 값은 사망입니다.

경남 진주에서 간부(姦夫)와 간부(姦婦)가 공모하고 본부를 살해하여 궤 속에 쓸어 넣어 깊은 물에 던지었습니다. 그러나 어찌 뜻하였으리요. 어떤 빨래하는 여인의 빨래 옷이 못 가운데 침몰되어 장대로 옷을 끌어 올리는데 송장이 든 궤짝이 올라와서 그 간부는 처형되었습니다. 죄는 숨길 수 없습니다.

자신의 몸을 사랑하십니까?

자신의 죄를 회개하십시오!

자신의 가정을 사랑하십니까?

자신의 죄를 멀리하십시오!

범죄하고 망하지 않은 민족, 국가는 없습니다. 동서고금의 역사를 통하여 보십시오. 어느 민족, 어느 국가나 망한 형편과 시대는 다르나 망한 원인은 하나이니 곧 죄의 값으로 망한 것입니다. 인류 문화 기원을 자랑하는 바벨론도 죄 값으로 망하였고, 나일강 언덕의 금자탑의 과학을 의뢰하던 애굽도 죄 값으로 망하였고 세계의 부강을 드날리던 대 로마제국도 410년 무너지고 말았습니다.

그리심 산을 자랑하던 이스라엘 나라도 여로보암의 죄 값으로 앗수르의 종이 되었고, 아브라함의 자손임을 믿던 유대왕국도 느부갓네살의 말발굽 아래에 무너지고 말았나니 이는 다 하나님을 배반하고 우상을 섬긴 죄 값이었습니다.

오늘 세계 부강을 자랑하며 문명을 떠드는 자는 누구입니까?

음란하고 악한 세대여 죄를 회개하십시오!

노아의 세대를 심판하던 홍수는 저 바다에서 흉용하고 있지 않습니까?

소돔과 고모라를 태우던 유황불은 각국 병기공창에 저장되고 있습니다. 폼페이를 재로 덮어버린 베스비아 화산의 불길은 땅 속에 붙고 있습니다. 죄악이 관영(貫盈)한 이 세상을 위하여 심판의 불은 준비되어 있습니다.

죄 위에 죄를 더하고 있는 인류는 네 죄를 회개하십시오!

남은 때가 없으리라(눅 10:6).

3. 죄는 영혼을 망하게 한다

하나님이 자기 형상대로 창조하셨다 함은 특히 사람의 영혼이 하나님의 신령하심과 같다 함입니다. 그러므로 사람의 영혼은 영원한 생명이 있고 빛이 있어 감히 범할 수 없는 위엄이 있는 것입니다. 그런데 범죄한 인간의 영혼은 이 세상에서도 가련한 상태입니다. 불안, 공포, 근심에 파묻혀 사망의 음침한 골짜기로 헤매고 있습니다. 흐리고 컴컴하며 생기가 없습니다. 범죄한 아담의 꼴이 그것이요 오늘 음침한 사회 상태가 그러합니다. 범죄한 영혼은 세상에서만 아니라 영원한 지옥 고초를 면치 못합니다. 현대 신학자는 "자비하신 하나님은 지옥을 만들지 않았다"고 말합니다.

그러나 스스로 속지 맙시다. 예수께서 친히 말씀하셨습니다.

"지옥에는 벌레도 죽지 않고 불도 꺼지지 않는다"(막 9:47-48).

"천지는 없어질지언정 주의 말씀은 1점 1획이라도 변치 아니하리니."

지옥은 분명히 있습니다. 우상 숭배자와 음락한자를 던지는 지옥은 분명히 있습니다. 형제를 모함하는 자와 살인자를 가두는 지옥은 분명히 있습니다. 두려울 진저!

　죽고 싶어도 죽을 수 없는 지옥은 있습니다. 영원한 불더미 속에서 고초 받는 지옥은 분명히 있습니다. 반 기독자는 물론 교회에 출입하던 거짓교인도 거기 있고, 목사 장로의 성직을 도둑한 자와 이단사설로 남을 미혹케 한 자도 거기에 있습니다. 신교인을 살해하던 법왕과 신부와 사생자를 기르던 교직자들도 거기에서 고초를 받고 있는 곳입니다.

　두려울 진저! 죄의 업은 사망이니 내 죄를 회개하십시오! 단테의 신곡(神曲) 중 지옥편을 읽어 보고 누가 먼저 떨지 않겠습니까. 그러나 실상은 단테가 그린 지옥보다 더 무서운 곳이요, 몇 만 배 더 괴로운 곳임을 아십시오.

　속히 회개하라! 죄의 값은 지옥입니다.

　회개하십시오! 우리 주님계신 영광의 천국을 원하거든 죄를 회개하고 예수를 믿으십시오!

　"오직 하나님이 주시는 은혜는 영생이니 곧 그리스도 예수 안에 있는 것이다."

14장. 마틴 로이드 존스

(Martyn Lloyd-Jones, 1899-1981)

모든 가족들 가운데에서 뿐 아니라 교회와 목사님들 가운데에서도 그는 가장 온화한 마음의 소유자였다. 박사님께서 붉은 색 안락의자에 앉아서 전화로 목사님들과 혹은 문제가 있는 사람들과 대화하는 모습은 정말 포근하였다. 전화를 할 때 우리가 들어가면 손을 흔들며 미소를 짓곤 하였다. 손자들은 잠자러 가기 전에 꼭 잠옷차림으로 할아버지에게 달려와 입 맞추곤 하였다. 전화를 할 때도 그는 조용하고 부드럽게 대하여 상대방이 그 스스로 마음의 매듭을 풀게 하였으며, 난관에 처한 사람에게는 용기를 주었다. 그 모든 것은 참으로 인상적이었는데, 바로 우리 가족에게도 그와 같이 대해 주었기 때문이다(사위가 본 장인 로이드 존스).

1. 20세기 최고의 강해설교자

Martyn Lloyd-Jones

"20세기 최고의 강해설교자" 로이드 존스(Martin Lloyd-Jones)는 1899년 12월 20일 노래를 좋아하는 밝고 낙천적인 아버지 헨리와 어머니 막달레나의 둘째 아들로 영국 웨일즈의 카디프(Cardiff)에서 태어나서 82세를 일기로 1981년 3월 1일 잠자리에서 더 이상 일어나지 못하고 하나님의 품에 안겼다. 로이드 존스는 26살의 나이에 영국 왕립의학협회로부터 의학박사 학위를 받을 정도로 촉망받는 청년 의사였으나, 거룩한 부르심에 이끌려 뭇 심령을 구하는 '영혼의 의사'로서 평생을 설교자로 전심전력했다.

30년 동안 하루같이 웨스트민스터교회 강단에서 뜨겁게 말씀을 전했던 그는 성경의 권위가 훼손되고 성령의 역동성과 능력을 잃어버린 현대 교회의 상황을 날카롭게 지적하면서, 어제나 오늘이나 영원토록 동일한 권위를 가진 하나님 말씀을 바르고 온전하게 전하는 것과 교회의 진정한 부흥이 항상 맞물려 있음을 강단에서 역설하고 실천했다. 강해설교의 정수를 보여 준 그의 설교는 세계 수많은 그리스도인들에게 깊은 영적 위로와 변화된 삶으로 나아갈 것을 도전하였다.

2. 성자의 삶

화려하게 내과의사로서 인생을 출발했던 로이드 존스는 1927년 2월 6일 아베라본 샌드필드의 베들레헴교회에서 첫 목회를 시작하였다. 로이드 존스는 1938년 이곳을 떠나기까지 10년 동안 영혼구원을 위한 전도설교에 집중하였는데, 죄의식과 죄 용서를 통한 복음의 능력을 성도들의 가슴과 양심을 향해 확신 있게 선포하였다. 로이드 존스는 이곳에서부터 부흥운동이 일어나기를 갈망하며 주변 목회자들과 동역을 하였는데, 부흥은 진정한 기독교가 존재하는 곳에 흘러넘치는 생명력으로 특이하고 예외적인 신적 은혜로 하나님의 영광을 드러내는 것으로 인식했다.

그렇다고 인간의 노력의 결과로 부흥이 일어난다고 생각하지는 않았고, 성령께서 비상하게 역사하실 때 불가항력적으로 교회의 생활

속에서 체험되는 것으로 알고 있었다. 아베라본에서의 로이드 존스의 생활은 수백 명의 가난한 자들에게 따뜻한 사랑을 베풀었는데, 돈이 필요한 자에게 돈을, 집세가 밀린 자에게 집세를 제공하는 등 그의 선행은 수천 가지에 이르렀다. 이러한 로이드 존스의 모습은 성자로 묘사되었고, 아베라본에서의 목회 역시 모든 성도들이 사랑의 띠로 하나가 되는 복을 누렸다.

3. 모건의 동역자

1935년 첫 번째 화요일 로이드 존스가 영적 각성을 위한 집회에서 설교하고 있을 때, 그곳에 참석하여 설교를 들었던 한 사람이 있었는데, 그는 다름 아닌 웨스트민스터교회 담임목사 72세의 노인 캠벨 모건(Campbell Morgan)으로 로이드 존스의 설교에 큰 은혜를 받았다. 로이드 존스의 설교를 인상 깊게 기억하고 있었던 모건은 그해 12월 마지막 주일에 웨스트민스터교회 예배당에서 설교해 줄 것을 편지로 부탁하였고, 1935년 12월 29일 로이드 존스는 오전과 오후 예배에 설교하였다. 아침예배는 "너희도 가려느냐?"(요 6:66-68)를 제목으로, 저녁예배는 "복음의 좁은 길"(마 7:13-14)을 제목으로 설교하였는데, 하나님의 심판을 준비할 것을 내용으로 한 복음적인 설교로 매우 감동적인 설교였다.

76세의 모건 목사는 많은 집회의 강사로 활동을 하고 있는 로이드 존스에게 6개월 동안만 자기를 도와달라는 부탁을 하였고, 1939

년 웨스트민스터교회 강단은 모건과 동역자 로이드 존스가 격주로 주일 설교를 하였다. 두 사람의 설교는 여러 면에서 너무 달랐지만, 오히려 조화를 이루었다. 주로 단순하고 미적 언어를 구사하며 성경구절의 의미와 어휘해석에 집중하는 모건은 광범위한 언어를 구사하며 교리와 구체적 삶에 무게를 두는 로이드 존스의 설교를 칭찬하였는데, 진리성, 명료성, 열정을 가진 균형 있는 설교로 평가하며 흡족해 했다.

39세의 로이드 존스는 1939년 4월 23일 웨스트민스터교회의 동사목사로서 모건과 "완전하게 동등한 위치에서 일하게" 되었는데, "특히 설교하는 면에서" 그랬다. 당시 로이드 존스의 동역자 모건은 주일 아침 웨스트민스터교회 성도들 앞에서 그 기쁨을 비전과 함께 표현하였다.

> 제 개인적인 관점에서 그가 우리의 제안을 받아들인 것이 매우 만족스럽습니다. 이 교회는 정말 여러 해 동안 성경적인 설교를 위해 존재해 왔습니다. 이 강단은 우리나라의 대표적인 강단이 되었습니다. 세계에 영향을 미치는 국제적인 강단이 된 것입니다.

5년 동안 모건과의 동사목사의 사역을 끝내고, 웨스트민스터교회의 강단을 25년 동안 지키며 단독목회를 한 로이드 존스는 1968년 암 선고를 받고 건강악화로 은퇴를 해야 했다. 1981년 세상을 떠나기까지 13년 동안 투병하며 저작활동에 박차를 가했는데, 로이드 존스의 대표적 저서 『목사와 설교』(*Preaching & Preachers*)는[1] 그가 은퇴 후 자신

---

1 D. M. 로이드 존스, 『목사와 설교』, 서문 강 옮김 (CLC, 1999).

의 42년 동안의 설교경험을 배경으로 1971년 저술된 체험적 설교론이라는 점에서 그 의미를 더해 준다.

4. 체험적 설교

위대한 설교자 로이드 존스는 자신의 42년간의 강단 경험을 근거로 쓴 저서 『목사와 설교』를 세상에 내어놓았는데, 그가 세상을 떠나기 10년 전 작품으로 그의 실질적 설교론의 종합이며 결정판이라고 할 수 있다. 로이드 존스는 "어떤 소명보다도 가장 높고 위대하고 영광스런 소명"인 설교에 대한 이해를 여기서 분명하고 엄격하게 그러면서도 겸손한 필치로 제시한다.

> 42년간 목회경력 중에 나의 주요 임무는 설교하는 일이었습니다. … 그 모든 기간 동안에 설교해 봄으로써 나의 부족과 오류를 압니다. 그러므로 그 점은 필연적으로 나로 하여금 설교에 관한 전반적인 문제를 깊이 연구하고 토론하고 큰 관심을 불러일으키게 했습니다.

로이드 존스는 자신의 설교론이 절대적이며, 최상이라고 말하지 않고, 신실한 모든 설교자의 개성적인 설교를 존중하며, 더 나아가 그러한 설교를 고무시키며 격려하기까지 한다.

> 모든 설교자는 자기 자신의 방식을 강하게 신뢰하여야 합니다. 그리고 만일 나의 설교방법의 모든 정당성을 납득시킬 수 없다 하더라도 그들로 하여금 최소한 또 다른 가능성을 생각하고 숙고하도록 자극할 수는 있습니다. 나는 솔직하게 내 자신이 설교를 듣기 위해 길을 건너기조차 하지 않음과 내가 가장 존경하고 있는 설교자들이 거의 설교방식과 설교 스타일에 있어서 매우 차이가 있었다는 것을 아주 정직하게 말할 수 있습니다.

5. 설교자와 설교꾼

그럼에도 로이드 존스가 모든 설교자를 존경하고 흔쾌히 인정하는 것은 아님을 보는데, '설교자'(preacher)와 '설교꾼'(pulpiteer)이라는 그의 엄격한 구별을 주목할 때이다. 쉽게 말해 바람직하지 못한 설교자, 설교를 오락거리로 전락시키는, 경계해야 할 "구역질나는" '설교꾼'들에 대한 지적은 변명의 여지가 없다. 강단설교의 쇠퇴 내지는 타락을 불러일으키는 설교꾼들의 등장 배경에는 두 가지 이유가 제시된다.

첫째, 성경 권위의 상실, 신적 진리에 대한 설교자의 신앙의 감소이다.

> 위대한 설교는 위대한 주제에 달려있기 마련입니다. ⋯ 사람들이 성경을 권위 있는 하나님의 말씀으로 믿고 그 권위에 입각해서 말하는 동안에는 위대한 설교를 들을 수 있었습니다. ⋯ 성경의 위대한 원리

들에 대한 신념이 없어지기 시작하고 설교가 윤리적인 위대한 강연이나 훈계 그리고 도덕정신의 함양, 설교보다는 사회·정치적인 대화로 자리바꿈을 하였음으로 퇴보하였다는 것은 놀랄 일이 아닙니다.

둘째, 설교가 "구역질나는" 오락거리로 전락한 점이다. 여기에 '설교꾼'의 책임이 있다. '설교꾼'은 일종의 삯군으로 강단을 점령하고 사람들을 지배하고 군림하는 감정을 움직이는 명수들로서 쇼맨십이 강한 사람들로 그들의 설교이해를 로이드 존스는 '설교꾼 이론'(Pulpiteerism)으로 격하한다. 로이드 존스의 설교꾼들을 향한 날카로운 비판의 배경에는 "문학적인 재질을 부여받은 사람들이 무의식적으로 강조점을 메시지의 진리성에서 문학적 표현으로 옮긴 것"에서 찾는데, 이들을 로이드 존스는 설교이해에 있어서 "가장 큰 범죄자"로 규정하고 있다.

> 이 사람들은 설교자들이라기보다는 수필가들이었습니다. 그러나 이 수필들을 설교로 출간했을 때 그것들은 설교로 받아들여졌던 것입니다. 그것은 의심할 여지없이 설교가 어떠해야 되며 설교는 참으로 어떻게 해야 하는가에 대해 교회 내의 많은 사람들의 사상에 영향을 미쳤던 것입니다. 그러므로 나는 현대의 설교가 퇴색해 가는 것에 대한 대부분의 책임을 설교라는 이름 아래 발표되었던 그런 문학적인 비류(非類)들에게 돌리려 합니다.

6. 역할 모델 에드워즈

로이드 존스에게 있어 교회사에 등장하는 진정한 설교자들로는 타울러(J. Tauler), 위클리프(J. Wycliffe), 루터(M. Luther), 츠빙글리(H. Zwingli), 칼빈(J. Calvin), 낙스(John Knox), 카트라이트(Th. Cartwright), 래티머(H. Latimer), 웨슬리(Wesley) 형제, 스펄전(Ch. Spurgeon), 휫필드(G. Whitefield), 에드워즈(J. Edwards) 등인데, 그 중에서도 에드워즈는 설교자 로이드 존스에게 가장 강력한 영향을 주고, 뜨거운 사랑을 받는 대표적 설교자이다.[2] 로이드 존스가 세상을 떠나기 5년 전 1977년 인생의 말년에 와서도 에드워즈를 향해 특별하고도 각별한 존경을 아끼지 않음을 본다.

> 참으로 어리석게도 청교도들을 알프스에 비유하고 루터나 칼빈을 히말라야에 비유한다면, 요나단 에드워즈는 에베레스트산에 비유하고 싶은 시험을 받곤 합니다. 제게 있어서 그는 언제나 사도 바울을 가장 닮은 사람인 것 같습니다.[3]

로이드 존스에게 있어서 "탁월한 부흥 신학자요, 체험 신학자요 … '마음의 신학자'"인[4] 에드워즈는 "세상에 알려진 사람 중에서 가장 위대한 천재 중 한 사람이요, 지금까지 미국의 모든 철학자들 중에서 가

---

2 참고. 마틴 로이드 존스, 『청교도신앙. 그 기원과 계승자들』, 서문 강 역 (생명의 말씀사, 1992).
3 마틴 로이드 존스, 『청교도신앙. 그 기원과 계승자들』, 365.
4 마틴 로이드 존스, 『청교도신앙. 그 기원과 계승자들』, 371.

장 위대한 한 사람"으로[5] 설교자의 역할 모델이 되고 있다. 로이드 존스가 "뛰어난 설교자" 에드워즈를 그토록 좋아하는 데에는 분명 근거가 있다.

> 그(에드워즈)는 있는 그대로 갑작스럽게 능한 지성을 발산했고, 명석한 상상력과 놀라운 독창성을 수반하고 있었으며, 무엇보다도 정직했습니다. 그는 제가 읽어 본 사람 중에서 가장 정직한 주석가 중의 한 사람이었습니다. … 그는 모든 것들을 직면했고 난제를 우회하지 않았습니다. 그는 모든 측면에서 진리에 관심을 가졌습니다. 그리고 그 모든 빛나는 재능들과 함께 겸손과 온유 그리고 탁월한 영성이 있었습니다. 그는 체험적인 신앙에 대해서 어느 누구보다도 더 많이 알았습니다. 그는 마음을 강조했습니다. 다른 말로 해서 에드워즈라는 사람을 볼 때, 두드러진 사실은 완벽성과 균형입니다. 그는 유능한 신학자였고 동시에 위대한 복음전도자였습니다.[6]

7. 설교의 네 원칙

로이드 존스는 대표적인 청교도인 퍼킨스(W. Perkins)의 책 『설교(예언)의 기술』(*The Art of Prophesying*)이 말하는 설교의 네 원칙을 "참되고 진실한 설교를 아주 잘 묘사한 것"으로 평가하면서 제시한다.

---

5 마틴 로이드 존스, 『청교도신앙. 그 기원과 계승자들』, 367.
6 마틴 로이드 존스, 『청교도신앙. 그 기원과 계승자들』, 366.

첫째, 권위 있는 성경본문에 대한 정확한 이해를 시도한다.[7]

둘째, 성경본문 그 자체에 대한 의미와 이해를 제시한다.

셋째, 본문의 이해로부터 몇 가지 유익한 원리(교리)를 수집한다.

넷째, 본문으로부터 가져온 원리들을 단순하고 쉬운 말로 사람들의 삶에 적용한다. 게다가 로이드 존스는 설교자가 택한 성경본문과 설교와의 관계를 분명한 목소리로 언급한다.

> 우리 설교자들은 하나의 평론이나 어떤 주제에 대한 논문을 발표하는 것이 아닙니다. 본문을 읽은 다음 성경을 덮어 한쪽으로 제쳐놓고는 준비된 설교원고를 전해 나가는 것은 나쁜 표증입니다. 처음부터 끝까지 설교자가 말하는 것은 말씀에서 나오는 것이어야 합니다. 중요한 것은 사람이나 그의 사상이 아닙니다. 언제나 하나님의 말씀이 중요해야 합니다. 말씀만이 설교자의 권위의 근원이기 때문입니다.[8]

그러면서 로이드 존스는 청교도 설교자들의 설교가 결코 지루하지 않았음을 잊지 않고 드러낸다.

> 청교도들이 … 따분한 설교자나 굼뜬 설교자는 아니었다는 것을 강조할 필요가 있습니다. 그들은 활달한 설교자들이었습니다. 특별히 그들 가운데 어떤 사람들은 몸짓이 대단히 격렬했습니다. 칼빈도 활발한 모습을 보였습니다. … 우리는 그들의 설교가 따분하고 딱딱하

---

7 로이드 존스는 한결같이 King James Version, 곧 흠정역 성경을 사용하였다.
8 마틴 로이드 존스, 『청교도신앙, 그 기원과 계승자들』, 392-393.

고 엄숙하고 지루한 설교라고만 생각하는 개념을 제거해야 합니다. 결코 그렇지 않습니다.[9]

8. 설교자의 자유

로이드 존스의 설교이해에 있어서 특히 두드러지는 점은 설교행위에 있어서 성령께 의지함으로써 누리는 설교자의 자유(freedom)에로의 강조이다. 설교자는 준비된 원고로부터의 자유를 누릴 수 있어야 하고, 더 나아가 설교행위에 있어서 자유함 속에서 설교를 해야 한다는 것이다. 그렇다고 원고를 가지고 있지 않다고 해서 꼭 자유를 갖는다고도 말할 수는 없다.

로이드 존스가 말하는 설교행위에 있어서의 자유란 성령이 함께 하는 자유로 순간의 영감을 마음을 열고 받아들일 수 있는 자유, 영적 예민성(Spiritual Sensitivity)의 극대화에로의 강조이다. 성령의 부어주심이 설교시간에 일어남을 기억하며, 기다리며, 영적으로 깨어 설교할 것을 로이드 존스는 설교자의 자유로 묘사한다.

> 이 자유로움의 요소는 정말 중요합니다. 설교는 언제나 성령 -그의 능력과 지배 - 아래에서 행해져야 합니다. 또한 설교자는 무엇이 일어날지 알지 못합니다. 그러므로 항상 자유로우시기 바랍니다. …

---

[9] 마틴 로이드 존스, 『청교도신앙. 그 기원과 계승자들』, 396.

> 설교를 준비할 때 도우셨던 성령께서 설교를 행하는 동안 전혀 새로운 방법으로 도우시며 설교를 준비하는 동안에는 보지 못했던 것을 열어 보이신다는 것을 발견하게 될 것입니다.

거기다 로이드 존스는 참된 설교에는 상호교환의 요소가 있음을 강조한다. 상호교환이란 설교자와 설교를 듣는 회중 가운데 영적인 사람들, 성령으로 충만한 사람들과의 영적 동역을 의미한다. 그러니까, 설교자가 영적으로 깨어 있는 성도들, 성령으로 충만한 성도들의 영적 후원을 입으며 보다 바람직한 설교를 할 수 있다는 사실이다.

> 회중 가운데는 영적인 사람들, 성령으로 충만한 사람들이 있는데 그들은 그 기회에 어떤 공헌을 하고 있는 것입니다. 참된 설교에는 상호교환의 요소가 있기 마련입니다. … 상호작용과 행동, 반응이 있게 되고, 종종 이것은 아주 중대한 변화를 가져오기도 합니다. 어느 설교자이든 설교자다운 설교자는 이 점을 입증할 수 있습니다. … 설교자는 반드시 이 점에 대해 개방적이어야 합니다. 만일 그렇지 않으면 설교자에게 있어서 하나의 가장 영예로운 체험을 놓쳐버리고 말 것이기 때문입니다. 그러므로 이 자유로움의 요소는 엄청나게 중요한 것입니다.[10]

게다가 로이드 존스는 설교자의 열정, 불, 곧 가슴의 감동을 강조한다.

---

10 마틴 로이드 존스, 『목사와 설교』, 110-111.

> 휫필드가 설교하고 있을 때 눈물이 그의 얼굴에 거의 흘러넘치는 것 같았습니다. 나는 우리 모두 이 점에서 책망을 받고 비판을 받아야 한다고 고백합니다. 과거에 위대한 설교를 항상 특징 지웠던 설교에 있어서 열정은 어디에 있습니까?[11]

그럼에도 로이드 존스가 말하는 설교자의 뜨거움, 열정, 불, 감동은, 앞서 언급한 설교자의 자유로움에서 가져왔던 '거룩한 기름부음'으로서의 성령과는 상관되어지지 않고 있다는 사실이다. 로이드 존스가 말하는 설교자의 열정에 대해 다음과 같이 말한다.

"만일 자기가 말하고 있는 것을 진정으로 믿는다면 그는 틀림없이 그것으로 감동을 받기 마련입니다. 그렇게 안 된다는 것이 불가능한 일입니다. 그것은 필연적으로 '뜨거움'을 유발합니다."[12]

한국교회의 설교자들이 쉽게 생각하는 설교행위에 있어서 성령의 역사를 통한 불같이 뜨거운 역사 내지는 감동은 로이드 존스에게서는 언급되지 않고, 단지 설교행위에서의 성령의 부어주심을 통한 자유가 강조되고 있음은 독특하고 새롭다.

종합할 때, 로이드 존스의 설교론은 자신의 오랜 강단 경험을 근거로 한 실질적, 체험적, 영적 설교론이며, 수많은 교회사의 위대한 설교자들을 긍정적으로 읽고 받아들인 겸허한 교회사적 이해에 근거한 설교론이며, 특히 청교도들, 그리고 에드워즈에게 매료된 청교도적 부흥 설교론이며, 교회사적 위대한 설교자들을 종합적으로 받아들여

---

11 마틴 로이드 존스, 『목사와 설교』, 117.
12 마틴 로이드 존스, 『목사와 설교』, 116.

자신의 삶과 설교 속에서 녹아지게 하고 적용한 후 다시 자신의 것으로 새롭게 정리한 균형 있는 종합적인 설교론이라 할 수 있다.[13] 그렇다고 그의 설교론을 향해 비판이 없는 것은 아닌데, 그가 의도하는 바가 일목요연하지 않고, 칼로 두부를 자르듯 똑 부러지지는 않음으로 인해, "어떤 부분에서 그의 신학은 산만하고 조직적이지 않다"고 평할 수도 있을 것 같다.[14]

9. 증언과 인용

끝으로 로이드 존스의 설교를 들었던 사람들의 증언과 로이드 존스의 설교를 직접 들으려 한다.

> 사람들은 그 강단에서 그리고 그의 눈빛 속에서 신비한 능력을 발견하게 되었다. 그는 거의 몸짓을 하지 않았으며, 자신의 세계 속으로 성도들을 끌고 갔다(1939년 「피플」[*People*]지(誌)에 실린 로이드 존스에 관한 기사).
>
> 나는 지금까지 그런 설교를 들은 적도, 그렇게 감동한 적도 없었다. 솔직히 말해서 내가 설교에 대해 알고 있는 모든 것은 '박사'에게서

---

13 참조. "설교"(1977), in: 『목사와 설교』, 383-399; 토니 사전트, 『위대한 설교자 로이드 존스』(한국기독학생회출판부, 1996).
14 토니 사전트, 『위대한 설교자 로이드 존스』, 11.

> 배운 것이다. 나는 지금까지 그처럼 깊이 있게 하나님이 함께 하시는 설교를 들은 적이 없다(J. I. Packer).

이제 로이드 존스의 은퇴 후 1979년 말년에 행한 설교, 인생의 끝자락에서 고향 카디프에서 행한 설교를 주목한다. 인류의 비참함을 바라보며 외치는 노 설교자의 설교는 그가 일생동안 전한 메시지의 결론이라고도 생각할 수 있을 것이기 때문이다.

> 나의 친구 여러분, … 저는 노인이 되어 가고 있습니다. 제가 카디프에서 처음 설교를 한 지도 52년이나 되었습니다.
> 왜 제가 은퇴했느냐고요?
> 아프기 때문입니다. 아프면 집의 한 구석에 앉아 있지 왜 이곳에 있느냐고요?
> 왜 이곳을 다시 찾았냐고요?
> 오직 한 가지 이유 때문에 이곳에 와 있는 것입니다. 인류의 비참함이 저를 근심스럽게 하고 있기 때문입니다. 사람들 모두 자신들이 무슨 짓을 하고 있는지 모르고 있기 때문입니다. 그들은 영원하신 하나님만 거부하고 있는 것이 아닙니다. 그들은 하나님의 사랑도 거부하고 있습니다. 이것이 우리의 메시지입니다.
> … 이것은 비극입니다"(설교 "어찌하여 열방이 분노하는가?(시 2:1-12)에서).

■ 로이드 존스의 설교

어찌하여 열방이 분노하는가?(시 2:1-12)[1]

…(전략)… 저는 여러분에게 우리가 성경이라고 부르는 이 책의 메시지가 현대인과 현대의 문제와 관련이 있다는 것을 보여드리는 것은 물론이고, 더 나아가 우리의 문제와 우리의 곤궁의 상태에 이 책만 빛을 비춰 줄 수 있으며, 이 현대 세계에 살고 있는 우리에게 이 책만이 유일한 희망을 제공해 줄 수 있으며, 이 책 외에는 그 어떤 것도 우리의 문제와 연관되는 것이 없다는 것을 보여드리고자 합니다. …(중략)…

여러분은 시편 기자가 성경에서 대부분 질문을 던짐으로써 시작한다는 것을 알게 될 것입니다.

"어찌하여 열방이 분노하며 민족들이 허사를 경영하는 것입니까?"

이것이 질문입니다. 그러나 저는 이 말이 질문보다 더 많은 것을 내포하고 있다고 생각합니다. 시편 기자는 그가 느낀 공포, 놀라움, 전율 등을 표현하고 있는 것입니다. 우리 모두 이것이 무엇인지 알고 있습니다. 우리는 금세기에 이미 두 번의 세계대전을 치렀기 때문입니다. 그들은 지금도 이런 가공할 무기들을 제작하고 쌓아올리고 있습니다.

과연 또 한 번의 세계 대전이 발생할까요?

그런 분위기로 이끌고 가는 것은 도대체 무엇입니까?

---

1 마틴 로이드 존스, 『교회부흥의 원동력』, 김현준 역 (성광문화사, 2004), 115-154.

우리는 노사간의 불화, 도덕적인 불화, 법과 질서의 파괴에 대해 알고 있습니다. 이제 우리는 이 모든 것에 정통하게 된 것입니다! 여러분이 신문을 읽거나 뉴스 소식을 듣는다면, 여러분 자신이 그렇게 할 수는 없을지라도 세계가 괴로운 문제 속에 처해 있고 산적한 문제들 가운데 있다는 것을 알 수 있습니다. 그런 것을 접하며 우리는 뒤로 물러나 이렇게 질문을 던지는 것입니다.

"문제가 무엇이냐?"

그것은 정확히 다윗이 말했던 바이며, 초대교회 사람들이 기도할 때 말했던 것입니다. 그는 질문만 하고 끝낸 것이 아닙니다. 그는 더 깊이 다루었습니다. 그는 질문을 던지고 나서 우리에게 널리 퍼져 있는 상태에 대한 묘사를 제공함으로써 시작합니다. …(중략)…

어떤 상태입니까?

본문에 나와 있습니다.

"어찌하여 열방이 분노하며…"

바로 이 구절입니다!

"왜 그들이 분노하는가?"

여러분이 괜찮으시다면, 이 구절을 이렇게 바꿀 수 있겠습니다.

"왜 그들은 떠들썩한가?"

"이 사람들의 문제는 무엇인가?"라고 말하고 있는 것입니다. 그는 "사회는 성난 바다 혹은 포효하는 바다와 같다"고 말하고 있는 것입니다. …(후략)…

1. 시편 기자가 호소하는 것은 무엇인가

…(전략)… 그는 우리에게 왜 이 같은 세상의 일이 널리 행해지게 되었는가를 설명해 주었습니다. 그는 우리에게 이 모든 것이 완전한 어리석음이었다는 것을 보여 주었습니다. 미친 것임을 보여 주었습니다. 그리고 그는 더 나아가서 무엇이 처참한 비극인지를 보여 주었고, 바로 그것이 인류의 참된 고통이었음을 알려주었습니다.

하나님은 심판의 하나님이실 뿐만 아니라 진노의 하나님이십니다. 그분은 거룩하신 하나님이십니다. 하나님은 빛이시고 그분에게는 어두움이 조금도 없습니다. 그분은 죄를 싫어하시는 분이십니다! 그분의 진노는 죄 위에 있는 것입니다! 그러나 사람들은 주님만 거스려 봉기하고 있는 것이 아니라 그분의 기름부음 받은 자도 거스리고 있는 것입니다! 그분은 이 기름부음 받은 자에 대해서, 이렇게 말씀하셨습니다.

"너는 내 아들이라. 오늘날 내가 너를 낳았도다."

이것은 놀라운 것입니다! …(중략)…

세상은 나사렛 예수를 거부했습니다. 하나님의 아들을 말입니다! 왜 그분이 과거에 세상에 오셨던 것입니까?

그분은 우리에게 자신을 이렇게 말씀하셨습니다.

> 인자의 온 것은 잃어버린 자를 찾아 구원하려 함이니라(눅 19:10).

> 인자의 온 것은 섬김을 받으려 함이 아니라 도리어 섬기려 하고 자기 목숨을 많은 사람의 대속물로 주려 함이니라(막 10:45).

하나님은 인류에게 '값없는 죄사함'과 '값없는 용서'를 제공하셨건만, 세상은 이것을 거부했습니다. 이것이야말로 세상이 미쳤다는 것에 대한 극치를 보여 주는 것이며, 세상 비극의 진수를 보여 주는 것입니다.

하나님은 아들에게 여러분의 죄를 지우셨습니다. 갈보리의 십자가에서 죽으신 그리스도의 죽음은 평화주의자의 죽음이 아닙니다! 이 죽음은 세상 죄를 지신 하나님의 어린양의 죽음인 것입니다(요 1:29). 하나님께서는 그분에게 우리의 모든 죄악을 지우셨습니다.

여러분의 죄가 무엇이든지 간에 말입니다. 여러분의 삶이 검은 색으로 일관해온 삶이었어도, 심지어 여러분이 지옥의 가장 깊숙한 곳으로 들어가고 있을지라도, 여러분이 이러한 것을 인정하고, 깨닫고, 하나님께 자비와 죄사함과 용서를 간구한다면, 그분은 여러분에게 이미 이 모든 것을 너에게 주었노라고 말씀하실 것입니다.

하나님께서 나무에서(십자가에서) 아들의 몸으로 여러분의 죄를 감당하시도록 하려고, 아들을 세상에 보내셨기 때문입니다. 그분은 여러분 대신 아들을 그토록 세게 치신 것입니다. 그분은 그렇게 하심으로써 여러분을 용서하시고, 여러분의 죄를 사면해 주시고, 여러분을 받아들이시고, 여러분을 그분의 아들이 되게 하시고, 그분의 가족에 여러분을 입양하시는 것입니다. 그분은 여러분에게 그분의 축복을 보여 주시기 시작하신 것입니다. 바로 그것이 이 사람 다윗이 말하고 있는 내용인 것입니다. …(중략)… 그는 마지막 절에서 우리에게 가장 중요한 것을 말하고 있습니다. 12절입니다.

"그 아들에게 입맞추라. 그렇지 아니하면 진노하심으로 너희가 길에서 망하리니 그 진노가 급하심이라. 여호와를 의지하는 자는 다 복이 있도다."

자, 이 말씀이 저에게는 가장 중대한 것입니다. 그는 말합니다.

"그 아들에게 입맞추라. 그 진노가 급하심이라."

이것은 오늘밤 세상에 대한 저의 관점이기도 합니다. 오늘밤 세상이 이 모양인 것은 하나님의 진노가 급하시기 때문입니다. 우리의 영민함으로 우리는 수백 년 동안 이렇게 말해 오고 있습니다.

"우리는 하나님이 필요치 않아. 우리는 하나님 없이도 완벽한 세상을 만들 수 있어. 우리의 교육과 문화와 과학, 그리고 정치만으로도 완벽한 세상을 만들 수 있는거야!"

우리는 그렇게 하나님께 말해 온 것입니다.

"우리는 그분을 원하지 않는다!"

우리는 그분에게 등을 돌렸습니다. 우리는 계속 그 맨 것을 끊고 그 결박을 벗어 버리고 있습니다.

그 결과 어떤 일이 일어났는지 아십니까?

저는 말씀드릴 수 있습니다!

왜 여러분은 두 번의 세계대전을 치뤘습니까?

왜 오늘밤에도 난리와 분냄이 있는 것입니까?

왜 우리의 모든 제도들이 붕괴되어가고 있습니까?

여기 그 대답이 있습니다! 하나님께서 진노로 우리에게 돌아오시며 말씀하시는 것입니다.

"너희는 나 없이도 잘 될 수 있다고 말했다. 나 없이도 그렇게 될 수 있다고!"

그분은 우리에게, 그분 없이도 잘 될 수 있다는 행동을 허용하시고 계십니다. 그분은 그분의 복되신 성령의 영향력을 전해 주시려 하는 것을 철회하시고 계십니다. 그분은 우리가 행한 것의 결과들을 거두어들이도록 허용하시는 것입니다. 그러나 이것은 단지 미약한 것입니다.

하나님의 진노가 급하십니다. 장차 오게 될 것은 더 심각한 것입니다. 그리스도께서는 악한 자들이 악한 것에 더 악한 것으로 덧입힐 것이라고 말씀하셨습니다. 그리스도께서는 결코 그분의 가르침의 결과로 발전된 완벽한 세상을 약속하지 않으셨습니다. 그분은 마태복음 24:6에서 말씀하셨습니다.

"난리와 난리 소문을 듣겠으나 너희는 삼가 두려워 말라. 이런 일이 있어야 하되 끝은 아직 아니니라."

철학자들과 시인들이 전쟁의 끝이 도래할 것이라고 말할지라도, 그리스도께서는 고통과 난리가 있게 될 것이라고 말씀하시는 것입니다. 더 악하고 더 심한 것을 접하게 될 것이라는 말씀입니다. 거대한 시련이 있게 될 것이라는 말씀입니다! 그분이 오셔서 유일한 마지막 답변을 주실 때까지 말입니다! 우리는 진노가 급하심을 경험하고 있는 중입니다!

2. 지혜로운 사람이 되라

…(전략)… 나의 사랑하는 친구 여러분, 여러분은 지혜로워졌습니까? 여러분은 지혜로워져서 이 모든 일들을 고려하게 되었습니까? 어떻게 남은 생을 살아가시겠습니까?

여러분은 앞으로 여러분의 삶이 어떻게 될지 모릅니다.

어떻게 살아가시겠습니까?

어떻게 생을 마치시겠습니까?

어떻게 하나님을 대면하시겠습니까?

어떻게 알 수도 없는 미래와 대면하시겠습니까?

지혜로워지십시오!

교훈을 받으십시오!

시편 기자가 본문 12절에서 "그 아들에게 입 맞추라"고 말한 것을 행하십시오.

여러분은 그 그림이 보이십니까?

여러분이 신문을 보셨든, 그렇지 않든 간에 다양한 각료들로 구성된 새 정부는 버킹검 궁전(Buckingham Palace)으로 가야만 합니다. 그곳에서 그들은 여왕이 하사하는 관료의 인장을 받게 됩니다.

그런 후에 그들이 무엇을 하게 될지 아십니까?

그들은 그녀 앞에서 무릎을 꿇고 그녀의 손에 입 맞출 것입니다. 이것을 '손에 입 맞추기'라고 부릅니다. 그들은 그녀의 손에 입 맞추는 것입니다. 이것은 복종의 표시이며, 그렇게 함으로써 그녀는 그들에게 권력을 내려주게 됩니다. 그것은 정확히 다윗이 우리가 하나님께 해야 하는 일을 말해 주고 있는 것입니다.

"그 아들 앞에서 그 아들에게 입맞추고, 무릎 꿇고 절하라."

그분께서 내민 손에 키스하십시오. 그분에게 여러분 자신을 드리십시오. 여호와를 경외함으로 섬기고 떨며 즐거워하십시오(시 2:11). 그러면 여러분은 이 세상에 있을 동안에만 축복을 받게 되는 것이 아닙니다. 영광스러운 죽음을 맞이하게 될 것이며, 하나님 아버지와 그분의 아들, 성령님, 그리고 온전하게 된 의로운 사람들의 영들과 모든 거룩한 천사들과 함께 영원함의 영광을 같이 나누기 위해 나아가게 될 것입니다.

자, 그것이 메시지인 것입니다. 그 메시지가 바로 본문에 있는 것입니다. 근 3천년 전에 쓰여진 이 말씀에 말입니다.

지혜로워지셨습니까?

교훈을 받으셨습니까?

저는 이 메시지를 여러분에게 남깁니다. 여러분이 영원한 운명과 불멸의 영혼을 평가할 때 다윗의 이 호소에 귀를 기울이십시오!

지혜로워지십시오!

그 아들에게 입 맞추십시오!

주 예수 그리스도께 여러분 자신과 인생을 드리십시오!

여러분의 미래, 여러분의 모든 것도 드리십시오!

히브리서 13:5에서 주님은, "내가 과연 너희를 버리지 아니하고 과연 너희를 떠나지 아니하리라"고 말씀하셨습니다. 이것이 그분의 말씀이며, 그분은 이 말씀을 결코 어기지 않으십니다.

지혜로워지십시오!

그분을 의뢰하십시오!

그분을 따르십시오!

그분에게 여러분 자신을 스스럼없이 드리십시오!

그러면 여러분은, 이전에 여러분이 대할 수 있었던 모든 것을 다 가진 사람들보다 더 한 사람이 될 것입니다.

15장. 한경직

(韓景職, 1902-2000)

1. 생애

한경직 목사

한경직의 평전을 썼던 한숭홍은 2007년 6월 1일 "예수를 닮은 인간, 그리스도를 보여 준 교부"라는 최대의 찬사로서 "한경직 목사의 진솔한 삶 자체를 극명하게 표현"하였다. 한숭홍의 한경직을 향한 역사적 평가에는 나름대로 배경이 있다.

> 한경직 목사는 한국교회사의 산 증인이다. 그러므로 그의 삶은 한국교회의 1세기가 수록되어 있는 사기(史記) 자체라고 할 수 있다. 그는 철저한 애국애족의 사람이었고, 일제치하에서도 굴절되지 않은 대쪽 같은 지성이었으며, 믿음과 행함을 목회의 제1신조로 삼고 사역했던 참 목자이었다. 그의 일생은 고결했고, 그의 생활은 청빈 그 자체였다(한숭홍).[1]

1902년 12월 29일 평안남도 공덕면 간리의 매우 가난한 집안의 맏아들로 태어나, 12살 되던 1912년 세살 연상의 규수 김찬빈과 결혼한 한경직이 영락교회의 전신 베다니(벧아니)교회를 1945년 8월 15일 해방과 더불어 월남한 사람들과 남쪽의 군산과 이리 지방 사람들 27명이 모여 1945년 12월 2일 첫 예배를 드림으로 시작하였다. 외유내강의 인내의 사람, 겸손과 온유를 겸비한 포용성으로 상대방을 품어 주

---

1 한숭홍, 『한경직 예수를 닮은 인간, 그리스도를 보여 준 교부』(서울, 북코리아, 2007).

는 성자, 꾸밈이 없고, 소박하며 소탈하고, 속물근성을 보이지 않은 세례 요한 같은 사람(홍현설) 한경직은 정주의 오산학교를 다니면서 남강 이승훈(1864-1930)과 고당 조만식(1882-1950)으로부터 진정한 기독교정신과 민족주의의 상관관계를 살아있는 모범을 통해서 배우며, 애국애족정신을 터득하였다.

또한 한경직의 숭실대학교 시절은 방위량 선교사의 비서로 일하며 학자의 길과 세계와 민족을 향한 비전의 사람으로 성장할 수 있었다. 한경직이 유학했던 미국의 프린스턴신학교는 당시 보수주의 자유주의 신학논쟁으로 인해 분열을 경험하는 와중에서 "한경직은 자유주의를 조심스럽게 받아들이고 있던 프린스턴 개혁파의 입장을 따르는 쪽으로 결정하고 그대로 머물러 있었다." 곧 그레삼 메이첸(G. Machen)을 중심으로 새롭게 문을 열었던 웨스트민스터신학교에 합류하지 않았다. 이러한 한경직의 결정은 후일 한국에서 합동과 통합의 분열에서도 같은 모습으로 드러나는데, 보다 진보적인 입장을 견지한 통합으로 남는다.

한경직은 예일대학교 박사 과정에 교회사 전공으로 학자가 되려던 꿈을 당시 죽을병이라고 생각했던 폐병 3기라는 진단을 받고 학업을 중단하고, 미국에서 3년 동안의 요양을 끝낸 후, 1932년 착잡한 심정으로 귀국을 하였다. 당시 그의 각오는 견고했다.

> 내가 더 공부할 마음은 없다. 내가 무슨 학자가 될 마음은 없다. 나는 그저 성경 보고 성경대로 살고 내가 주님을 위해서 일하려고 나섰으니 생명을 계속해 준다면 몇 해라도 좋다.

이렇듯 한경직은 역사신학 학자로서 학위를 받는 꿈을 이룰 수 없었을 뿐 아니라, 신학교수 곧 학자로서 생의 방향을 하나님은 목회로 돌려 한국교회의 위대한 목회자와 설교자로 사용하셨다. 물론 그렇다고 한경직이 신학교에서 뜻있는 선생으로서 강의를 하지 않은 것은 아니었다.

> 그 학교에는 세 분의 상징적인 교수님들이 계셨는데 S 목사님은 영웅호걸 형이고, K 목사님은 전형적인 학자 형이며, 한 목사님은 성자적인 목사상이었다. … 그분에게서 발견한 가장 인상적인 것은 따사로운 햇볕 같은 온화하고 인자한 인간성이다. … 그의 활짝 피는 웃음은 티 없이 순수해 보여 민주주의가 형식 아닌 몸에 배고 의식화된 분이다(김준곤).

성공적인 목회자이다.

"한 목사님은 모든 목회자들에게 그 어느 부분으로서든지 교훈을 주고 모범을 보여 주시기에 부족한 데가 없으신 지도자이시다. 하나님께서 한국과 한국교계에 한경직 목사님을 보내주신 것을 지극히 감사한다"(조향록).

> 송창근 목사, 김재준 목사, 한경직 목사 세 분이 한국교회에 일찍부터 남긴 영향은 큰 것이라고 생각한다. 세 분은 미국에서 같은 신학교의 같은 방에서 공부를 한 분들이요, 또 귀국하여 친분이 대단한 사이로 지냈다. 세 분은 1945년 12월 2일 똑같은 날짜에 송창근 목사는 서울역 부근의 동자동에 성남교회를 창립했고, 김재준 목사는 똑같은 날

짜에 경동교회를 창립했으며, 한경직 목사는 같은 날짜에 지금의 영락교회(베다니교회)를 각각 시작했다. 6.25 전에는 신학교에 송창근 목사가 교장으로 선임되어 김재준 목사와 한경직 목사는 교수로 있으면서 한국교회 신학의 기틀을 닦아가기 시작했다(강신명).

한경직은 많은 성도와 목회자들의 귀감이 되었을 뿐 아니라, 역할 모델이 되기에 충분하였다. 한국의 탁월한 기독교 인물들의 존경을 받으셨다. 특히 가나안 농군학교를 세우신 김용기 장로는 "한경직 목사님은 내가 가장 존경하는 분이다. 나는 이 생명 다하도록 그분을 본받고 싶은 마음 간절하다"고 극찬을 아끼지 않았다.

그의 동역자였던 새문안교회의 담임목사 강신명은 "한경직 목사를 성자라고 부른 말은 우리나라에서라기보다는 외국에서 먼저 부른 이름이 아닌가 생각된다. … 이 이름이 불리워질 때 이 땅에 선교 백주년을 앞두고 그와 같은 목회자가 있다는 것은 한국교회로서가 아니라 이 나라 전체로서 자랑스러운 일이 아닐 수 없다"고 후한 역사적 평가를 조금도 망설이지 않았다.

정진경은 한경직을 세 가지 면에서 훌륭한 목사로 평가한다.

첫째, 그는 복음에 대한 철저한 사명감을 가졌다.

둘째, 그는 지덕이 겸비한 높은 인격의 소유자, 겸손과 자비의 사람이었다.

셋째, 그는 훌륭한 설교자, "한국교회의 대표적인 설교가"였다. 특히 한경직은 경건한 목사였는데, "예배를 통해서는 하나님의 절대 주권 앞에 순종을 강조하고 단에서 내려오면 소외된 대중의 따뜻한 벗이 되곤 했다. 그의 생애는 위로는 하나님을 섬기고 아래로는 대중을 위하는 섬김의 일치를 보여 주었다"(정진경)는 것이다. 1966년 부목사로서 가장 근접한 거리에서 한경직 목사의 동역자로 일을 시작하였던 박조준은 영락교회의 초대 목사 한경직의 후임으로 1973년 담임목사가 되었다. 군사독재 시대에서 진보성이 강한 사회적인 발언과 설교로 당시 정부로부터 견제를 받기도 했던 박조준은 영락교회 당회장으로서 전임자 한경직을 "큰 그릇"으로 묘사하였다.

> 어려운 일을 당하면 변명하려 드는 것이 사람의 본능인데 그분은 일일이 변명 안하시고 사필귀정(事必歸正)이라고 가끔 말씀하십니다. 결국 다 바로 알게 되는 것이라는 말씀이지요. … 그분처럼 큰 그릇이 되기까지는 계속 노력하여야 할 것입니다(박조준).

2. 사상

> 내가 태어난 해가 1902년이니 올해 내 나이 아흔 넷이 된다. 이렇듯 긴 인생여정 동안 많은 것을 배우며 여러 상황에 처하면서도 나는 늘 '신행일치'(信行一致)의 삶을 살고자 노력해 왔다. … 우리가 어떤 일에 종사하든 간에 하나님과 사람 앞에 신행일치의 삶을 살아야 한다. 이웃을 내 몸과 같이 사랑하며, 세상 사람들에게 복음을 전하는 증인이 되라고 하시는 말씀을 기억하고, 행동으로 옮기는 삶을 살며 기도할 때, 이 땅 위엔 주님의 나라가 임하리라 믿는다(한경직).

한경직의 목회관은 수직적인 면과 수평적인 면에 균형을 유지하고 있는데, 영혼구원과 이웃사랑이다. 목회자로서 영혼구원에 최상의 목적을 두었던 한경직은 동료 목회자들에게 같은 당부를 잊지 않는다.

> 말씀을 전파하고 양을 먹이고 기르는데 충성하세요. … 목회에 있어서 성공의 관념을 버리고 그저 그리스도에게 충성된 종이 되어 주님의 말씀대로 '먼저 그의 나라와 그의 의를' 구하며 목회자의 최고의 목표는 인간의 영혼을 죄에서 구원하고 양육하여 하나님께 영광을 돌리는 그의 자녀들이 되도록 함에 있다는 것을 잊지 마십시다(한경직)

뿐만 아니라, 인간을 향해서는 긍휼의 종, 화목의 종으로 그리스도의 산 증인이 될 것을 요청한다.

> 가난한 이들을 먼저 도와주며 다른 교역자들과 화목하고 어디서나 화평을 추구하여 온 교회가 하나로써 하나님께 영광을 돌리며 온 민족과 인류를 구원할 수 있는 하나님의 교회가 되기 위하여 내 입장에서 최선을 다 하십시다(한경직).

게다가 "한 목사님의 관심은 민족 전체의 복음화에 깊이 젖어 있다. 그의 애국애족심은 특별히 강하시다. 그는 나라를 잃어버렸던 시기에 그의 젊은 날을 서럽고 괴롭게 보내셨던 관계인지 조국에 대한 애정은 남달리 강렬하시다. 정치적 차원에서가 아니라 국가적 차원과 민족적 차원에서 애정을 부으신다. 그의 민족복음화는 선교적 차원에서만 아니라 애국애족적 차원에서도 깊이 관련되고 있다"(조향록).

강신명은 한경직이 오산학교의 이승훈 선생과 조만식 선생을 생각하며 세운 서울의 대광고등학교가 뜻대로 되지 않을 때 괴로워했던 것을 기억하기도 했다. 곧 한경직이 대광학교를 통해 기독교계의 인물들이 그리고 기독교 세계관을 가진 한국의 지도자들이 배출되기를 갈망했던 애국자였다는 점을 잊지 않았다. 그럼에도 한경직에게는 하나님 앞에서 자신만이 아는 치명적인 과오를 가지고 있었는데, 그가 1992년 4월 29일 템플턴상 수상 자리에서 스스로 밝힌 일제 치하 신사참배였다.

> 먼저 나는 죄인임을 고백합니다. 나는 신사참배를 했습니다. 이런 죄인을 하나님이 사랑하고 축복해 주셔서 한국교회를 위해 일하도록 이 상을 주셨습니다.

3. 설교론

분명하고 또렷또렷한 음성으로 하나님의 말씀을 단순하고 명료하게 그리고 담대하게 전했던 설교자 한경직은 교파를 초월하여 여러 교회 지도자들의 존경의 대상이 되고 있다. 물론 수많은 독서를 배경으로 한 준비된 설교임도 금방 알게 하는 설교가 그의 설교이다. 한경직의 설교가 여러 사람들의 무한한 존경을 받는 이유가 분명히 있다.

> 한경직 목사에게 있어 설교는 빼놓을 수 없는 중요한 부분이다.

그분의 겸손이 설교하고, 또 그분의 간절한 진실의 기도가 설교가 되고, 그분의 인격이 설교하고 있다. 그래서 그분의 설교를 듣는 사람들에게 거리가 없고 친근감을 주며, 감동적이다(홍현설).

설교 내용을 보면 문장적으로 볼 때 그렇게 화려한데는 없는 것 같다. 그러나 그분의 얼굴 모습을 보고 설교를 듣노라면 그 얼굴만 보아도 은혜가 되어서 설교를 듣는 사람으로 하여금 감격을 받게 한다. … 한경직 목사는 그분의 경건성과 깊은 명상으로 준비된 설교라는 것을 기억해야 한다(강신명).

그의 설교는 언제나 두 개의 초점이 분명하다. 하나는 변하지 않는 영원한 말씀이고 또 하나는 변하는 상황 즉 현실에 초점을 두고 있다. … 한 목사님의 설교는 그 내용에 담긴 사상은 깊고 넓지만 복음을 설명하는데 사용하는 용어나 해석은 어떤 계층의 사람이든 알아들을 수 있는 평이함에 그 특색이 있다. … 더욱이 그분의 설교에는 '간절함'이 있다. 그 간절함이 설득력을 갖고 사람들의 가슴에 파고듦을 느끼게 한다(정진경).

한 목사님은 글로 쓴 설교보다 말로 하는 설교가 더욱 좋다. 한 설교에 꼭 한 가지는 사람의 마음에 못을 박아준다. 그리고 누구나 알아듣도록 평범하면서도 감동에 젖게 하고 소박하면서도 복음의 핵심에서 벗어나지 않는다. 예화는 언제나 적절하고 진행에 강약의 리듬을 고르게 하여 설교를 듣는 회중이 그의 말씀에 빨려들게 한다. … 그의

> 설교는 대중적이면서도 개인 개인의 가슴에 개별적으로 전달되고 또 새로운 결단을 촉구하게 한다. 허황한 자기자랑이나 신기한 기적 따위를 팔지 않고 그저 소박하고 진실한 복음의 진리만을 간단명료하게 설교한다. … 표현은 언제나 정확하고 무례한 말투나 혐오감을 주는 제스처를 쓰지 않는다. 그는 천 명 만 명을 앞에 놓고 설교하면서도 그 설교는 꼭 한 사람에게 하는 것처럼 다정하고 직접적이다(조향록).

한경직은 깊은 묵상과 숙성된 경건이 겸비된 설교를 했다.

> 한경직 목사는 설교를 위하여 서울 근교의 시골길을 걷는 묵상의 시간을 많이 갖는다고 한다. 기도와 묵상과 경건으로 준비된 설교에 성령이 충만하게 임하실 것은 말할 나위도 없다. 언젠가 내게 들려준 말씀이다. '설교 준비 노력도 중요하지만 설교자인 내가 어떤 사람인가를 살펴야 한다' '기도에는 눈물이 있어야 하고 참으로 간절한 중심의 기도가 설교에서 중요하다.'

그러한 경건한 설교자 한경직에게 늘 진지한 엄숙함만이 설교에 있는 것은 아니었고, 웃음과 유머가 함께 하였음을 확인한다. 곧 하나님의 안식과 사랑의 향유 속에서 여유가 있는 설교자였다는 말일 것이다.

> 한경직 목사의 설교에서 특별하게 생각할 것이 하나있다. 그것은 다섯 차례 주일설교에서 한 번 정도는 설교자와 듣는 성도들 간에 웃으면서 설교를 듣는 기회를 가지는 점이다. 이 설교는 긴장된 분위기를

> 풀어주는 비법이기도 하며 마음의 벽을 무너뜨리는 귀한 기회도 된
> 다. … 설교자의 귀중한 것은 언제나 심각한 모습보다는 상냥한 웃음
> 이요 온유와 겸손의 모습이리라(강신명).

게다가 박학다식한 설교, 곧 수많은 인용들을 한경직의 설교를 통해 만나게 되는데, 무엇보다도 그가 폭넓은 독서의 사람, 공부하는 학자이었음을 보여 주는 대목이다.

> 한경직의 설교를 듣고 있노라면 그가 젊은 시절부터 쌓아온 자연과
> 학과 인문과학의 지식의 해박함에 먼저 감탄하지 않을 수 없다. 또한
> 동서고금을 망라하는 고전과 「타임」, 「뉴스위크」에서 인용되는 폭넓
> 은 독서정보에 놀라움을 금할 길이 없다. 거기에 빈번했던 국내외 선
> 교여행에서 직접 보고 느끼고 깨달은 풍부한 산지식이 언제나 넘친
> 다. 이 모든 것이 그분의 경건과 신실함과 온유와 지극한 사랑에 자
> 연스럽고 적절하게 조화되어 하나님의 말씀을 증거할 때 한경직 목
> 사의 설교는 아름다운 교향곡이 되고 듣는 이의 마음을 즐겁게 한다.
> 말씀의 맛을 더하게 하고 영양을 풍성케 한다. 때로는 장엄한 헨델의
> '메시아'가 되어 성도의 옷깃을 여미게 한다(강신명).

한경직이 쓴 '참 목자상'에 따라, 성서적 설교, 분명한 목표가 있는 설교, 실존적 설교, 권위가 있는 설교로 나누는데, 실존적 설교 안에는 교리적 설교, 윤리적 설교 그리고 일상생활을 다루는 설교들이 포함된다. 한경직은 목사를 "설교하는 사람," 설교에 대한 적극적인 강

조와 실천이 없으면 개신교가 아니라는 말로 설교를 "개신교의 특색"으로 부각하며, 설교를 "하나님이 복음을 전파하시는 것"으로, 강단은 하나님 자신이 복음을 전하는 곳으로 정의한다. 설교는 오직 하나님의 말씀인 신구약 성경을 선포하여야 하며, 그 외에 제시되는 자료는 하나님의 말씀을 이해시키는 보조수단일 뿐이다.

4. 그의 설교

영락교회는 1971년 창립 25주년을 맞아 지금까지 해왔던 대로 『한경직 목사 설교전집』 제8권을 출판하였는데, 간행사에서 출판위원장 김정순은 한경직의 설교의 의의를 우리민족에게 주어진 하나님의 메시지로 부각시킨다.

> 그 까닭은 그의 설교가 영락교회의 강단을 통하여서 우리 교계는 물론 나아가서는 사회와 국가에 끼친 영향이 크기 때문이다. 그의 설교는 때로는 맑고 줄기찬 샘물이 되어서 혼탁한 이 사회를 맑히기도 했고, 때로는 굳건한 반석이 되어서 이 나라의 민주주의 정신적 기초가 되기도 했고, 때로는 부드러운 손길이 되어서 상처받은 영혼들의 위로와 구원이 되기도 했고, 또 때로는 하늘을 향하는 울부짖음이 되어서 겨레의 아픔과 슬픔을 하나님께 호소하기도 했다.

『한경직 목사 설교전집』 제8권의 편집위원을 맡았던 이종성은 머리

말에서 한경직을 주저하지 않고 "한국의 암부로시우스, 한국의 조나단 에드워즈, 한국의 필립스 브룩스"로 비교하며 "훌륭한 목회자이신 동시에 훌륭한 설교자"로 기꺼이 평가한다.

한경직의 설교를 살펴보면, 몇 가지 특징을 발견한다.

첫째, 많은 예화가 동원되는 평이성이다. 매우 쉽게 모든 성도들이 이해할 수 있도록, 학식의 고하를, 직업의 귀천을 떠나, 재산의 유무를 떠나 이해가 쉬운 설교를 예화를 들어 시도한다.

둘째, 성경본문에 대한 개론적 이해에서 설교가 시작되고 있다. 성경 원문과 원어에 입각한 성경본문에 대한 깊이 있는 주석을 시도하기보다는 본문에 확실한 일반적 이해를 근거로 할 뿐 아니라, 택한 본문과 상관되는 수많은 다른 성경구절을 동원하여 본문의 목적을 분명히 드러내고 밝힌다. 본문의 의도를 밝히 드러내는 설교를 명료하게 한다.

셋째, 설교에서 가져오는 문장들은 단문 형식으로, 주로 구어체를 사용하여 청중과의 충분한 상호교환이 가능한 설교를 구사하고 있다. 소위 말하는 이야기식 설교, 스토리텔링의 형식을 충분히 활용하는 이야기꾼 설교자이다. 눈과 눈을 마주보는 살아있는 상호교환 설교가 생동감 있게 전개된다.

넷째, 그때그때 마다 한경직은 설교내용과 일치하는 찬송가의 시를 가져와 성도들의 마음을 씻은 듯 시원하게 영적 갈증을 해소하는 탁월한 인용을 결코 놓치지 않는다. 그의 설교에는 자주 찬송 시들이 등장하고 있음을 확인한다.

다섯째, 한경직의 설교는 매우 표현이 정제된 설교, 이름다운 수사가 있는 설교를 한다. 예로 한경직은 "쉬지 말고 기도하라"는 설교를 하면서 서두에서 아름다운 묘사, 수사학적 기교를 재치 있게 발휘한다.

> 기쁨, 기도, 감사 이 세 가지는 믿음의 동산에 피는 꽃송이라고 볼 수가 있습니다. 혹은 믿음의 나무에 열리는 세 가지 열매입니다. 혹은 믿음의 동산에서만 캐어낼 수 있는 세 가지 보석이올시다. 혹은 믿음의 바다에서만 얻을 수 있는 세 가지 진주라고도 할 수 있습니다. 이 세 가지 가운데 중심은 기도입니다(1968년 2월 11일 설교).

여섯째, 한경직의 확고한 성경관이 설교에서 드러나고 있다. 성령의 검으로서의 성경에 대한 이해가 확고하다.

> 예수께서 광야에서 시험을 받을 때에도 이 하나님의 말씀 곧 성령의 검으로 마귀를 물리치신 것입니다. 십자가 군병들에게는 이 성령의 검인 하나님의 말씀이 필요합니다. … 이 성경은 산 책입니다. 산 하나님의 말씀입니다. … 여러분 성경을 읽어야 합니다. 성경을 읽습니까? 성경을 매일 묵상하십시다. 성경을 공부하십시다. 성경을 우리 아이들에게 가르치십시다. 우리 민족에게 성경을 보급시켜야 됩니다(1967년 12월 10일).

일곱째, 한경직의 설교, 목회는 그의 신앙인격이 더해져 빛을 발하였다. 그의 경건과 영적 싸움은 그의 명 설교를 가능하게 했던 성령의 도우심이었음이 분명하다. 분명 한경직은 하나님의 임재를 일순간도 잊지 않았던 한국의 데이비드 브레이너드, 벌꿀처럼 달디 단 생명의 설교를 전했던 한국의 클레르보의 버나드였다!

■ 한경직의 설교

신앙의 향기(눅 10:38-42)[1]

예루살렘에서 동남향으로 약 오리쯤 가면 감람산 동편 기슭에 베다니라는 이름의 작은 마을이 있습니다. 이 베다니는 마르다와 마리아, 그의 오라비 나사로의 가정이 있었고 또 주님께서 마지막 주간에 이 가정을 종종 방문하셨기에 유명합니다. 이 시간 특별히 베다니에 살았던 마리아의 신앙을 생각하고자 합니다.

1. 배우기를 힘쓰는 신앙

첫째, 마리아는 배우기를 힘쓰는 신앙을 가진 신도였습니다. 지금 읽은 누가복음의 기록을 보면 예수님께서 그 가정을 방문하실 때의 모습을 보여줍니다. 마르다는 주님을 위해서 음식을 준비하기에 바빴고, 그 동생 마리아는 주님 발아래 앉아서 그의 말씀을 들었다고 하였습니다. 두 자매가 다 같이 주님을 사랑했고 또 봉사하였습니다.

그러나 마리아는 특별히 주의 말씀을 듣고 배우는 데 열중한 모습이 보입니다. 이것이 마리아의 신앙생활의 한 특색인 듯싶습니다. 일도 귀하지마는 그보다도 더 귀한 것은 배우는 것이 아닌가 합니다. 먼

---

[1] 한경직 목사 탄신 100주년 기념사업위원회 편, 『평생에 들던 말씀』(선미디어, 2002), 173-179.

저 배워야 일도 바로 하고 효과 있게 할 수 있습니다. 먼저 진리를 알아야 바르게 살 수 있습니다. 잘못된 길로 나가지도 아니합니다.

사도 바울이 당시 유대인들에 대해서 말할 때에 이렇게 지적하였습니다.

"그들은 열심은 있으나 지식이 부족하다."

한국교회는 '열심'이 있는 교회입니다. 일도 많이 하는 교회라고 할 수 있습니다. 그러나 한국교회의 약점 가운데 하나는 지식이 부족한 점이 아닌가 생각됩니다. …(중략)… 열심만으로는 부족합니다. 성서적 지식이 있어야 합니다. 이 지식은 성경을 배우는 데서 옵니다. …(중략)… 오해하지는 마십시다. 마르다의 봉사를 절대로 과소평가하는 것이 아닙니다. 마르다와 같은 신도가 교회에 필요합니다. 다만 배우고 봉사하고, 배우며 전도하는 신앙이 더 건전하다고 하는 것을 잊지 마십시다.

2. 우선 순위

둘째, 이 마리아는 바른 선택을 할 줄 아는 신도였습니다. …(중략)… 주님은 마리아는 좋은 편을 택하였다고 말씀하셨습니다. 좋은 편을 택할 줄 아는 분별력이 있는 신앙이 실로 귀합니다. 여기에는 사고력과 지혜가 필요합니다.

우리는 '야곱과 에서의 이야기'를 잘 압니다. …(중략)… 에서는 장자의 명분과 팥죽 이 두 가지 가운데 하나를 택할 수밖에 없었습니다. 그러나 에서는 장자의 명분보다도 팥죽 한 그릇을 택하는 어리석은 사람이 되고 말았습니다.

　반면에 우리는 구약 가운데서 '룻'에 대한 이야기를 또 찾아 볼 수 있습니다. 이 '룻'이라고 하는 여자는 본래 이방나라 모압의 한 이름 없는 여성이었습니다. 그러나 그의 이름은 후에 성경의 한 책을 이루었습니다. 곧 룻기죠. …(중략)… 고향으로 돌아갈까, 끝까지 외로운 시어머니 나오미를 따라갈까?

　그 두 갈래의 길에서 룻은 예수님 말씀 그대로 좋은 편을 택했습니다. 이 선택이 결국은 룻으로 하여금 오늘 우리가 아는 룻으로 만든 것입니다.

　좋은 편을 택할 줄 아는 지혜야말로 신앙생활에 있어서 아주 귀합니다. 주님께서도 산상보훈에서 이렇게 말씀하셨습니다.

> 너희는 무엇을 먹을까 무엇을 입을까 염려하지 말라(마 6:31).

계속해서 말씀하셨습니다.

> 너희는 먼저 하나님의 나라와 그 의를 구하라 그리하면 모든 것을 더하여 줄 것이라(마 6:33).

　우선순위, 먼저 할 것을 먼저 할 줄 아는 우선순위를 바로 택할 줄 아는 신앙생활이 매우 귀합니다. 이것은 가정생활에서도 그러하고, 교회 일에도 우선순위를 바로 알아서 일을 해야 열매가 더 많이 맺힙니다.

한국교회가 제일 먼저 할 일이 무엇일까요?

그것은 무엇보다도 사천만 우리 동포의 복음화 운동일 것입니다.

이 목적을 빨리 달성할 길이 무엇일까요?

그것은 온 교회가 복음전파에 힘써야 될 것입니다.

어디서 어떻게 전도해야 할까요?

그것은 주님의 말씀대로 우리는 다 사람 낚는 어부가 되어 물고기를 많이 잡아야 하겠습니다. 물고기를 많이 잡으려면 먼저 물고기 많은 데 가서 그물을 던질 줄 아는 지혜가 있어야 합니다. 이 땅에 물고기가 많지만 특별히 물고기가 많이 모인 곳에 가서 전도해야 합니다. 좋은 편을 택할 줄 아는 지혜, 우선순위를 바로 정할 줄 아는 신앙생활과 교회 봉사는 한국교회에 있어서 실로 절실한 것입니다.

3. 사랑과 봉사와 헌신의 향기

셋째, 마리아의 신앙은 사랑과 전적 헌신의 신앙이었습니다. …(중략)… 옥합에 넣은 향유 가격이 삼백 데나리온이나 된다고 하였는데 그때 노동자 하루의 품값이 일 데나리온이었습니다. 만약에 마리아가 바느질을 해서 이 돈을 벌었다고 하면 삼백일, 곧 거의 일 년이나 일을 하였을 겁니다.

이렇게 귀한 향유를 왜 예수님께 부었을까요?

…(중략)… 이 일은 누가 시켜서 한 일도 아니요, 무슨 칭찬을 받으려고 한 것도 아니요, 또한 무슨 더 큰 축복을 받으려는 생각에서 한 일도 아님이 분명합니다.

그러면 무엇이 그로 하여금 이런 일을 하게 하였을까?

한마디로 이 일은 그의 가슴속에 깊이 지닌 믿음, 사랑입니다.

마리아는 예수님이 참으로 하나님께서 세상에 보내신 메시아임을 믿었습니다. …(중략)… 더욱이 나사로를 다시 살리시는 큰 이적을 보고 예수는 과연 부활과 생명의 주인인 것을 분명하게 알게 되었습니다. 그는 주님을 참으로 사랑하였습니다. 참 사랑에는 이해타산이 없습니다. 모든 것을 바치고 싶었습니다. 그러므로 그는 주님께 그러한 향유를 부을 뿐더러, 여자에게는 생명이라고 하는 머리털로 주님의 발을 씻겼습니다. 곧 생명 전체를 온전히 주님께 바친 것입니다.

그 결과는 어떻게 되었습니까?

첫째로 마리아는 주님을 왕으로 높인 것입니다. 예수는 만왕의 왕으로서 예루살렘으로 입성할 터인데 누군가가 그 머리 위에 기름을 부었어야 합니다. 그 특권이 주님을 가장 사랑하는 여성인 마리아에게 자기도 모르게 하나님의 크신 은혜 가운데서 부여된 것입니다.

얼마나 큰 영광입니까?

둘째로 주님이 친히 말씀하신 그대로 주님의 장사를 믿으니 향유를 부어 준비하였습니다. 만민의 죄를 대속하기 위하여 십자가에서 죽으신 그 귀하신 몸을 향유로 감싸 그 장사를 미리 준비한 일을 생각하면 얼마나 귀한 일입니까. 이런 특권이 또한 마리아에게 부여되었습니다.

셋째로 향유 냄새, 곧 향기가 온 집안에 가득하였다고 합니다. 사실 마리아의 신앙의 향기는 그 방안뿐이 아닙니다.

세기를 통하여 오늘날까지 온 세계에 가득한 것이 아닙니까?

이 얼마나 감사한 일입니까?

예수님 말씀 그대로 마리아의 이야기는 복음이 전파되는 곳마다 들리게 되었습니다. 하늘나라에서의 축복은 말할 것도 없고 이 세상에서도 마리아가 받은 축복은 말로다 할 수 없습니다.

봄 동산에 꽃이 만발하고 향기가 가득하게 되면 벌과 나비는 부르지 않아도 사방에서 모여듭니다. 하나님의 교회는 하나님의 꽃동산이라고 할 수 있습니다. 여러분 한 사람 한 사람이 마리아 신도의 신앙을 본받아 교회 안에 믿음과 사랑과 봉사와 헌신의 향기가 가득하게 되면 교회는 자연히 크게 부흥할 것입니다. 외롭고 쓸쓸한 세상에 사는 메마른 영혼들은 하나님의 사랑과 하나님이 주시는 은혜와 기쁨과 화평을 맛보기 위하여 벌처럼 나비처럼 모여 들 것입니다.

사랑하는 교우 여러분!

이 마리아 신도의 신앙을 후계자 되어 다 계승하시기를 바랍니다. 특별히 여기 앉아 계시는 여신도 여러분들은 이 뜻있는 주일에 마리아의 신앙의 향기를 지닌 하나님의 딸들이 되시기를 바랍니다.

16장. 헬무트 틸리케

(Helmut Thielicke, 1908-1986)

1. 수사적 설교

> 설교할 때에는 자연스러운 언어를 쓰도록 노력해야 한다. 일상에서 벗어난 웅장함은 '우상화'의 표시이다. 자연스러운 일상 언어를 쓸 수 있음은 '성육신'의 표시, 낮아짐의 표시이다. 일상에서 벗어난 언어는 설교언어에 억압적인 성격을 준다. … 강단언어의 자연스러움은 그것 자체가 다음과 같은 사실을 고백하는 형식이다. '예수 그리스도는 설교를 듣는 사람에게와 마찬가지로 설교를 하는 나에게도 역시 주님이시다. 그러므로 설교자는 비판이라는 수단을 통하여 책임으로부터 회피할 수 없다'(틸리케).

Helmut Thielicke

틸리케의 말은 설교자들에게 신선한 도전으로 다가온다. 신적 진리에로의 초대인 설교에 효과적인 전달을 위한 수사와 논리가 요구되는 것은 사실이나, 기교로서의 설교전달 방법에 치우칠 때 본질을 잃어버리는 오류를 범할 수 있다. 너무 수사학적인 설교, 너무 시적인 설교, 너무 논리적인 설교, 너무 논쟁적인 설교, 너무 조직적인 설교, 너무 신학적인 설교, 너무 현실적인 설교는 그 나름대로 의미가 없는 것은 아니나, 설교가 본질적으로 무엇이냐는 물음 앞에 한계와 위험성을 가지고 있다. 독일의 설교학자 오토(Gert Otto)는 특히 수사적 설교에 대한 다섯 가지 명제를 제시한다.

첫째, 단지 기교(Technik, 기술)로서의 수사학은 설교를 폭력적 선동에로 오도한다. 틸리케는 한 마디로 뜨거운 가슴과 차가운 머리를 갖고 실질적으로 사랑의 하나님을 전한 복음적 설교가였다.

둘째, 문학(Poesie, 시)은 경험들과 소망들을 표현하는 데 도움을 준다. 설교가 시적이어야 하느냐 아니면 일상용어를 사용해야 하느냐, 문학적이어야 하느냐 아니면 경험에 입각해야 하느냐 하는 양자택일의 논의가 있지만, 분명 문학은 진리전달에 중요한 수단이 된다.

셋째, 성경본문에 대한 바른 이해(Textwissenschaft, 본문해석학)는 그 진리를 전달하는 설교를 보다 효과적이고 생산적인 방법으로 이끈다. 옛 본문으로부터 오늘의 회중에게 전달되는 새 것, 곧 설교로 만들때, 그 옛 본문을 소홀이하거나 업신여기지 않아야 한다. 모두에게 동일하게 재료가 주어지지만, 그 가운데서 알자배기를 찾는 일은 다른 것이다. 생명력 있는 진리전달을 위한 '대화로서의 설교'를 전제할 때, 오늘의 회중을 바라보는 창조적 심리학은 여기서 간과될 수 없다.

넷째, 역사적으로 볼 때, 오늘에 이르기까지 형성된 예전적(liturgy) 예배의식이 설교가 수사적으로 되는 것에 함께 작용하고 있다. 어디에서 누구에게 설교가 행해지느냐에 따라 그 설교의 전달방식이 달라질 것이다. 어떤 형식의 예배냐에 따라, 설교의 용어, 비유, 매체는 달라지기 때문이다.

다섯째, 설교학이 무엇인지에 대한 물음의 독자성이 아직도 여전히 확보되어야 한다. 만약 설교학(Homiletik)의 역사가 설교기술(Predigttechnik)의 역사라고 할 때, 수사학을 단지 도구로만 이해할 수 있을까 반문하게 된다. 설교학과 수사학 사이의 경계를 찾는 일은 설

교를 이해하는 데 필히 요구된다.[1]

2. 틸리케는 누구인가?

> 신학은 우리가 믿는 것과 믿음 안에서 선포하는 것을 나중에 사고하는 형식입니다. … 그렇습니다. 거기에서 나는 내 사고 속에서 신학과 선포의 관계가 바뀌어야 한다는 것을 체험했습니다. 그 이후로 나는 이 두 가지, 즉 신학과 복음선포를 같이 붙들려고 노력했습니다(틸리케).

루터교의 저명한 신학자요, 뛰어난 실천적 설교자인 헬무트 틸리케(Helmut Thielicke, 1908-1986)는 독일 베스트팔렌 주 부퍼탈의 바르멘(Barmen/Wuppertal) 출신으로 1942-45년까지 남독 슈투트가르트에 위치한 뷔르템베르크 주 국가교회 신학책임자였다. 1936년부터 하이델베르크대학교의 교수로 재직하며 나치의 정책을 비판했다는 이유로 1940년 해직 당했으며, 1945년부터 튀빙겐대학교의 교수와 총장을 역임했고, 1954년 이후부터는 함부르크대학교의 교수로 그리고 총장으로 봉직했다.

틸리케는 "윤리학과 미학의 관계" 연구로 1931년 철학박사 학위를, 그리고 "역사와 실존"을 주제로 1934년 신학박사 학위를 취득하였다. 독일의 하이델베르크대학교, 영국의 글래스고우대학교, 캐나

---

[1] Gert Otto, *Rhetorisch Predigen, Wahrheit als Mitteilung* : *Beispiele zur Predigtpraxis*. (Guetersloh, 1981), 11-20.

다의 워털루대학교, 미국의 히커리대학교에서 명예박사 학위를 받았다. 1959년 독일 정부로부터 연방십자훈장을, 1979년 스위스 정부로부터 자유와 인권상을 수상하였다.

틸리케는 독재자 히틀러의 나치정권을 대적한 독일 '고백교회'(Bekennende Kirche)의 대표적 지도자였으며, 루터교의 교의학과 윤리학에 있어 중요한 수많은 저작들을 남겼다. 700여 종의 그의 저술 중 대표적 저작들로는 『계시, 이성 그리고 실존』(Offenbarung, Vernunft und Existenz)(1936), 『신학적 윤리학』(Theologische Ethik)(1951-64), 『근본교리에 입각한 개신교 신앙』(Der evangelische Glaube in der Grundzuege der Dogmatik)(1968-73), 『인간 존재와 인간화』(Mensch sein, Mensch werden)(1976) 등이 있다.

신학뿐 아니라, 철학, 윤리, 정치에 이르기까지 폭넓은 욕구와 관심을 보였던 틸리케는 부단하게 현실참여 정신에 근거한 강연들, 방송, 신문글들, 설교들을 무수히 생산하였는데, 이러한 글들은 그의 저작에 다수 포진하고 있다. 탁월한 수사가, 열정적 연설자, 뛰어난 설교가로서 틸리케가 남긴 유명한 설교모음으로는 나치 시대 독일 슈투트가르트에서 수천 명의 교인들을 상대로 행한 『죽음과 삶』(1944), 『현대세계에 대한 기독교의 질문』(1944)이 있는데, 나치 비밀경찰들의 검열을 피해 독일을 벗어나 스위스에서 익명으로 출간되어 장안의 뜨거운 관심을 불러일으켰다.

또한 나치정권이 종말을 고한 후 1947년 슈투트가르트의 마르쿠스교회에서 행한 성금요일 설교는 세인들의 주목을 받기에 충분했는데, 틸리케는 '독일민족에 대한 무차별적 재판'에 대항하며 당시 '탈나

치화'라는 모토 아래 진행되던 미국을 중심으로 한 재판의 획일성에 대담한 경고를 잊지 않았다. 1908년 12월 4일 대학 총장의 아들로 세상에 태어난 틸리케는 목사의 딸 마리-루이제(Marie-Luise Hermann)와 결혼하여 네 자녀를 두었고, 1974년 정년퇴직 후에도 계속해서 대학에서 강의를 하였다. 1986년 3월 5일 그는 함부르크에서 78세를 일기로 하나님의 부르심을 받았다. 틸리케가 남긴 다른 설교집으로는 『세계를 품는 기도』(*Das Gebet, das Welt umspannt*), 『하나님의 그림책』(*Das Bilderbuch Gottes*)이 있다.

3. 현실참여 설교자

> 복음이 다른 여러 가지 삶의 영역에서 사상적 근거를 주지 않고 단지 '나'라는 '한' 영역으로만, 이른바 '사적인 인격의 핵'으로만 향할 때 그리고 이 개인이 오직 칭의의 복음만을 만날 때 '기독교적 실존의 이중성'이 생겨난다. 거기에서 인간은 전체성을 상실하기 때문에 거의 일반적으로 교회에 걷잡을 수 없이 퍼지고 있는 병리학적인 정신분열증 현상이 나타난다(틸리케).

현실적 문제를 직시하며 성경적 대안을 제시하길 망설이지 않았던 틸리케는 2년마다 열리는 '독일교회대회(Kirchentag)'(1961년)에서의 강연을 통해, 그리고 정치 집단화되는 WCC를 향한 주저하지 않은 비판(1981년)을 통해 바른 교회를 추구하였다. 틸리케의 현실 참여 설교를 향한 독일교인들의 반응은 뜨거웠고 각별하였다.

다양하고 복잡한 사회문제를 예리하게 분석하며 성경적 대안을 제시하고자 애썼던 틸리케는 슈투트가르트에서 뿐 아니라, 함부르크에서도 그의 설교를 향한 회중들의 반응은 폭발적이었는데, 성 야곱교회는 틸리케의 막힘없는 뜨거운 설교를 들으러 몰려든 사람들 때문에 입추의 여지가 없었고, 마침내 함부르크교회 중 최대의 좌석수를 보유한 성 미카엘교회로 장소를 옮겨야만 했다. 설교를 들으러 3천명 이상 몰려들었던 당시를 회상하며 틸리케의 아내는, "나의 남편은 한 편의 설교를 위해 20회의 강의를 준비하는 시간을 보내야 했다"고 말했다.

예리한 통찰력을 지녔던 틸리케는 성경에서 실천적 대안을 제시하기에는 많은 점에서 난해하고 곤란할지라도 다양한 관심과 폭넓은 지식으로, 현실 문제를 부단히 자신의 설교강단으로 가지고와 하나님의 말씀으로 조명하며 성경적 대안을 찾기에 노력하였다. 틸리케에게 있어 그리스도인의 삶의 전제는 예외 없이 만나야 하는 복잡한 한계상황으로, 그러한 인간의 현실에 개입하시는 하나님의 은혜, 의지가 해답으로 제시되었다. 독일인의 설교에 면면히 흐르는 사변적이고, 관념적인 경향을 뛰어넘어 틸리케는 학문의 세계를 현실세계가 당면하는 다양한 문제들과 연결시키려 끊임없이 시도하였다.

윤리학을 교의학의 한 부분으로 취급하는 바르트와는 다르게 틸리케는 먼저 윤리학을 이해한 후 교의학에 접근하였다. "바르트에게는 하나님의 현실이 문제였으나, 나에게는 이 세상의 현실이 문제였다"는 틸리케의 말대로 다원화된 세계 속에서 인간이 하나님과의 관계를 어떻게 회복해야 할지, 그리고 그 하나님과의 관계가 인간관계를 어떻게 영위해야 할지를 틸리케는 늘 물어야 했다. 3권으로 이루어진 그의 저작 『신학적 윤리학』(Theologische Ethik)은 이론적이며 관념적 세계에 그의 학문이 머문 것이 아니라, 행동하는 신앙인이며 세계적인 실천적 기독교 윤리학자로서의 면모를 확연히 보여 준다. 틸리케의 신학과 설교는 당시 활력을 잃은 독일교회 강단에 신선한 충격으로 다가왔으며, 양차 세계대전의 패전과 함께 정신적 공황상태에 빠진 독일인에게 커다란 위로와 소망으로 다가왔다. 틸리케가 그러한 설교가가 될 수 있었던 것은 두 축으로 이루어진 그의 관심으로, 철저한 하나님의 말씀연구와 그 말씀을 듣는 회중, 곧 수신자에 대한 예리한 분석이 있었기 때문이었다.

그럼에도 틸리케는 인간에 대한 집중을 강조했던 데카르트적 신학의 한계를 주목하며, 불트만의 신학, 특히 그의 비신화화에서 보이는 것처럼 복음의 역사성과 초월성을 파괴하는 식의 복음자체를 제한해서는 안 된다고 비판하며, 성령에 의해 계시되고, 회중을 새롭게 창조하는 하나님의 말씀 선포에 우선권을 두는 면에 동의하였다. 틸리케는 복음을 받아들이는 수신자, 그들이 처한 상황의 중요성을 잊지 않으면서도, 우선권은 복음이라는 사실을 잊지 않았다. 또한 많은 설교가 사랑을 외치면서도 복음과는 상관없이 인간의 본능만으로 행해질 수 있는 윤리도덕 차원에 머무는 것을 틸리케는 설교의 위기로 진단하였다. 말씀이 우리에 의해 사유되는 것이 아니라, 우리가 말씀에 의해 사유된다는 점을 확고히 하며, 복음이 성령과 함께 인간의 상황을 변화시키는 것이지, 인간의 상황이 복음을 변질 시킬 수 없다는 것이다.

인간의 상황은 하나님의 영원성에 의해 조명되어야 한다. 그러기에 틸리케는 '변하는 인간'이 아닌, '변화시키는 하나님과 그분의 말씀인 복음'에 초점이 맞춰져야 한다고 강조한다. 인간의 변화는 하나님의 말씀에 의해 이루어지는 '인간 밖의 사건,' 루터가 말하는 '우리 밖의 일'(extra nos)이며, 이것을 깨닫는 신앙도 역시 말씀의 창조, 곧 '성령에 의한 새 창조'일 뿐이다. 그렇지만, 아직 완전한 인간회복은 아니며, 하나의 과정으로 이해한다. 혼돈 가운데 상실된 세상은 그 의미를 찾기 위해선 오직 하나님과의 관계 회복이 유일한 대안임을 강조하였다.

4. 틸리케의 설교

'오직 믿음'이 배타적인 선포의 대상으로 변할 때 그것은 복음의 소식을 정당화하는 대신에 오히려 축소하는 역할을 하게 된다. 정치나 종교, 경제 등 삶의 영역에 속한 모든 것들이 종교개혁 칭의론(정의론)으로부터 논의되어야 함에도 불구하고 이러한 공공의 삶의 영역들은 기독교 선포에서 제외되어 세속적인 이데올로기로 넘어간다.

그토록 결정적인 삶의 여러 영역에 다른 세력들이 들어서서 지배하도록 교회가 방치했기 때문에 교회는 삶의 변두리로 밀려났다. 교회는 이런 맥락에서 세속화에 대해 책임이 있다. 교회는 복음을 축소함으로써 자기 스스로가 세속주의를 시작한 자이며 그것을 가져온 자임을 생각하지 않는다. 그러므로 교회에서 시급한 것은 남을 향한 비판이 아니라, 스스로의 회개와 돌이킴이다(틸리케).

신학자로서 설교가였던 틸리케에 있어 설교란 창조적 하나님의 말씀이 인간과 만나고, 그 인간이 새로운 변화를 체험하는 현장으로 이해한다. 물론 2차 대전의 패배로 인한 당시 독일인이 처한 절망스런 한계 상황을 회상할 수 있을 것이다. 성경본문에 대한 깊은 연구를 통해 본문이 말하는 주제를 현대인의 상황과 연결하는 '본문주제설교'를 했던 틸리케는 일종의 강해설교자로서 그 주제를 현대인의 일상 언어를 갖고 스토리로 풀어내는 이야기설교자였다. 틸리케의 설교는 항상 그런 것은 아니지만 성경본문에 대한 언급으로 바로 시작하고 있으며, 설교의 끝은 일관되게 위로와 희망, 격려와 비전으로 장식하고 있다.

틸리케의 설교를 보면, 몇 가지 중요한 원리를 만난다.

첫째, 함께 하시는 하나님을 보여줌으로써 고난당하는 회중을 향한 위로의 메시지를 잊지 않는다.

둘째, 인간역사에 개입하는 하나님의 주권에 대한 강조, 신 중심적 신학이 대두되고 있다.

셋째, 인간의 사랑을 통한 하나님의 사랑의 구현을 강조하며, 성도의 삶의 의미를 찾는다.

넷째, 신앙을 통한 개인의 변화, 곧 진정한 그리스도의 제자 됨이 바른 세상으로 이끄는 것이지, 어떤 프로그램이나 유토피아를 신뢰하지 않는 17세기 경건주의 요소를 발견한다.

다섯째, 특권의식에 빠진 유럽의 교회와 이성에 사로잡힌 신학에 대한 엄한 경고를 잃지 않는다.

이렇듯 틸리케는 한 마디로 뜨거운 가슴과 차가운 머리를 갖고 실질적으로 사랑의 하나님을 전한 복음적 설교가였다.

> 틸리케는 혼탁한 시대사조와 무신론의 공간이 확대되는 사회 분위기 속에서 하나님과 인간 사이를 말씀으로 묶으려했던 위대한 설교가였다. … 하나님을 떠나 이성과 상식의 선에 안주하려던 현대인들을 말씀을 통해 하나님과 대면시키고 기독교 정신으로 삶을 영위하도록 격려하는 데 혼신의 힘을 다 쏟았던 소명의 사람이었다(정인교).
>
> 구체적인 현 상황의 숙명적인 어려움들에 대해서 아무 것도 알려 하지 않고 오히려 내면성으로 도피하는 모든 문을 열어 놓는, 말하자면 구체적인 어려움들과 문제들을 극복하기보다는 피해버리는 모든 문을 열어 놓는 시대와 무관하며 특징이 없는 언어형식이 강단을 지배하고 있다. 많은 설교자들은 잃어버린 현실 접근감각을 기독교적인 귀중한 예화나 일화를 통하여 대치하려고 한다(틸리케).[2]

---

2 「그 말씀」(두란노서원, 1995, 6)의 특집 "독일교회 강단을 일깨운 헬무트 틸리케"(이명옥, 정인교, 맹용길의 글, 틸리케의 글, 베스트팔과의 인터뷰, 92-136)를 참조하였다.

■ 틸리케의 설교

하나님을 찾는 사람(눅 19:1-10)[1]

글자 그대로 '여리고'는 저주받은 곳이었습니다. …(중략)… 그곳은 축소된 세계와 같습니다. 그곳엔 냉정한 성직자들과 하나님을 경외하는 경건한 자들, 착취자들과 착취당하는 자들이 있었습니다. …(중략)… 그곳은 상업을 위한 무역의 중심지였습니다. 그 당시 그곳에 세금을 징수하는 세리장과 세리들이 있었다는 것은 이상한 일이 아닙니다. …(중략)… 게다가 그 세리들은 로마 점령군의 대리자들이었습니다. 오늘날 '세리와 죄인들'이란 일반적인 말이 우리들에게 얼마나 그들이 무가치한 악당들이었는지를 회상시켜 줍니다.

1. 나사렛 사람에 대한 삭개오의 강렬한 관심

…(전략)… 삭개오는 찾는 자이며, 또 그는 자신을 잊을 수 없는 정열을 가지고 찾습니다. 자신의 행동의 결과에 대해서 비웃음을 살 수 있다든지, 또는 명성과 지위를 상실할 수 있다든지 하는 생각은 그에게 전혀 일어나지 않았습니다. '기독교'는 분명히 사회 속에서 그의 지위를 향상 시키고 그를 존경의 분위기 속에 감싸는 수단이 아니었습

---

1 「그 말씀」(두란노서원, 1995. 6), 284-294.

니다. …(중략)… 그는 이 모든 것을 간파한 상태였기 때문에, 우리는 삭개오가 예수의 영혼에 전적으로 사로잡혀 있었다고 추측할 수 있습니다. …(중략)…

그는 누구를, 무엇을 찾고 있었을까요?

아주 순수하게 그는 "예수님은 참으로 어떤 분이신가?"를 알기를 원했습니다. 의미심장한 것은 그가 예수께서 '행한 것' 또는 그분이 '말하는 것'에 친밀해지기를 열망했다고 볼 수는 없다는 것입니다. 그는 그 사람 자체에만 관심이 있었습니다. 그는 문제의 변두리가 아닌 바로 중심에 관심을 두고 있었습니다. …(후략)…

2. 예수님 법의 말씀과 현존

…(전략)… 탕자의 전체 이야기가 예수님 없이 우리와 무슨 선한 관계가 있으며, 그분의 현존 없이 나와 무슨 상관이 있겠습니까?

…(중략)… 어떻게 이 이야기 속의 아버지가 하나님 자신이며, 또한 하나님께서 나를 비유 중의 아버지가 했던 것과 똑같이 취급해 주실 것을 믿을 수 있겠느냐는 것입니다.

비록 내가 현재 상태와 같은 나일지라도, 그분께서 나를 넘어지도록 허용하고 또 그분께서 마지막에 사랑으로 나를 영접하신다는 것을 믿을 수 있겠습니까? …(중략)…

저에게 있어서 그 자신을 아버지로 제시하는 분이 참으로 하나님 자신이시며, 또한 제가 분명히 텅 빈 수사학의 먹이로 떨어지지 않게 되는 유일한 조건이 있습니다. 그 조건이란 모든 것을 아시며, 또 그것을 그분 자신의 인격적 책임성 안에서 알려주고 선포하시는 그분에 의해 제가 확신하는 것입니다. 만약 그분의 행동이 분명하게 되고 그분의 벌려진 두 팔과 함께 아버지의 모습이 그분의 행동을 통해 보여진다면, 만약 "그는 보이지 않는 하나님의 형상"이라는 그분에 대한 바울의 말이 틀림없다면, 그리고 만약 그분을 하나님의 부성의 심정에 대한 거울이라고 묘사한 루터가 옳다면, 그때에야 비로소 저는 그분이 말씀하지 않으면 안 되는 사실을 인정할 수 없습니다. 그리고 그때에야 정말 그분은 저의 믿음의 보증이 될 수 있습니다. …(후략)…

3. 죄의 문제로 삶에서 눌린 자

…(전략)… 그의 전생에는 가책 받은 양심에 대항하는 하나의 계속적인 투쟁이었습니다. 밤이 되면 그는 자기가 부당한 짓을 행한 사람이나 곤경에 몰아넣은 사람들의 환상으로 시달림을 받습니다. …(중략)… 아무도 삭개오의 영혼이 맛보았던 갈등의 사상전에 대해 분명히 알 수 없습니다. …(중략)… 아무도 그가 그 자신을 몰입시킨 내적 분열을 볼 수는 없습니다. 그는 또한 혼자였기 때문에 결코 자신을 다른 사람과 비교하지 않았습니다.

삭개오는 그의 삶에서 해결되지 않은 죄의 문제로 너무나 짓눌려 있었기 때문에 … 뽕나무 위에서 우스꽝스러운 처지에 놓여 있는 자신을 사람들이 바라보고 있었는지에 관해서는 관심을 둘 수 없었을 뿐만 아니라, 자신의 행위보다도 다른 사람들의 행위가 얼마나 더 악한 것인가를 자기만족의 시선으로 바라볼 만한 여유도 없었습니다.

적어도 우리는 우리의 삶이 질서에서 벗어난 것을 알게 되면, 하나님 앞에 전적으로 홀로 서게 됩니다. 왜냐하면 죄는 항상 고립시키기 때문입니다. 삭개오는 스스로 이 어두운 복도로부터 탈출할 수 없었습니다. 그러므로 누군가가 밖에서부터 등불을 가져와서 그를 인도해 주지 않으면 안 된다는 것을 알고 있었습니다.

그래서 그는 지나가고 없는 그 사람을 불타는 시선으로 보고 있으며, 그분이 그의 삶의 속박에서 자기를 해방시킬 수 있는 능력을 갖고 있는지 어떤지를 묻고 있습니다. 참으로 삭개오는 이 나사렛 예수가 어떤 인물인가를 알아보기 위해 그의 모든 시신경과 청신경을 집중시키고 있습니다. 그러므로 그는 참으로 찾는 자입니다. 그는 오직 그의 속박에서 해방되기를 원할 뿐입니다. …(후략)…

4. 삭개오의 발견

…(전략)… 우리가 우리 자신의 삶 속에서 삭개오의 혁명적인 발견을 할 수 있을까요?

그것은 우리의 찾음이 궁극적으로 진리보다도 오히려 한 인격을 내포하고 있다는 것을 배울 때, 그리고 우리 삶에 새로움을 가져오는 것은 구원의 어떤 교리가 아니고 구세주 자신, 즉 살아 계신 존재라는 것을 배울 때 새로운 방법으로 알게 되는 발견입니다. …(중략)… 만약 복음이 단순히 하나님에 관한 지식이라면, 그리고 만약 그것이 이 지식에 관한 교훈이라면, 복음은 어떤 것도 우리를 참으로 도울 수 없을 것입니다. …(중략)…

가버나움의 백부장은 그의 종이 고통 중에서 몸부림칠 때 이렇게 말하지 않았습니까?

"나사렛 예수여, 무엇을 해야 좋을지 의학적으로 나를 가르쳐 주십시오. 아무것도 할 수 없는 경우라면 나에게 이 세상 안에 있는 고통의 의미에 대해 무엇인가를 말씀해 주십시오. 그래서 내가 최소한 그것을 영적으로 대응할 수 있도록 해 주십시오."

계속해서 말했습니다.

"주여! 다만 말씀만 하옵소서. 그러면 내 종이 낫겠나이다."

그들은 죄와 슬픔과 삶의 문제들에 관한 교훈 그 이상의 어떤 것을 찾습니다. 그들은 죄를 용서해 주며 슬픔을 제거해 주는 구세주를 찾습니다. 그들은 다만 그 문제들을 지적으로 해결해 줄 뿐만 아니라 그 문제들이 생성되는 내적 투쟁을 해결해 줄 분을 찾습니다.

5. 복음은 철학보다 더 위대하다

…(전략)… 우리는 길 위에 있는 외로운 자들이 아닙니다. 우리를 알고 계신 분이 우리를 만나기 위해서 오고 있습니다. 만약 우리가 그분의 임재에 대해 아무것도 느낄 수 없을지라도 그분은 우리를 위해 느끼십니다. 만약 우리가 여러 종류의 종교와 철학이 우리에게 제공해 줄 수 있는 것을 검토해 보면서, 또 그것이 다른 사람과의 경쟁에서 나사렛 예수를 좀 더 가깝게 관찰할 수 있는가를 가늠해 보면서 삭개오와 같이 잎이 우거진 관찰 장소에 앉아 있다면, 그분은 이미 우리를 보셨습니다. 그분은 우리를 알고 우리를 부르십니다.

"속히 내려오너라. 내가 너를 보기 위하여 오고 있다."

그 모든 것은 우리가 구원의 생각과 기독교의 윤리보다는 오히려 살아 계신 구세주를 원하고 있다는 사실에 놓여 있습니다. 그리고 우리가 만물의 가슴을 찾고 있는 동안에, 한 가정이 그의 가슴 속에서 우리를 위하여 준비됩니다. 그러나 우리는 그것이 발생할 수 있으리라고는 전혀 꿈도 꾸지 못합니다.

삭개오는 그것을 발견했습니다. 왜냐하면 그는 한 인격으로서의 예수에 관해 관심을 가졌기 때문입니다. 그는 참으로 누군가를 발견하기를 원했기 때문입니다. 이제 그는 알고 있습니다. 이제 그의 미래는 시작되었습니다. 그 순간이 분명하게 고정될 수 있습니다. '오늘' 구원이 이 집에 이르렀다고 말입니다. 예수 그리스도와의 접촉이 있는 곳에 구원이 있습니다.

6. 그분이 보여 주신 사랑

…(전략)… 예수 그리스도는 결코 우리들을 분류함 속에 넣지 않으십니다. 그분의 눈에는 모든 사람들이 한 개체로서 하늘 아버지의 자녀이며, 그분은 그들을 찾고 계시며, 그들을 위해 고난을 받으십니다. 그것은 영원한 진리입니다. …(중략)…

"아버지, 저들을 사하여 주옵소서. 저들은 자기들이 하는 바를 알지 못합니다."

…(중략)… 그분이 가르쳤을 뿐만 아니라 그분이 보여 주신 것은 바로 그런 사랑이었습니다. 결코 인간을 그가 속해 있는 계급과 동일시

하지 않는 사랑이며, 오히려 언제나 그의 행위 이상으로 생각해 주는 사랑이었습니다. 예수님은 심지어 가장 문제가 있는 악한일지라도, 아직도 그를 위해 탄식하는, 하나님 아버지의 탕자로 보셨습니다.

…(후략)…

7. 누군가를 위한 존재로 변화

…(전략)… 여러분은 갑자기 나 이외의 누군가를 '위한' 존재가 됩니다. 왜냐하면 예수께서 말씀하신 사랑은 어떤 감상적인 느낌이 아니기 때문입니다. 그것은 다른 사람을 위하여 존재하는 것을 뜻하며, 그 안에서 새롭고도 혁명적인 어떤 것을 발견하는 것을 뜻합니다. …(중략)… 어느 누구도 예수 그리스도를 만난 후에, 그가 왔을 때와 똑같은 모습으로 떠나갈 수는 없습니다. 왜냐하면 예수님은 위대한 변화자(變化者)이시기 때문입니다. …(중략)…

예수 그리스도와 함께 우리는 한 가지의 변화에서 또 다른 변화로 가게 됩니다. …(중략)… 그분은 삶에 기쁨을 주시고 내가 곤경에 처했을 때 궁극적으로 친구가 되어 주십니다. 그리고 내가 마지막 심판대 위에 서지 않으면 안 될 때 그분은 나를 위하여 중재해 주실 것입니다. 왜냐하면 그분은 나를 당신에게로 이끌어 당신의 것으로 삼으시기 위해 고통을 당하셨기 때문입니다. …(중략)… 이제 이 세상에서 그분 이외에 아무것도 나와 내 삶의 궁극적인 완성 사이에 끼어들 수 있는 것은 없습니다.

17장. 빌리 그래함

(Billy Graham, 1918-)

1. 20세기 최고의 복음전도자

Billy Graham

전 세계 6대주에 걸쳐 2억 1천만 명에게 복음을 전한 빌리 그래함(Billy Graham, 1918-)을 20세기 최고의 복음전도자라고 일컫는다 해도 무리는 아닐 것이다. 지난 2007년 5월 31일 미국 노쓰 켈롤라이나 살로테에서 빌리그래함도서관(Billy Graham Library)이 89세의 빌리 그래함이 불편한 노구를 이끌고 참석한 가운데 헌정되었다. 빌리그래함도서관은 어린 시절 고향집 농장을 모델로 설계되었는데, 그래함을 기념하여 1 Billy Graham Parkway, Charlotte, North Carolina 28201에 주소를 두고 있다. 1,400명이 초대된 헌정식은 미국 유수 TV 방송의 전파를 타고 생중계되었는데, 백발의 그래함의 모습은 마치 영화에 나오는 노년의 사도들을 연상케 하였고, 인생의 황혼에서 하나님의 은혜를 만끽하며 주님 만날 날을 기다리는 듯 보였다.

미국의 생존하는 역대 대통령 카터, 부시, 클린턴이 그래함 옆 앞자리에 앉아 역사적 순간을 함께 나누는 장면은 말 그대로 아름다운 한 폭의 그림이었다. 정해진 순서가 왔을 때 부축을 받으며 자리에서 일어나 건강 보조기계에 의지해 연단에 선 그래함은 위트가 있는 분명하고 확신에 찬 음성으로 연설을 시작하였다.

> 마치 저의 장례식에 온 것 같은 느낌입니다. 너무 많이 저의 이름이 일컬어지는 것을 들을 때 더욱 그렇습니다. 저는 일평생 오직 하나님, 우리 주님만을 높이고, 그 주님 예수 그리스도께 모든 집중을 다했을 뿐입니다.

분명 이는 진정한 복음전도자다운 말이었을 뿐 아니라, 청중의 심금을 울리는 경종의 순간이 아닐 수 없었다. "여러분, 너무 저를 높이지 마십시오. 오직 하나님만을 높이셔야 합니다"라고 말하는 것으로 들려왔기 때문이다. 길지 않은 그래함의 감사의 연설은 영적 권위, 여유, 경륜, 하나님의 사랑이 넉넉히 묻어나고 있었으며, 감동적이었다. 연설이 끝나 자리에 앉을 때 부시 전 대통령이 그래함을 부축하는 모습 역시 매우 신선하게 다가왔다. 함께 한 세 전직 미국 대통령의 모습과 비교할 때도 복음전도자 그래함 목사의 생애가 한 없이 돋보이며 위대하며 아름다워 보이는 순간이었다.

"축복된 목사의 생애가 저렇구나!"

이런 생각을 하며, 구별된 삶이 무엇인지를 묵상하게 하였다.

2. 생애

빌리 그래함은 1918년 미국의 노쓰 케롤라이나 주 살로테에서 낙농업을 하는 부모 슬하에서 태어났다. 어릴 적부터 개혁장로교회(Reformed Presbyterian Church)를 출석하였고, 1934년 고향에서 개최

된 부흥회를 통해 18세 시골 농장 소년은 복음전도자의 삶을 살기로 헌신하였다. 1936년 고등학교를 졸업하고, 밥존스대학교(Bob Jones College)에 들어갔으나 곧 바로 그만두고, 1937년 플로리다성경대학(Florida Bible Institute)을 거쳐, 1943년 시카고 근교 휘튼대학(Wheaton College)을 졸업하였다. 휘튼대학 시절 그래함은 성경이 무오한 하나님의 말씀임을 확신하였는데, 평생 동안 이 확신은 계속되었다. 그래함은 더 이상 높은 단계의 신학공부를 하지 않았다.

1939년 그래함은 남침례교 목사로 안수를 받았다. 노년의 그래함은 미국의 유명잡지 「뉴스위크」(News Week)와의 인터뷰에서 깊이 있게 더 신학을 공부하는 것이 자신이 하고 싶은 남은 몇 가지 일 중 하나라고 말하기도 했다. 휘튼대학교 시절 첫 눈에 반한 Ruth Bell과 1943년 결혼하여 3녀 2남을 둔 그래함은 아들 프랭크린 그래함(Franklin Graham) 목사를 후계자로 삼아 자신이 하던 복음전도의 성역을 잇게 하였다. 아내 루스 벨(Ruth Bell)은 2007년 6월 14일 87세로 세상을 떠나 하나님의 품에 안겼다. 복음전파의 사명 다음으로, 정치의 중요성을 인식했던 빌리 그래함은 민주당의 당적을 갖고 활동하였으며, 가톨릭 신자 케네디가 대통령이 되는 것을 저지하려하였고, 인종차별정책에 반대하였으며, 공화당 대통령에 출마했던 조지 부시에 대한 지지성명을 개인적 친분에도 불구하고 하지 않았다.

국가 원수의 대우를 받으며 수많은 각국의 대통령과 수상을, 세계의 각계 지도자를 만났던 그래함은 인종평등사상을 확산시키며, 종교의 자유를 위해 노력했다. 1951년 그래함은 한국의 이승만 대통령과 만났으며, 1992년 북한의 김일성 주석을 방문하여 성경을 전하며 예수 그리스도를 전했다. 그래함은 소련을 위시한 과거 동구 공산권 나라들을 방문하여 복음을 전했으며, 예수 그리스도가 인생들의 유일한 소망임을 주저하지 않고 선포하였다.

3. 15가지 원리

사도 바울은 설교자 빌리 그래함이 닮고 싶은 사표였다. 초대교회 최고의 복음전도자 사도 바울의 생애가 빌리 그래함을 20세기 최대의 복음전도자로 이끌었다. 사도행전에 제시되는 바울의 모습은 그래함의 생의 원리가 되었다. 빌리 그래함은 자신의 생애를 견고하게 성경의 원리를 기초로 세웠으며, 그러한 근거 위에서 자신의 사역을 계속하였다. 하나님과 그분의 말씀에 대한 사랑, 복음메시지의 단순성(simplicity)에 대한 확신은 그의 모든 복음사역에 있어 귀중한 틀과 철학이 되었다. 그래함을 인도하였던 15가지 원리는 그의 동역자의 증언이 더욱 힘을 보태고 있다.[1] 이 원리들은 결국 복음전도자 빌리 그래함의 설교의 원리라고 해도 과언이 아니다.

(1) 온 천하에 다니며 복음을 전파하라(막 16:15)

"온 세계로 가라 그리고 좋은 소식을 전하라"는 예수님의 명령에 근거한 그래함의 복음전파는 한계와 제한이 있을 수 없었다. 엄격한

---

1 *Thoughts and Reflections on Billy Graham's Life Principles* (Inspiro 2005).

유대인 단체에게 까지 초대받아 가서 어렵게 복음을 전했는데, 구약을 본문으로 말씀을 전한 그래함은 "여러분의 신앙과 저의 신앙의 차이는 나는 예수님을 메시아로 믿고, 여러분은 아직도 그 메시아를 기다리고 있다는 점입니다"라는 말로 설교를 마쳐야 했다.

(2) 여러 사람에게 나는 여러 모양이 되다(고전 9:22)

사도 바울처럼, 그래함은 지식의 유무, 직위의 고하, 부의 다소, 신분의 귀천을 막론하고 그들의 입장에 서서 모든 사람을 향한 보편적인 복음을 전했다. 복음의 내용은 절대 변하지 않지만, 복음을 전하는 도구는 얼마든지 변할 수 있다는 생각에서 매스 미디어, 영상매체는 복음전파의 중요한 도구가 되었다.

(3) 나는 복음을 부끄러워하지 않노라(롬 1:16)

그래함의 메시지는 어느 때고 망설이거나 주저하지 않았다. 무엇보다도 신실하신 하나님과 그분의 말씀에 그래함이 신실하게 서 있었기 때문이었다. 바른 것을 바른 시간에 깨끗하고 순수하게(clean and pure) 확신에 찬 음성으로 한결같이 전하는 성령의 은사를 그래함에게 하나님은 주셨다.

(4) 먼저 그의 나라와 그의 의를 구하라(마 6:33)

융숭한 대접을 받으며 그래함은 세계 각국의 원수들을 만났으나, 무엇보다도 자신은 하나님 나라의 대사임을 기억했고, 그들에게 어떻게든지 그리스도와 그분의 소망의 메시지를 그들에게 전하였다.

> 그 누구도 이러한 나를 퇴짜 놓거나, 복음을 듣기를 거절하지 않았습니다(B. Graham).

(5) 겸손한 마음으로 각각 자기보다 남을 낫게 여기라(빌 2:3)

그래함 사역의 영향력이 세계를 향해 놀라울 정도로 커져도 그는 자신의 영광보다는 오직 하나님의 영광을 추구했다.

> 빌리 그래함은 진실로 하나님이 사용하실 수 있었던 유일한 사람입니다. 그는 유일하게 참으로 겸손한 사람이기 때문입니다(Russ Busby).

(6) 밝은 얼굴은 마음을 기쁘게 한다(잠 15:30)

그래함은 자신의 사역에 있어 누구보다도 진지했지만, 항상 온화한 미소를 잃지 않은 친절한 사람이었다. 골프 게임은 그래함 자신에게 뿐 아니라, 사역에 있어서도 여유를 갖게 하는 인간적 친분으로 이끄는 시간이었다.

(7) 하나님의 음성에 귀를 기울이라(신 30:20)

그래함은 세미한 하나님의 음성을 묵묵히 듣고 순종하는 사람이었을 뿐 아니라, 그가 만나는 모든 사람들의 음성에 진지하게 귀를 기울였다.

> 참으로 인상 깊은 점은, 다른 사람들이 하는 것처럼, 그는 같은 설교

를 두 번 반복하지 않았다. … 그는 언제나 새로운 내용으로 설교했습니다(G.B. Shea).

(8) 그는 흥하여야 하고, 나는 쇠하여야 하리라(요 3:30)

1954년 런던 집회에서 엄청난 사람들이 복음초청에 응해 앞으로 나왔을 때, 그래함은 마이크로부터 거리를 둔 채 그저 기도할 뿐이었다.

하나님 이제 당신이 무엇을 행하실지 나는 바라볼 뿐입니다.

나의 생애를 통해 이루어진 거의 모든 일들은 오직 하나님이 하신 일이지 내가 한 일이 아닙니다(B. Graham).

(9) 우편으로나 좌편으로나 치우치지 말라(잠 4:27)

그래함은 복음전도에 부름 받은 자신의 소명에 충실했다. 다른 기회가 주어졌어도 결코 흔들리지 않았다. 대통령에 출마하라고 수백만 달러의 수표가 들어와도, 그 어떠한 높은 세상 지위가 그래함에게 주어져도, "아닙니다. 주님은 나를 다른 직업에로 부르지 않으셨습니다"라며 사양했고, 거액의 수표는 돌려보내졌다.

(10) 하나님은 신실한 자를 기뻐하신다(잠 12:22)

나는 그가 참으로 진지하고, 참으로 정직하다는 사실을 알았습니다(R. Busby).

> 그는 두 사람이 아니다. 그는 유일한 그 자신일 뿐이다. 당신이 어디에서 만나든 그는 한결같은 그이다(R.O. Ferm).

(11) 하나님을 떠나서는 아무 것도 할 수 없다(요 15:5)

그래함은 그리스도를 의지함은 하나님의 능력에 사역의 근거를 둔다는 사실로 인식했다.

> 저는 하나님이 행하시는 일을 그저 묵묵히 바라볼 뿐입니다. 저는 그저 단순한 설교자, 메신저일 뿐입니다(B. Graham).

(12) 진리를 위해 함께 수고하라(요삼 8절)

그래함은 언제나 복음전파에 있어 동역자와 팀워크의 중요성을 인식했다. 현장교회의 지도자들과도 충분한 대화의 시간을 가졌으며, 그들과 함께 그들은 그래함과 함께 움직여서 일체감 속에서 복음을 전했다. 특별찬양도 늘 함께 기도하고 의논하면서 결정했다.

(13) 무슨 일을 하든지 마음을 다하라(골 3:23)

그래함은 언제든지 어렵고 힘든 일은 두려워하지 않았다.

> 제가 육체적으로, 정신적으로, 그리고 감정적으로 지쳐있을 때, 끊임없는 영적 부흥으로 하나님의 신실하신 은혜를 경험했습니다. … 나의 육체가 점점 약해 올 때, 하나님은 더욱 강하게 나의 단순한 단어들을 사용했습니다(B. Graham).

(14) 돈을 탐내지 말고, 열심을 다해 주를 섬기라(벧전 5:2)

그래함의 물질관은 진정한 크리스천의 섬김의 모델이 되었다.

> 결코 일전 한 푼 헛되이 쓰지 않았다. 단 일전도 말입니다. … 참으로 놀라운 일이지요. 여기에 우리가 최선을 다해 그의 사역을 돕는 이유가 있습니다(M. Crowley).

그래함은 결코 특별한 대우를 받기를 원하지 않았고, 큰 교회 담임목사의 사례수준을 적정선으로 만족했다.

(15) 쉬지 말고 기도하라(살전 5:17)

그래함은 사역이 다른 집회와 다르게 부흥하고 은혜가 넘치는 이유는 쉬지 않고 기도하기 때문으로 확신했다. 그는 쉬지 않고 기도했고, 그 기도는 자신의 집회를 다르게 만들었다.

> 문제를 만날 때 마다 우리는 기도모임을 가졌는데, 이는 내가 젊은 시절 플로리다성경대학에서 배웠던 것이다(B. Graham).

4. 어두운 절망, 유쾌한 소망

세계 순회 복음전도자 그래함은 자신의 설교를 듣는 청중이 처한 현실을 날카롭고 정확하게 분석하며, 주저함이나 망설임 없이 담대하게 그들의 현실의 문제를 제시한다. 한 마디로 청중이 처한 절망적인 현실을 향한 절대 봐주지 않는 강한 지적이 반복적으로 행해진다. 수술 전 명의(名醫)의 진단이 엄숙하게 제시되는 순간 같기도 하다. 물론 설교자의 이러한 대담성은 개 교회를 담임하지 않은 복음전도 순회설교자(Evangelist) 그래함에게 가능하다고 할 수도 있을 것이다. 이러한 복음전파의 태도는 그래함의 특성이며, 강점이며, 동시에 설교의 원칙이다.

사실 복음전파에 있어 청중의 비위를 맞추려는 소심함, 죄를 지적하지 못하는 주저함 내지는 나약성은 예언자의 속성을 지닌 복음선포자인 설교자에게 있어 거대한 장애가 된다. 그럼에도 한 편으로는 현장교회 목회자에게는 맡겨진 양떼를 향한 배려, 설교를 듣고 도리어 상처를 받지 않을까 하는 조바심, 또는 어쩔 수 없는 현장 목회자의 한계이며 어려움으로 이해할 수는 있다. 어쨌든 그래함의 설교는 철저한 문제의식으로 설교의 도입부를 장식한다. 게다가 이러한 지적은 계속해서 반복된다. 다른 표현으로 설교자 그래함은 청중이 먼저 이러한 자신들이 처한 절망적 현실을 인정하고 자신들의 무력함, 불가능성을 인식하고 구세주 앞에 항복하게끔 강력하게 성경에 근거하여 영적으로 도전한다.

이러한 날카로운 지적, 영적 도전은 신자이든 불신자이든 가리지 않는다. 그러면서도 설교자 그래함은 늘 동시에 잊지 않고 하나님의 해결책과 사랑을 분명하고 명료하게 쉽게 동시에 유쾌하게 성경(구절)으로 제시한다. "성경은 말합니다"를 설교자의 최고의 영적 권위로 확신하며 설교 내내 반복한다. 그 해결책이란 다름 아닌 언제나 그리스도 예수, 그분이 지신 십자가이다.

> 하나님은 가장 더러운 죄인이라 할지라도 깨끗케 하여 방금 내린 눈송이처럼 청결하게 할 수 있는 특효약을 준비하셨습니다. … **성경은** 절망의 골짜기로부터 그리스도 안에 있는 영광스러운 소망의 높은 언덕 위로 오르게 하는 믿음이라는 다리에 대하여 **말합니다**. **성경은** 어떻게 그리스도 안으로 들어 갈 수 있는 지를 **말합니다**. … 십자가는 우리가 지극히 높으신 하나님 앞에 청결하게 서기 위하여 우리 모두가 건너야만 될 다리입니다. … 여러분은 여러분 밖에서 오는 능력이 있어야 하며 그 능력은 예수 그리스도의 십자가와 부활입니다. 십자가를 통하지 않고는 하나님과 화목할 수 없습니다. 십자가에 의하지 않고서는 인간의 마음에 영원한 평화가 있을 수 없습니다.[2]

5. 단순, 명료, 담대한 설교

특별전도 집회를 통해 불신자들에게 그리스도 예수를 전함에 목적을 둔 그래함의 설교는 대부분 하나의 주제에 따라 설교가 이루어진다. 곧 예를 들어, "목적 있는 생활," "하나님의 사랑," "악과 선의 혼동," "구원," "큰 죄, 더 큰 구원," "십자가의 의미" 등의 주제를 가지고 성경 전체에서 이에 해당하는 구절들을 가져와 말씀을 전한다. 설

---

[2] 빌리 그래함의 설교 "목적 있는 생활" 중에서.

교를 위한 확정본문이 제시되는 경우도 있지만, 드물다.

그가 선택한 설교의 주제는 성경에 전적 근거를 두고 있는데, 그토록 빈번하게 사용하는 "성경은 말합니다"는 그의 설교가 전적으로 성경의 권위에 의존하고 있음을 보여 준다. 인간의 지식, 철학, 논리, 명예 등 그 어떤 권위에 의존하지 않는다. 오직 하나님의 말씀, 그분의 권위를 확신하고 인정한다. 예수 그리스도가 유일한 세상의 소망임을 망설임 없이 외치며 전한다.

그러면서도 설교 도중 수없이 반복하여 현실에 입각한 자신이 경험한 예화를 명료하고 쉽게 이야기한다. 그 누구의 이야기일지라도 자기의 이야기처럼 평이하게 이웃 아저씨처럼 짧게 전한다. 중요한 것은 설교를 듣는 청중들의 입장에서 그 순간 가질 수많은 의문들을 예화로 풀어 답하고 있다. 이는 그의 설교의 변증적 요소이다. 또한 내용과 일치하는 찬송 가사를 적재적소에서 언제든 가져와서 청중을 확신에로 이끈다. 진리에로의 변증(apology)과 확신(confidence)을 반복한다. 이는 전도자 바울이 사용했던 설교법이기도 하다.

불신자들에게 복음을 전할 때, 그들이 처한 입장과 문제 그리고 아픔을 명쾌하게 드러낸다. 그러한 분석도 이미 성경이 어떻게 인간세상을 말하는지 보여 준다. 그런 후 문제의 해결자는 예수 그리스도 부활의 주님임을 제시한다. 그리스도를 구주로 영접한 후 변화된 사람들의 수많은 간증들을 예화로 제시한다. 그의 설교는 길이와 논리적 구성에 얽매이지 않는다. 길이는 들쭉날쭉하며, 서론, 본론, 결론식의 전개에서 자유롭다. 말씀을 듣는 청중들이 그러한 논리가 필요한 것이 아니라, 그리스도의 구원진리가 필요하다는 사실에 집착한다.

인간이 얼마나 무서운 죄인인지, 하나님은 그럼에도 어떻게 그 죄인들을 사랑하시는지 외치며 가르치고 제시하여 동의하도록 설교할 뿐이다. 복음 영접에로의 다양하고 많은 기회가 한 설교 도중 제공된다. 강력하게 불신자들의 결단으로 유도한다. 단독 직입적으로 같은 하나의 주제가 다양한 방법으로 반복 될 뿐이다.

> 여러분은 죄인입니다. 예수 그리스도를 구주로 영접하십시오. 그러면 여러분들은 새로워집니다. 다른 생애를 누리게 될 것입니다. 여러분에게 소망이 있습니다!

그래함의 설교는 세 마디로 묘사할 수 있다. 단순(simple), 간결(clear) 그리고 대담(bold)이다. 모두가 이해할 수 있는 단순성, 설교자의 의도가 정확히 전달되는 명료함, 인간이 처한 현실을 여지없이 파헤치는 대담함이 있는 설교이다. 이는 종교개혁자 루터, 츠빙글리, 칼빈의 추구와 일치한다.

예수님의 설교가 당시의 서기관과 바리새인과 구별된 "능력 있는 새 교훈"이 될 수 있었던 것은 왜 그랬을까?

한 마디로 모두에게 마음에 와 닿는(touch) 설교였다는 말이다. 그래함의 설교도 이런 맥락에서 생각할 수 있을 것이다.

■ 그래함의 설교

하나님 사랑 안에서 살기: 거듭나야 한다(요 3:1-17)[1]

…(전략)… 예수님은 말씀을 전파하고 가르치셨으며, 사람들이 예수님을 따르고 가까이 다가오기를 원하셨습니다. 그러나 예수님은 그들에게 마음을 주려 하지 않으셨습니다. 성경은 말합니다.

> 예수는 그의 몸을 그들에게 의탁하지 아니하셨으니… 이는 그가 친히 사람의 속에 있는 것을 아셨음이니라(요 2:24-25).

그분은 인간의 본성이 무엇인가 잘못되었음을 알고 계셨습니다.

사람들 무리 속에 니고데모라는 이가 있었습니다. …(중략)… 예수님은 그에게 말하였습니다.

"니고데모야 너는 큰 인물이지만 한 가지가 부족하다. 너는 거듭나야 한다."

예수님 안에서는 삶을 전적으로 다시 시작하는 것이 얼마든지 가능합니다. 그러므로 예수님은 니고데모에게 "너는 거듭나야 한다"고 말씀하셨던 것입니다. …(중략)…

수년 전 월드시리즈 야구경기의 7차전에서 일어났던 사건에 대하

---

[1] 빌리 그래함, 『빌리 그래함 마지막 설교』, 이종인 역 (가치창조, 2007), 34-61.

여 아시는지 모르겠습니다만, 당시 스코어는 동점이었고 9회말이었습니다. 마지막 타자가 타석에 나왔습니다. 그는 장외 홈런을 때렸습니다. 관중들은 흥분했습니다. 한 번 생각해 보세요. 월드시리즈의 9회말 2사에서 홈런을 때렸단 말입니다. 그러나 그가 홈 플레이트를 밟자 심판은 소리쳤습니다.

"아웃!"

관중들은 놀랐습니다. 심판은 타자가 1루를 밟지 않았다고 이유를 설명했습니다.

우리 중 많은 사람이 이 선수와 같습니다. 우리는 겉으로는 크리스천입니다. 우리는 교회에 갑니다. 세례나 견진을 받았습니다. 그렇지만 마음 깊은 곳에서부터 무엇인가가 부족하다고 느낍니다. 우리는 거듭나야 합니다. 영적으로 다시 태어나야 한다는 말입니다. 이것은 오직 예수님만 우리에게 해 주실 수 있습니다. 예수님은 우리가 죄를 회개하고 믿음을 갖고 돌아올 것을 바라십니다. 절대로 1루를 그냥 지나치지 마십시오. 니고데모는 고위 관리였습니다. 그는 부자였고 경건했습니다. 그는 일주일에 이틀을 금식했으며 모든 수입에 대하여 십일조를 바쳤습니다. 신학교수이기도 했습니다. …(중략)…

그러나 예수님은 그것으로는 부족하다고 말씀하셨습니다.

"니고데모야, 그것으로는 충분하지 못하다. 너는 거듭나야 한다."

어째서 예수님은 그런 말씀을 하셨을까요?

예수님은 사람의 마음속까지 꿰뚫어 보시는 분이었기 때문입니다.

무엇이 거짓과 사기와 편견을 일으킵니까?

성경에 따르면 우리의 마음으로부터 악한 생각들, 살인, 간음, 음란, 도적질, 거짓 증언, 신성모독 등이 나옵니다. 이것들은 한 사람과

한 나라를 더럽힐 뿐만 아니라 나아가 오늘날 우리가 사는 이 세상을 불결하게 만듭니다. …(중략)…

"지금 우리 세계의 문제점이 무엇입니까?

어떤 일들이 일어나고 있습니까?

해결책은 있는 것입니까?

성경에서는 우리의 문제가 죄 때문이라고 말합니다. 우리는 하나님의 율법을 어겼습니다. …(중략)…

성경은 한 사람이 죄를 지어 이 세상에 죄가 들어왔다고 말합니다. 그 한 사람이 바로 아담이었습니다. 그의 죄가 죽음을 불러왔습니다. 그리고 모든 사람이 죄를 지었기 때문에 죽음이 온 인류에게 미치게 되었습니다. 우리는 모두 죄인입니다. 우리 하나하나가 다 그렇습니다. 따라서 근본적으로 변화할 필요가 있습니다.

왜 변화해야 될까요?

이 세상의 삶 속에서 만족을 누리고 하나님께 합당하다고 판정받는 그런 사람이 되기 위해서입니다. 니고데모는 그런 설명에 만족하지 못했습니다. 그는 왜 그런지 이유를 알고 싶었습니다.

거듭난 삶이란 과연 어떤 것일까?

어떻게 다 자란 사람이 다시 태어날 수 있단 말인가?

그는 거듭남이 무엇인지 진정 알고 싶어 했습니다. 그러나 예수님은 그것은 바람과 같아서 완벽하게 이해할 수는 없다고 말씀하셨습니다. 우리는 신앙을 가지고 그 말을 있는 그대로 받아들여야 합니다. …(중략)…

여러분은 인간의 가정에 태어났습니다. 그러나 거듭날 경우 하나님의 가정에 태어나게 됩니다. 나는 오늘밤 여러분에게, 하나님께로 나와서 하나님의 가정에 태어나기를 간청합니다.

그 가정에 들어간다는 것은 어떤 것일까요?

성경에 따르면 우리는 하나님의 말씀을 받고 거듭난 사람들입니다. 그것도 썩어 없어질 씨앗에서 난 것이 아니라 썩지 않을 씨앗, 곧 영원히 살아계시는 하나님의 말씀을 통해서 새로 났습니다(벧전 1:23). 그러므로 여러분이 그리스도께 나올 때 그분이 여러분의 마음속에 사시게 됩니다. 성경은 여러분이 바로 하나님의 성전이 된다고 말합니다. 왜냐하면 성령이 여러분 속에 거하시기 때문입니다. 오늘밤 나는 성령이 내 속에 계시다는 것을 확신합니다. 그분은 여러분 속에도 살아계십니다. …(중략)…

오늘밤 여러분은 외부의 개입을 필요로 합니다. 그것이 바로 하나님이 여러분을 위해서 행하시는 것입니다. 그분은 여러분의 마음속에 이전까지 전혀 느끼지 못했던 평안과 기쁨을 가져다주실 것입니다. 그분은 여러분의 허탈한 마음을 채워주실 것입니다. 오늘밤 여기 나온 사람들 중에는 무언가를 오랜 세월 동안 추구해 온 사람도 있을 것입니다. 또 여러분 중 어떤 사람은 아주 젊을 것입니다. 그러나 여러분이 그 누구든 모두 다 삶에서 평안과 의미와 목적을 갈망하고 있습니다.

그러면 어떻게 해야 그것을 얻을 수 있습니까?

믿음을 갖고 그리스도를 향해 가슴을 여십시오. 그리고 말하십시오.

"나의 주님이신 그리스도여, 나의 마음속에 오소서."

그렇게 하면 그분은 오십니다.

우리는 전 세계 도처에서 수천 명의 사람들이 그렇게 하는 것을 보았습니다. 그래서 여러분에게도 그렇게 하기를 청할 작정입니다. …(중략)… … 자, 지금 나와서 여러분의 삶을 그리스도께 드리십시오. …(후략)…

18장. 존 스토트

(John Robert Walmsley Stott, 1921-2011)

1. 복음주의자들의 교황

John Robert Walmsley Stott

탁월한 크리스천 지성, 최고의 복음주의자, 힘 있는 강해설교자로서 1974년 '로잔언약'(Lausanne Covenant)의 형성에 결정적인 역할을 한 사람이 영국 성공회의 사제로서 평생 독신생활을 한 존 스토트(John Robert Walmsley Stott, 1921-2011)이다. 20세기 가장 의미 있는 크리스천의 선언 가운데 하나로서 평가받는 로잔언약은 미국의 빌리 그래함(B. Graham)을 비롯한 150여 나라에서 3,700여 명이 모인 가운데 천명한 복음주의를 바탕으로 한 보다 적극적인 사회 참여를 강조한 세계 선교정책이었다.

로잔언약에서 스토트의 신앙과 신학은 잘 드러나는데, 성경을 영감받은 하나님의 말씀으로 인정하며, 예수 그리스도의 유일성, 구원복음의 유일성을 전제로 하여 이신칭의를 확인하며, 다원주의적 혼합주의와 만인구원론을 배격한다.

> 다원주의(Pluralism)와 싸우는 것은 21세기 선교에 있어서 중요한 이슈입니다. 나와 다른 다양성은 인정되어야 합니다. 그러나 다원주의는 이데올로기를 만듭니다. 각각 진리를 주장함으로써 예수 그리스도의 유일성과 궁극성은 무시됩니다.

로잔언약의 강조점은 복음주의 크리스천이 개인의 영성과 구원에의 관심은 물론 인간의 모든 삶에 대한 깊은 관심을 가져 사회정의 확립에도 '철저한 신앙인'(radical Christian)이 되어야 한다는 것이다. 진정한 크리스천은 모든 삶의 영역에서 하나님의 뜻을 따르고 구현하는 세상의 빛과 소금이 되어야 할 것을 스토트는 늘 강조하였는데, 그러면서도 복음전파가 우선순위를 가짐을 잊지 않았다.

이러한 스토트의 입장에 대해 비판하는 사람들 또한 없지 않은데, 보다 좁고 보수적인 입장을 견지한 헤셀그레이브를 예로 들 수 있다. 주된 비판은 로잔언약의 선교이해가 균형을 잃고 사회 참여가 더 강조되는 편향성을 보인다는 것이었다. 어쨌든 복음주의자 스토트는 선교를 복음전도와 그리스도인의 사회적 책임을 다 포괄하는 광의의 개념으로 재해석한 선구자적 인물이었다.

스토트는 수십 년 동안의 탁월한 강해설교와 목회사역 그리고 저술활동을 통해 많은 영향력을 영국뿐 아니라, 미국 그리고 한국을 위시한 세계에 미쳤는데, 패커(James I. Packer)의 제자인 맥그래스(Alister Mcgrath) 교수는 이러한 스토트를 향해 다음과 같이 격찬하였다.

"말씀과 저술 사역을 통한 그의 영향력은 떠오르는 세대 복음주의 학생들에 대하여 쉽게 측량될 수 없다. … 만일 영국 복음주의의 괄목할 만한 성장의 공이 그 어떤 사람에게 돌려져야한다면 그것은 스토트에게 돌려져야 한다."

특히 스토트가 영국의 목회자들에게 예배에 있어 하나의 열린 가능성을 제시하였는데, 그것은 매월 1회 '손님들을 위한 열린 예배'(Guest Services)를 통해 크리스천들이 자신들의 불신자 지인들을 초청하여 기독교 신앙을 열린 자세로 부담 없이 듣고 배우는 기회를 제공하였는데, 이는 오래지 않아 영국 전역의 복음주의 교회가 받아들이는 신선한 아이디어였다.

한국을 몇 차례 방문했던 스토트는 1921년 귀족 아놀드 경의 아들로 태어나 유아 때부터 신실한 성공회의 교인으로 교회생활을 하였다. 17세 되는 1938년 2월 13일 성서유니온 사역자 배시 목사의 요한복음 3:20을 본문으로 하는 설교를 들으며 회심을 경험하였으며, 배시 목사는 스토트에게 영적 멘토가 되어 오랜 세월 동안 서신교류 등을 통해 스토트의 영적 성장을 도왔다. 그는 캠브리지대학교에서 불어와 신학을 전공하여 1945년 24세의 나이로 성공회 신부가 되었다.

스토트는 캠브리지대학교 학생시절 IVF의 탁월한 리더로서 실력을 발휘했으며, 1945년 올소울스(All Souls)교회의 교구목사로 시작하여, 5년 후 그 교회의 1950년 주임사제(담임목사)가 되어 1975년 은퇴하기까지 열정적인 목회자로서 최선을 다했다.

담임목회를 그만둔 후 런던현대기독교연구소(London Institutes for Contemporary Christianity)를 설립하여 복음의 총체적 적용을 위해 광범위한 문서사역과 선교사역을 제3세계를 위시한 전 세계에 펼치는 일에 인생의 마지막 황혼에서도 혼신을 다하고 있다.

한국에 번역 소개된 그의 저술로는 『갈라디아서』, 『에베소서』, 『결혼과 이혼』, 『동성애 논란』, 『설교론』, 『설교의 원리와 방법』, 『성도들이 만드는 새로운 사회』, 『나의 사랑하는 시편』, 『예수님이 이끄시는 삶』, 『진정한 기독교』, 『기독교의 기본진리』, 『현대기독교 선교』, 『데살로니가전후서 강해』, 『디모데전서 디도서 강해』, 『디모데후서 강해』 등 수십 권이다.

특히 '다리 놓기'(bridge-building)로 대변되는 그의 설교학 저서는 강해설교의 제왕 로이드 존스의 설교학 저서와 함께 한국의 신학교에서 필독서로 읽혀지고 연구되는 중요한 저서로 한국교회 목회자들의 설교인식에 수십 년 동안 막대한 영향을 주었다. 그런 맥락에서 "만일 복음주의자들이 교황을 뽑는다면 존 스토트 목사가 선출될 것"이라는 「뉴욕타임스」의 말은 한국에서도 설득력을 가진다.[1]

2. 신학이 있는 역사적 설교

스토트는 교회사 속의 설교자들을 역사적으로 이해한 후 자신의 설교이해를 체계적으로 형성하였다. 그런 맥락에서 스토트의 설교이해는 교회전통과 역사에 뿌리를 박은 온건하며 보편적인 역사적 설교론으로 평가할 수 있다.

"최초의 순회설교자요 최고의 순회설교자" 예수님으로부터 시작하여 "가장 주목할 만한 사람"으로 "위대한 설교자" 크리소스토무스이다.

"모든 저작에서 기회가 있을 때마다 하나님의 말씀을 해방시키며 유지시키는 능력을 강조한" 종교개혁자 루터, "참된 교회의 첫째가는 주요 표지가 말씀을 신실하게 전하는 것임을 강조"하며 하나님의

---

[1] 참고. 티모시 더들리-스미스, 『탁월한 복음주의 지도자 존 스토트』, 정옥배·김성녀 역 (IVP 2001). 그러한 스토트가 김명혁 목사와의 대화에서 "한국교회의 지도자들 가운데 유교적 권위주의가 두드러지게 나타나고 있는 것 같다고 조심스럽게 평했다."는 사실은 한국교회가 귀담아 들어야 할 부분이라 생각한다.

말씀을 드높였던 칼빈, "잉글랜드 종교개혁의 대중적인 설교자"로서 "신성한 임무를 진지하게 수행한 사람" 휴 라티머(Hugh Latimer) 등 종교개혁 설교자들이다.

"성경묵상을 근거로 설교하고 그가 발견한 진리들을 다른 사람들과 나누었고, 하늘로 향하며 거룩으로 향하는 길을 가르쳐 준" 존 웨슬리, "가장 탁월한 설교자" 찰스 스펄전, "강단이야말로 그에게 가장 어울리는 영역"이었던 찰스 하지(Charles Hodge)이다.

"하나님의 말씀에 대한 신뢰회복이…설교의 회복여부에 달려있다"는 칼 바르트, "설교에서 새로운 세상의 기초가 놓여진다"고 믿었던 독일의 순교자 본회퍼이다.

"가능한 많은 말씀 사역자들이 하나님의 백성들에게 성경의 자양분을 효과적으로 제시하여 그들의 지성을 일깨우며, 그들의 의지를 강건케 하고, 그들의 마음에 하나님을 향한 사랑의 불을 지피도록 그렇게 그 임무를 행"할 것을 강조한 1962년의 제2 바티칸공회(the second Vatican Council)이다.

그리고 "50년대와 60년대의 영국의 가장 능력 있는 설교자" 20세기 마틴 로이드 존스이다.

이 처럼 스토트는 이들의 설교론을 역사적으로 이해하고 스케치한 후 "설교의 영광(the Glory of Preaching)," "설교의 로맨스(the romance of preaching)," "설교의 일관성," "설교의 중요성"을 찾고 만났던 것이다.[2]

---

2 John R. W. Stott, *Between two worlds* (Grand Rapids, Michigan 1982), 15-49. 존 스토트, 『설교론』, 원광연 역 (크리스챤 다이제스트, 2004), 11-48 : "제1장 설교의 영광: 역사적 스케치".

스토트는 늘 참된 설교자의 본연의 사명을 강조하였다.

> 참된 설교자는 전도자가 받은 권한과 그가 전하는 메시지의 성격을 잘 아는 자입니다. 그가 부르심을 입어 그 전파되어야 할 말씀의 성격과 복음에 대한 자신의 직접적인 체험의 필요성을 체험하고 있는 자입니다. 특히 도덕적 자질, 겸손, 온유 그리고 사랑을 소유한 자만이 참된 설교자가 될 수 있습니다.

"오늘날의 교회에는 참된 기독교적 설교가 극히 드물다"고 생각하는 스토트는 설교를 방법론으로만 이해하려는 태도에 반해, "분명히 말하지만, 설교의 원리들을 배워야 하고, 설교의 실천을 개발해야 한다. … 기법은 우리를 연설자로 만드는 것 밖에는 아무것도 하지 못한다. … 하나님의 영광과 교회의 유익을 위하여 양심적인 성경적 설교가 절대적으로 필수불가결하다"고 강조한다.

참된 설교자에게 요구되는 것은 먼저 하나님에 대한 분명한 이해, 확신이다. 진리의 빛이신 하나님, 언약을 이루시며 행동하시는 하나님, 자기백성과 교제하시기를 기뻐하시는 말씀하시는 하나님에 대한 확신이 설교자에게 요구된다는 것이다.

다음으로 설교자에게 요구되는 것은 성경에 대한 흔들리지 않은 확신이다. "기록된 하나님의 말씀"으로서의 성경, 그 성경을 통해 하나님은 지금도 여전히 말씀하신다는 것 – "성경이란 하나님이 설교하시는 것"(The Bible is God preaching)(J. I. Packer), 능력 있는 하나님의 말씀에 대한 확신이다. 또한 설교자에게 요구되는 확신은 설교에 대한 확신이다. 곧 스토트에게는 강해설교에 대한 설교자의 확신이다.

> 강해(exposition)의 반대는 본문에 없는 것을 억지로 본문에 집어넣어 해석하는 억지 해석(imposition)[3]이다. … 강해자로서 우리의 책무는 본문이 그 메시지를 분명하게, 평이하게, 정확하게, 당위성 있게, 첨삭이나 허위가 없이 말씀하게끔 그 본문을 활짝 열어 놓는 것이다.

스토트는 설교를 "다리를 놓는 것"으로 정의한다. 그리고 설교자의 임무에 대하여 다음과 같이 말한다.

"2천 년이라는 긴 세월 동안 변화를 거듭해 온 문화의 넓고도 깊은 간격을 가로질러서 다리를 놓아야 하는 것이며, 하나님이 계시하신 진리가 성경으로부터 흘러나와 오늘날의 남녀들의 삶 속으로 흘러들어 갈 수 있게 해 주어야 한다."

특히 사회적 문제, 내지는 설교의 사회적 적용에 무관심한 설교자들에게 스토트는 예수님의 산상수훈을 근거로 사회적 문제를 설교강단으로 가져와 성경적 대안을 제시할 것을 역설한다.

> 산상수훈은 사회 내에서의 폭력과 비폭력에 관한 문제들을 제시하는데, 이러한 문제들을 우리의 생각에서 피해서도 안 되고, 강단에서 결코 소홀히 해서도 안 되는 것이다.

---

3 imposition은 '사기'로도 번역해도 저자의 뜻을 더 명확히 드러내는 것일 수도 있다.

그 예로 스토트가 제시하는 사회적 이슈는 동성애, 이혼, 정치윤리, 인권, 빈곤, 낙태, 질병, 환경오염, 사형, 인종차별, 핵의 공포 등 한계가 없다. 그러면서도 스토트는 자신을 향해 제기되는 엉뚱한 오해를 불식시키려 복음주의자로서 최선의 노력, 변증(apology)을 아끼지 않는다.

> 물론 이것은 아직 유토피아와는 거리가 너무나 멀다. 또한 하나님의 나라를 기독교화된 사회와 동일시하는 오류를 범했던 케케묵은 자유주의의 '사회복음'(social gospel)도 아니다. 하나님의 나라는 그리스도를 통하여 그의 구속받은 백성들을 다스리는 하나님의 다스림이다. 그러나 이처럼 새 생명과 새 비전과 새 힘을 지닌 이 새로운 백성은 반드시 세상의 소금과 빛이어야만 한다.

사회를 향한 복음적 참여를 중단한 교회를 향해 스토트는 토니(R. H. Rawney)의 말을 가져와, "안타깝게도 … 교회 자체가 생각하기를 그만두었기 때문이다"고 꼬집는다. 곧 스토트는 교회가 사회적 이슈들을 설교강단에서 "비겁하지 않고 용감하게, 독단적이지 않고 겸손하게, 또한 어리석지 않고 지혜롭게" 다룰 것을 제안하면서 "그리스도인들로 하여금 기독교적 지성을 발전시키도록 돕는 것"을 추구해야 한다고 말하면서 기독교적 지성의 회복을 역설한다.

요약하여, 스토트가 강조하는 바, 우리는 하나님으로부터 듣는 동시에 세상으로부터 들어야 한다는 '이중적 귀 기울임'(double listening)은 전 세계의 설교자들에게 진지한 교훈으로 마음속 깊

이 다가왔던 것이다.[4]

3. 확신에 찬 강해설교자

구조적으로 볼 때 성경본문을 충실하게 따라 서론(exordium), 3가지 내지 5가지 대지, 그리고 결론(peroration)으로 맺어지는 스토트의 설교는 거침이 없고, 간단명료하며 평이해 이해에 어려움이 없다. 설교자 스토트는 종교개혁자들의 "단순하라! 명료하라! 그리고 담대하라!"는 설교의 3대 원칙에 충실하고 있다 하겠다. 이는 또한 스토트의 성경이해가 생활 속에서 이뤄지고 있고, 탁상공론으로 전하는 공허한 설교가 아니라, 끊임없는 묵상과 생활의 실천을 통해 숙성된 설교를 하고 있음을 확인하게 된다.

설교의 도입부에서 스토트는 성경본문에 입각하여 문제의식을 갖고 설교의 주제와 방향을 제시한다. 설교의 본론에 제시되는 내용에 대한 반복적 언급은 지혜롭게 피하고 있다. 언제나 도입부에서 성경본문에 대한 언급이 개론적으로 이루어지고 있고, 회중으로 하여금 곧 전개될 설교의 주제를 맛보기로 제시한다. 늘 단순명료함을 잃지 않고, 특별한 수사적 표현도 그렇게 신경을 쓰지 않는다. 의도하고자 하는 바를 담담하고 확실하게 제시하며 군더더기가 없이 단도직입적으로 설교를 시작한다. 성경본문이 말하는 바를 부름 받은 말씀의 대리자로서 꾸밈

---

4 John R. W. Stott, *Between two worlds*, 135-179. 존 스토트, 『설교론』, 143-191.

없이 과장 없이 신실하게 전하려 하는 마음이 두드러진다.

스토트가 적재적소에 가져오는 C. S. 루이스를 위시한 예화는 그가 얼마나 많은 독서를 하며, 많은 시간을 할애해서 설교준비를 하는지를 잘 보여 준다. 스토트는 성경 밖과 안에서 자유자재로 가져온 예화로 회중을 복음진리의 설득에로 초대하는데, 한국교회에서 흔히 보는 감성에 호소하는 식의 예화는 거의 보이지 않고, 합리적 인식에 도움을 주는 예화가 묵상이 요구되는 지성에 호소할 뿐이다. 물론 이는 예화선택에 있어 영국적 전통으로도 이해할 수 있을 것이다.

스토트는 예화를 가지고 모든 것을 말하려 하지는 않고, 언제나 정식으로 다시 마음을 잡고 진지하게 성경본문을 강해하며 권위 있는 영적 음성으로 회중에게 도전하며 다가간다. 스토트가 성경강해를 할 때는 거의 예화가 들어가지 않고 집중적으로 성경강해에만 몰입한다. 스토트의 설교구성은 한결같지 않고 어떤 때는 집중적으로 성경강해에 몰입하고 거의 예화가 등장하지 않고 설교를 끝내기도 한다. 보통 책 15쪽 분량으로 시간으로 계산해 볼 때 대충 40-45분이 요구되는 짧지 않은 긴 설교이다.

기독교적 지성을 갖기 위해 "유일한 길은 우리의 마음을 성경 속에 흠뻑 적시는 길밖에 없다"는 스토트의 설교는 말 그대로 회중이 무엇보다도 성경의 진리에 빠져들기를, "성경의 대가"가 되기를, "그렇게 성경과 친해"지기를 강권한다. 그러기 위해 설교자의 성경연구는 "본문이 그 보배를 내어놓기까지 시간을 들여서 그 본문 속으로 뚫고 들어가야 한다"는 것이다. 매우 논리적으로 전개되는 스토트의 성경해석은 우선 주어진 본문에 대한 역사적 문법적 해석에 충실하며, 상관되는 다른 성경본문에서 가져온 동일한 주제를 그리고 교회사 속에서 제시되는 관련된 부분을 그리고 현실에서 당하는 같은 성질의 글과 사건들을 당당하게 연결시키는 일을 순발력 있게 한다.

이는 스토트의 자신의 설교이해를 말 그대로 실천하는 것임을 확인하게 된다.

> 현실세계로 통하는 다리를 건설하고, 또한 하나님의 말씀을 인생의 주요 문제들과 오늘날의 주요 이슈들과 연결시키는 일이 우리의 임무라면, 성경본문과 현재의 상황 모두를 진지하게 대하여야 할 것이다. 이 가운데 어느 한 쪽에만 머물러 있을 여유가 없다. … 우리의 책임은 그 골짜기의 양 쪽 영역을 탐사하여 철저하게 친숙해지는 것이다(스토트).[5]

그런 후 스토트는 오늘의 우리에게로 눈을 돌린다. 곧 설교의 적용 부분이 온다. 일반적으로 성경강해를 집중적으로 한 후 적용부분이 찾아온다. 성경의 하나님을 만난 후 이제 그에 대조되는 우리를 만나 설득한다. 여기서는 일반적으로 많은 독서를 확인할 수 있는 예화, 회중을 순간적인 묵상과 결단으로 이끄는 예화가 등장함을 본다. "한결같이 죄인을 낮추며 구주를 높이며 거룩함을 증진시키는 데 이바지한다"는 청교도의 설교가 떠오른다.

---

5 존 스토트, 『설교론』, 192-281.

■ 스토트의 설교

잃은 것과 찾은 것(눅 15:11-32)[1]

우리들 대부분은 상습적으로 잃어버리는 자이며 되찾는 자입니다. …(중략)… 여러분이 잃어버리거나 찾을 수 있는 모든 것들 중에서 여러분 자신을 잃어버리는 것보다 더 심각한 것은 없습니다. 또한 여러분 자신을 되찾는 것보다 더 중요한 것은 없습니다. …(후략)…

1. 탕자의 여정

…(전략)… 탕자의 먼 나라의 여정, 그 점진적인 타락은 이미 예수님에 의해 단계적으로 윤곽이 그려집니다.

그 여정에는 자기중심적이고, 고집스러움이 있습니다. 그가 집을 떠나는 것은 아무런 잘못이 없습니다. 실제로 우리가 집을 떠나는 것은 성장 과정의 일부분입니다. …(중략)… 집을 떠나는 것은 매우 자연스러운 일입니다. 그의 유산 분배에 대한 요구에도 아무런 도덕적 잘못이 없습니다. 언젠가는 그의 것이 될 것이기 때문입니다.

잘못된 것은 그의 자기중심적인 동기입니다. 그는 그의 아버지의 노년에 대해서는 전혀 고려하지 않았습니다. …(중략)… 그는 그가 속

---

[1] 「월간 프리칭」(프리칭아카데미, 2005. 3), 38-41.

한 공동체 안에서 가난하고, 궁핍한 사람에 대해서 생각하지 않았습니다. 단지 자신만 생각하고, 부가 그에게 가져다 줄 쾌락적인 시간만을 생각했습니다. …(중략)…

그는 그의 의무를 쉽게 던져 버리고 먼 나라로 갔습니다. 그것은 명백히 하나님에 대한 우리의 태도입니다. 우리는 미성숙에서 성년의 성숙으로 자라 가야 합니다. 그러나 우리는 책임을 맡아야 하며 주저해서는 안 됩니다. 거기에는 잘못된 것이 없습니다. 잘못된 것은 마치 우리가 하나님 없이 살 수 있는 것처럼 행동하는 자만심입니다.

첫 번째 단계: 죄의 본질로서의 자아 독립선언

…(전략)… 모든 존재나 피조물은 창조주 하나님께 의존하지만, 죄는 피조물의 위치를 인정하기를 거절합니다. 그것은 자기 정체성의 자율권을 확보하고자 하는 시도입니다. 어느 신학자가 설명한 것처럼 '죄'는 주 하나님을 배제시키는 것입니다. 그가 얼마나 성가신가! 죄란 그의 다스림에 반항하는 것이고, 그의 사랑을 거절하는 것이며, 그를 쉽게 잊을 수 있는 먼 나라로 여행하는 것입니다.

두 번째 단계: 자립 이후에 오는 방종

그는 자신의 유산을 방탕한 삶으로 허비했습니다. …(중략)… 그가 집을 떠난 이유는 명백합니다. 그것은 책임 있는 자립을 요구하기 위해서가 아니었습니다. 훈계의 가치와 기준들을 거부하기 위해서였습니다. ⋯(중략)⋯ 그는 자유로워질 거라고 생각했지만 도리어 정욕의 포로가 되어 버린 자신을 발견했습니다. 그것은 구속을 내던져 버리려는 보편적인 경향입니다.

세 번째 단계: 몰락에 따른 배고픔과 굴욕

탕자가 모든 것을 탕진해 버렸을 때 그 땅에는 심한 가뭄이 있었고, 그는 굶주리기 시작했습니다. 빈곤과 배고픔 때문에 유대인으로서 최고의 모멸감을 느끼면서 돼지 치는 일을 하게 되었습니다. ⋯(중략)⋯ 나중에는 어느 누구도 그에게 먹을 것을 주지 않게 되자, 아무도 보지 않을 때 기꺼이 돼지먹이인 쥐엄 열매를 먹었습니다. 배고픔과 굴욕, 먼 나라에서는 그 무엇도 만족을 줄 수 없습니다. ⋯(후략)⋯

네 번째 단계: 몰락의 열매 고독

그가 부자였을 때 파리 떼와 같이 그의 주변을 분주히 쫓아다녔던 친구들은 다 떠나버렸습니다. 심지어 창기들도 그가 더 이상 돈을 지불할 수 없게 되자 그를 버렸습니다. 그는 그들의 사랑이 진실한 사랑이 아니라는 것을 알게 되었습니다. 탕자가 여행한 먼 나라는 자아 독립에서 자아 몰락, 배고픔, 창피와 극한 외로움의 단계에 이르게 했습니다. ⋯(후략)⋯

2. 탕자의 귀향

탕자의 이야기의 두 번째 부분인 귀향에 이르게 되었습니다. 몰락이 4단계로 짜여 졌다면 귀향은 단지 두 단계입니다. 이는 매우 간단합니다.

첫째, 그가 자신을 발견했을 때 허망한 꿈에서 깨어났습니다. 이제 자기밖에 없었습니다. …(중략)…

둘째, 그는 스스로 깨닫고 돌이켰습니다. 그는 현재의 상태와 이전의 모습을 비교해 보았습니다. …(중략)… 그는 자신이 얼마나 어리석었는지를 깨닫고 결심했습니다. "나는 일어나서 아버지께로 가서 이르기를 아버지여 내가 하늘과 아버지께 죄를 얻었사오니 아버지의 아들이라 일컬음을 감당치 못하겠나이다 나를 품꾼의 하나로 여기소서."

그는 마침내 변화되었습니다.

3. 자신을 아는 것이 회복의 길

회복의 길도 언제나 동일한 첫걸음으로 시작됩니다. 여러분이 하나님께 다가가기 전에 여러분 자신을 알아야 합니다. 우리는 살아계신 하나님의 자녀로 지음을 받은 몸이라는 것을 기억해야 합니다. 우리는 우리 자신의 죄와 어리석음으로 어떤 모습이 되었는지를 기억해야 합니다. 자유를 찾는 대신 우리는 공허함과 속박을 얻었습니다. …(후략)…

4. 탕자를 기다리는 아버지의 마음

…(전략)… 그가 떠난 동안에 아버지가 그를 기다리고 있었다는 것을 그는 모르고 있었습니다. 그는 아버지를 잊고 있었지만 아버지는 결코 그를 잊지 않았습니다. 아버지는 그의 마음에서 아들을 지울 수가 없었습니다. 낮에는 아들을 생각하고 밤에는 그의 꿈을 꾸었습니다. 가끔 노구를 이끌고 농장 밖으로 이어지는 돌계단에 올라선 그의 눈에는 눈물이 가득한 채 아들이 다시 돌아올 길모퉁이를 유심히 바라보았습니다. 아버지가 느꼈던 고통은 작은 아들이 먼 나라에서 겪었던 어떤 고통보다도 더 큰 것이었습니다. …(중략)… 그는 아들을 위한 잔치를 베풀도록 명했습니다. 왜냐하면 이 아들은 죽었다가 다시 살아났으며 잃었다가 다시 얻었기 때문입니다.

5. 십자가의 사랑

여러분도 동일한 환영을 확신할 수 있습니다. 사실, 여러분은 더 큰 환영을 확신할 수 있습니다. 왜냐하면 우리는 십자가의 은혜 가운데 살고 있기 때문입니다. 탕자의 비유에 십자가를 언급한 곳이 없지만, 그것을 여러 곳에서 추측할 수 있습니다. 십자가는 아버지가 아들을 멀리서 보고 측은히 여겨 만나기 위해 달려가서 환영한 지점입니다. 그의 달려감은 그를 십자가로 데려가는 행위였습니다.

십자가 위에서 그리스도이신 하나님이 우리와 같은 죄인들을 위해 죽으셨습니다. 그 자신의 사랑으로 그리고 무죄한 인간으로서 우리

죄의 형벌을 담당하셨습니다. 그것 때문에 여러분은 아무리 먼 나라에 갔었을지라도 환영받을 수 있음을 확신할 수 있습니다. 하나님은 우리를 위하여 기쁨이 넘치는 잔치가 될 것입니다. 회개하는 한 죄인을 위해 천국에는 기쁨이 있습니다. 안타깝게도 이 땅 위에는 회개한 한 영혼에 대한 기쁨이 항상 있는 것이 아닙니다.

6. 아버지와 마음이 떠나 있는 형

불만으로 가득 차 있는 형의 여행에 대해서는 우리가 아주 짧게 이야기할 수 있습니다. 그가 비록 아버지에게 머물러 있었지만 아버지의 마음과 생각으로부터 멀리 떠나 있었습니다. 그는 동생에게 성대한 환영이 베풀어졌다는 것을 알고 몹시 화를 냈습니다. 그는 깊은 시기심에 빠져 잔치에 가기를 거절했습니다. …(중략)…

그는 동생만큼이나 아버지로부터 멀리 있었습니다. 비록 그의 몸은 아버지 곁에 있었지만, 마음은 소외감으로 가득 차 있었습니다. 그것은 탐욕과 정욕으로부터 오는 것이 아니라 오히려 교만에서 비롯된 소외감이었습니다. 우리 모두는 하나님과 진실한 자아로부터 멀어져 있습니다. 모두 하나님의 용서가 필요합니다.

7. 하나님의 사랑

결론적으로 예수님의 비유는 하나님과 인간 존재에 대한 가장 놀라운 계시입니다. 그것은 우리가 자기중심적이고, 소외되고, 잃어버린 자라는 것을 말합니다. 비유의 핵심은 죄의 여러 가지 추악함을 드러내는 것이 아니라 하나님의 억제할 수 없는 사랑을 표현하는 것입니다. 그는 우리를 한시도 잊지 않으십니다. 그는 우리가 느끼는 것보다도 더 깊은 소외감의 고통을 느끼십니다. 그는 우리의 귀향을 학수고대하십니다. 우리가 먼저 자각하고 그에게 왔을 때 그의 기쁨이 한이 없는 것도 하나님의 사랑입니다.

여러분은 하나님께 돌아갈 것입니까?

여러분 역시 그를 떠나 먼 나라로 갔습니다. 여러분은 멀리멀리 떠나 아주 노골적인 죄나 종교적이고 흉하지 않은 죄에서 방황했을 수도 있습니다. 여러분이 먼 나라에 있었다는 것을 솔직하게 시인하기를 바랍니다. 예수님의 이름으로 간청합니다.

"집으로 돌아오십시오. 자신을 돌이키고, 여러분의 아버지께로 돌아오십시오. 그리고 그분이 회개하고 돌아오는 모든 자에게 약속하신 영접을 받으십시오."

교회사 속의 설교자들

Great Preachers in Church History

2010년 2월 26일 초판 발행
2017년 9월 20일 2판 발행

지 은 이 | 주도홍

편　　집 | 정희연
디 자 인 | 이보람
펴 낸 곳 | 사)기독교문서선교회
등　　록 | 제16-25호(1980. 1. 18)
주　　소 | 서울시 서초구 방배로 68
전　　화 | 02) 586-8761~3(본사) 031) 942-8761(영업부)
팩　　스 | 02) 523-0131(본사) 031) 942-8763(영업부)
홈페이지 | www.clcbook.com
이 메 일 | clckor@gmail.com
온 라 인 | 기업은행 073-000308-04-020, 국민은행 043-01-0379-646
　　　　　예금주: 사)기독교문서선교회

ISBN 978-89-341-1707-0 (93230)

* 낙장·파본은 교환해 드립니다.

이 도서의 국립중앙도서관 출판시 도서목록(CIP)은 서지정보유통지원시스템 홈페이지(http://seoji.nl.go.kr)와 국가자료공동목록시스템(http://www.nl.go.kr/kolisnet)에서 이용하실 수 있습니다.
(CIP제어번호: CIP2017020070)